LE QUATRIÈME ÉVANGILE

Cet ouvrage est la traduction de : *The Fourth Gospel. Tales of a Jewish Mystic*

Visitez notre site :

www.karthala.com

Paiement sécurisé

ISBN : 978-2-8111-2856-2

John Shelby Spong

Le quatrième évangile

Récits d'un mystique juif chrétien

Traduit de l'anglais (États-Unis)
par Roger-François Gautier

Éditions KARTHALA
22-24, bd Arago
75013 Paris

DU MÊME AUTEUR

- **En anglais, chez HarperCollins Publishers, New York**

– *Honest Prayer*, 1973.
– *This Hebrew Lord: A Bishop's Search for the Authentic Jesus*, 1974.
– *Dialogue: Search of Jewish-Christian Understanding* (with Rabbi Jack Daniel Spiro), 1975.
– *Christpower* (compiled and edited by Lucy Newton Boswell), 1975.
– *Life Approaches Death: A Dialogue in Medical Ethics* (with Dr. Daniel Gregory), 1976.
– *The Easter Moment*, 1980.
– *Into the Whirlwind: The Future of the Church*, 1983.
– *Beyond Moralism* (with the Venerable Denise Haines), 1986.
– *Survival and Consciousness: An Interdisciplinary Inquiry into the Possibility of Life Beyond Biological Death* (editor), 1987.
– *Living in Sin.? A Bishop Rethinks Human Sexuality*, 1988.
– *Liberating the Gospels: Reading the Bible with Jewish Eyes*, 1996.
– *Why Christianity Must Change or Die: A Bishop Speaks to Believers in Exile*, 1999.
– *The Bishop's Voice: Selected Essays (1979-1999)* (compiled and edited by Christine Mary Spong).
– *Here I Stand: My Struggle for a Christianity of Jntegrity, Love and Equality*, 2001.
– *A New Christianity for a New World: Why Traditional Faith Is Dying and How a New Faith Is Being Born*, 2002.
– *The Sins of Scripture. Exposing the Bible's Texts of Hate to Reveal the Gad of Love*, 2005.
– *Eternal Life: A New Vision: Beyond Religion, Beyond Theism, Beyond Heaven and Hell*, 2009.
– *Re-Claiming the Bible for a Non-Religious World*, 2011.
– *Biblical Literalism: A Gentile Heresy*, 2016.

- **En français chez Karthala, Paris**

– *Jésus pour le XXIe siècle*, Karthala, 2013, version révisée 2015. (Édition en anglais, 2007).
– *Né d'une femme. Conception et naissance de Jésus dans les évangiles*, Karthala, 2015. (Édition en anglais, 1992).
– *La Résurrection, mythe ou réalité ?* Karthala, 2016. (Édition en anglais, 1994).
– *Sauver la Bible du fondamentalisme. Un évêque repense le sens des Écritures*, Karthala, 2016. (Édition en anglais, 1991).
– *Pour un christianisme d'avenir. Ni les credo anciens, ni la Réforme ne peuvent aujourd'hui susciter une foi vivante. Pourquoi ?* Karthala, 2019. (Édition en anglais, 2018).
– *Le quatrième évangile. Récits d'un mystique juif chrétien*, Karthala, 2021. (Édition en anglais, 2013).

Pour Christine avec mon amour le plus profond,
et pour l'église épiscopale Saint-Pierre, Morristown, New Jersey
et l'église épiscopale St. Paul, Richmond, Virginie.

Ces deux églises ont nourri ma vie de façon significative
depuis de nombreuses années et m'ont aidé à grandir
dans l'émerveillement et le mystère de Dieu.

PREMIÈRE PARTIE

PRÉSENTATION DU QUATRIÈME ÉVANGILE

1

Plantons le décor

Évangile peu intéressant, disons même rébarbatif, voilà quelle était mon idée du quatrième évangile au cours de la majeure partie de ma carrière. À mon avis, il présentait un Jésus dont l'humanité n'est plus intacte. Le Jésus de Jean prétend à la préexistence : il dit venir d'un ailleurs, d'une autre vie, sur cette terre. Il est dépeint doué de clairvoyance, au courant de la vie des gens et de leur passé avant même de les rencontrer, supposé connaître leurs pensées avant de leur parler. Le Jésus de l'évangile de Jean semble aussi endurer la crucifixion sans souffrir. Il n'exprime guère d'angoisse face à sa destinée, pas de refus « de boire cette coupe » comme il le dit ; en fait, Jean lui fait affirmer que c'est pour cela qu'il est venu en ce monde.

Pour moi, l'impact le plus négatif de cet évangile était le rôle joué dans l'élaboration des credo et des dogmes imposés de l'Église. Censé exprimer « le vrai christianisme », l'évangile de Jean a aussi contribué à nourrir des événements aussi effrayants que la chasse aux hérésies et l'Inquisition. À travers les siècles, il a semblé quasi impossible de s'en tenir à un point de vue sensé sur la nature du Christ. Tout credo élaboré dans l'histoire chrétienne semble avoir été créé d'abord pour altérer l'expérience de Jésus en forçant cette expérience à entrer dans un vocabulaire lié à une époque et qui s'use avec le temps. Le credo originel de l'Église chrétienne tenait simplement en trois mots : « Jésus est messie ». Je pense que c'est encore le meilleur credo formulé par l'Église. Quand le christianisme s'est éloigné d'un monde juif où le sens du mot « messie » était compris, et qu'il est passé à un monde non juif où ce mot était étrange et inconnu, « Jésus est messie » est devenu « Jésus est Seigneur ». Ce glissement a ouvert le christianisme à une compréhension différente et tout à fait nouvelle de la christologie, c'est-à-dire de la personne de Jésus. L'étape suivante dans l'élaboration de la croyance est venue des formules baptismales au cours des deuxième et troisième siècles, qui ont évolué plus tard vers ce que nous appelons aujourd'hui le Symbole des Apôtres, bien que vraisemblablement aucun des véritables apôtres ne l'aurait reconnu comme exprimant sa compréhension de Jésus.

Puis est arrivé le Symbole de Nicée, plus alambiqué, adopté par le Concile de Nicée en 325, et encore plus tard son successeur potentiel, une réfutation en trois pages de toute déviation de la « foi catholique », connu sous le nom de Symbole d'Athanase, à la fin du IVe siècle. Dieu merci, ce dernier n'a jamais été intégré dans le culte. Ces credo des Apôtres, de Nicée et d'Athanase, reflètent tous à la fois la conception d'un univers à trois niveaux et le dualisme grec : ils tentent de définir Jésus de Nazareth comme l'incarnation dans une forme humaine du Dieu théiste qui habite au-delà du ciel, et plus tard comme la seconde personne de la « Trinité divine et éternelle ». Plus que toute autre source biblique, c'est le quatrième évangile que citait presque exclusivement dans ces débats Athanase, le « champion de l'orthodoxie » au quatrième siècle. Les credo, par définition, érigent toujours des barrières. J'entends par là que ce sont des tentatives ecclésiastiques de tracer des lignes rouges théologiques, de manière à déterminer aisément qui est dedans et qui est dehors, qui sont les « vrais » croyants et qui sont les hérétiques. Le Symbole de Nicée a défini Jésus avec insistance dans une rhétorique du genre « colmatage de brèches ». Écoutez ces répétitions : Jésus est « engendré par le Père avant tous les siècles, Dieu né de Dieu, lumière née de la lumière, vrai Dieu né du vrai Dieu, engendré non pas créé, consubstantiel au Père et par qui tout a été fait ». C'est « pour nous et pour notre salut » que Jésus « est descendu du ciel ». Dans ces définitions, l'objet du débat et le vocabulaire même révèlent à chaque ligne l'influence du quatrième évangile. Ces connexions avaient refroidi mon enthousiasme pour cet évangile, pour la simple raison que cette orthodoxie imposée ne correspond en aucune façon à la réalité et n'est jamais fondamentale pour la vie.

Ce système de croyance me semblait avoir enfermé Jésus dans un monde pré-moderne, avoir défini Dieu comme une divinité d'un autre monde, interventionniste, opératrice de miracles ; le dialogue avec le monde en était rendu difficile si ce n'est quasi impossible. La discipline qu'est l'étude théologique connue sous le nom d'apologétique est censée faire entrer le sens de l'expérience de Jésus dans les formes de pensée de la société contemporaine, mais à l'inverse elle est devenue la défense de formulations antiques et datées. C'est ainsi qu'au cours de la plus grande partie de mon activité de prêtre et d'évêque, j'ai considéré l'évangile de Jean non pas comme un atout pour mon ministère mais plutôt comme un problème.

C'est pourquoi ma tactique consistait si possible à l'éviter, à ne pas en tenir compte quand je ne pouvais l'éviter, et simplement à me résigner au fait qu'il se trouvait dans le canon de l'Écriture. Quelquefois, je le contournais. D'autres fois, je le défiais ou du moins je prenais à partie ceux qui, à mon avis, comprenaient ou utilisaient mal son message. Pas question pour moi de passer beaucoup de temps sur cet évangile. Un grand ami m'avait donné au début 1974 un commentaire par Rudolf Bultmann intitulé *L'Évangile de Jean*. Je l'avais placé sur une étagère et ce n'est qu'en 2010 que je l'ai ouvert, trente-six ans plus tard ! Pour un prétendu intellectuel, quel record !

Vers la fin de ma carrière, un certain nombre d'éléments ont remis en question mon point de vue. L'un a été ma désillusion concernant ce qui est appelé la théologie du salut ou de la rédemption. Celle-ci insiste sur la faiblesse et la dépravation humaines et présente Dieu comme un « divin sauveur » dont nous sommes totalement dépendants. Sans utiliser ces mots, la plupart des gens reconnaîtraient la théologie de la rédemption comme la base de leur apprentissage du christianisme. Elle est présente dans la plupart des formes liturgiques dans la majorité des églises. Plus loin dans ce livre, j'expliquerai les origines, le développement et la puissance de ce schéma de pensée et j'établirai le lien avec ses sources scripturaires. Je montrerai aussi comment il s'est effondré sous l'assaut du progrès des connaissances dans le monde occidental, au point où le Dieu dans la conception utilisée par la théologie est devenu « sans domicile », c'est-à-dire sans demeure au-delà du ciel, et « inutile » c'est-à-dire sans rien à faire dans un monde d'après le miraculeux.

J'ai pris conscience, dans les dernières années de ma carrière, que la compréhension la plus courante du récit chrétien allait à la faillite ; et alors que mes écrits se tournaient vers un essai de formulation de ce que j'ai appelé « Un Christianisme Nouveau pour un Monde Nouveau », plusieurs choses m'ont ouvert l'esprit et invité à regarder d'une manière nouvelle le quatrième évangile.

D'abord, j'ai commencé à voir de plus en plus l'évangile de Jean comme un livre juif. Ce n'est pas, comme la plupart des spécialistes l'affirmaient au début du XXe siècle, avant tout un travail gnostique, un texte influencé par l'hellénisme, pas même un livre façonné par Philon[1], philosophe juif du premier siècle qui essayait d'amalgamer Jérusalem et Athènes. C'est plutôt, commençais-je à le découvrir, un livre authentiquement juif-palestinien. Dans un ouvrage précédent, j'avais élaboré une approche de Marc, Matthieu et Luc comme œuvres liturgiques façonnées

1. Philo Judaeus ou Philon d'Alexandrie, né en 25 avant Jésus-Christ.

par le culte de la synagogue et organisées en fonction de l'année liturgique des fêtes et jours de jeûne juifs[2]. J'en suis venu à me demander si je pourrais trouver un arrière-plan semblable qui m'aiderait à comprendre Jean.

Je suis alors tombé sur un livre édité en 1960, écrit par Aileen Guilding *Le quatrième évangile et le culte juif : étude de la relation entre l'évangile de St Jean et le lectionnaire juif ancien*. En dévorant ce livre, s'est ouverte pour moi une nouvelle fenêtre sur l'évangile de Jean. Pour autant, je ne savais encore que faire des revendications de préexistence divine, ou des idées de Jean présentant Jésus comme la parole de Dieu faite chair et donc un avec Dieu.

Ensuite, j'ai commencé le travail sur mon livre publié en 2009 sous le titre *La Vie éternelle : une nouvelle vision au-delà de la Religion, au-delà du Théisme, au-delà du Ciel et de l'Enfer*, ce qui m'a plongé dans une étude des origines de la vie. J'ai lu de l'astrophysique et de la biologie. J'ai voyagé dans des endroits reculés du monde, y compris la forêt amazonienne, les îles Galápagos, le Parc Kruger (la plus grande réserve animalière du monde, située en Afrique du Sud), ainsi que la Grande Barrière de Corail en Queensland Nord, Australie, afin d'étudier la vie dans une variété de formes. Dans chacun de ces lieux, mon objectif était de m'instruire sur chaque manifestation de vie, vie des plantes, des insectes, des animaux et même de simple cellules. J'ai étudié le développement de la conscience, puis de la conscience de soi et finalement je me suis ouvert à la possibilité qu'il y ait quelque chose appelée une conscience universelle.

Après mûre réflexion, j'ai abandonné la définition théiste de Dieu comme « un être » ; pour moi, Dieu est « l'Être lui-même », ou pour reprendre les mots de Paul Tillich, le théologien qui a marqué ma formation, « le Fondement de l'Être ».

De là, j'ai porté un regard nouveau sur le mysticisme, sur les soi-disant nouvelles dimensions de la conscience dans l'expérience mystique, et plus particulièrement sur les formes du mysticisme juif au premier siècle. Sur cette base, l'évangile de Jean a commencé à m'apparaître comme une œuvre de mysticisme juif, et le Jésus de cet évangile est soudain devenu non pas un visiteur en provenance d'un autre univers, mais une personne en qui s'est fait jour une nouvelle conscience de Dieu. Avec cette nouvelle perspective, l'affirmation de l'unité avec le Père n'est pas le langage de l'incarnation, mais un langage mystique. Des affirmations johanniques

---

2. Je renvoie ici à mon livre *Liberating the Gospels: Reading the Bible with Jewish Eyes / Libérez les évangiles. Lire la Bible avec des yeux juifs*, 1996. En cours de traduction.

telles que « Si vous m'avez vu, vous avez vu le Père », ou encore les « Je suis » par lesquels l'évangile de Jean attribue à Jésus lui-même le nom de Dieu, et même la volonté de ce Jésus d'apporter la vie en abondance, tout cela est stimulant dans la recherche d'un sens nouveau pour cet évangile.

Armé de ces éclairages provenant de sources multiples, je me suis lancé dans une étude de l'évangile de Jean qui m'a pris cinq années. Une expérience, parmi les plus riches de toute ma vie. En dehors du journal quotidien et des livres dont j'avais accepté d'écrire une recension ou une recommandation, je n'ai rien lu au cours de ces années sinon des documents sur le quatrième évangile. J'ai lu presque chaque commentaire important et reconnu de l'évangile de Jean, disponible en anglais, des XIXe, XXe et XXIe siècles. J'ai parcouru des comptes-rendus d'articles savants, bibliques et théologiques, sur Jean, publiés depuis un siècle. Malgré tout, je n'ai fait que gratter la surface de ce qui est disponible.

Je n'ai aucune prétention pour cet ouvrage. Ce n'est pas un nouveau commentaire. Il existe pléthore de commentaires savants, mais ceux pour qui j'écris ne vont pas les lire. Par exemple, le commentaire de Bultmann ne traduit jamais le texte grec, ce qui oblige à ferrailler, même pour quelqu'un comme moi équipé d'une certaine base de grec ; sans cette base, ce serait impossible. Le commentaire de Raymond Brown, *L'Évangile selon Jean*, représente deux volumes sur plus de mille cent pages, en très petits caractères et comportant de copieuses notes. Le commentaire de Urban von Wahlde comporte trois volumes contenant plus de deux mille pages, et est sérieusement répétitif. Plusieurs commentaires de la fin du XIXe siècle et du début du XXe sont écrits sur deux colonnes ; imprimés comme des encyclopédies ou des dictionnaires, ils n'incitent pas à lire plus que de brefs passages. Mes lecteurs veulent du sens, non pas des données techniques ni une connaissance poussée des différentes étapes dans la rédaction du livre de Jean. C'est pourquoi j'ai lu pour eux les commentaires et j'essaie d'en distiller le sens.

L'évangile de Jean a pour propos la vie, une vie largement ouverte, une vie abondante, et, ultime perspective, la vie éternelle, non pas cependant à la façon dont ces mots ont été compris dans un langage religieux. Je vois un nouveau paradigme se faire jour dans le christianisme et j'essaie d'exprimer ce paradigme et de l'enraciner dans la tradition en ouvrant une interprétation nouvelle pour cet évangile. J'y vois une œuvre à vivre autant qu'un livre à maîtriser totalement.

Pourtant, en arriver là n'est pas une tâche aisée, vu la manière dont la Bible est comprise dans la culture religieuse de notre monde. Tant de superstition s'est superposée aux textes de la Bible ; les peurs des hommes et des femmes ont été investies en si grand nombre dans ce livre ; les gens y cherchent une certitude que ni la religion ni la vie ne peuvent jamais fournir ; une connaissance biblique approfondie n'est pas chose facile à acquérir. Les peurs et les certitudes doivent être mises de côté avant de parvenir à une compréhension de la Bible. Il en résultera pour les gens de religion traditionnelle un sentiment de menace ; ils se sentiront attaqués voire furieux et ils résisteront fermement à ces pages, avec presque l'envie d'assassiner ceux qu'ils perçoivent comme leur faisant ce coup-là. D'un autre côté, les gens qui ont depuis longtemps rejeté la plupart des catégories religieuses traditionnelles parce que sans rapport avec leur vie, n'ont pas la motivation pour se lancer dans une étude si complexe ; ils ne pensent pas que les conclusions auxquelles ils pourraient parvenir en vaillent la peine. Je voudrais persuader ces deux groupes de persévérer et de faire route avec moi ; je cherche à poser des bases pour un nouveau regard sur le christianisme et une nouvelle manière de lire l'évangile de Jean. Je peux vous assurer que pour moi la récompense a valu la peine. Je veux espérer qu'il en sera ainsi pour mes lecteurs.

Les tenants d'un langage religieux traditionnel seront peut-être scandalisés par mon livre. Ceux qui se considèrent comme membres de « l'Association des Anciens de l'Église » seront peut-être intrigués. En effet, ces deux groupes vont apprendre dans ces pages que l'évangile de Jean a été écrit en plusieurs étapes par des auteurs différents, sur une période d'environ trente ans. En aucun sens donc, il ne peut contenir littéralement « les paroles de Dieu ». Ils apprendront aussi qu'aucune des paroles attribuées à Jésus dans cet évangile ne fut très probablement dite par le Jésus de l'histoire. Ils apprendront qu'aucun des miracles, appelés « signes » dans ce livre et attribués à Jésus, ne s'est réellement accompli. Ils apprendront que la plupart des personnages qui peuplent ces pages sont des créations littéraires de l'auteur et n'ont jamais été des gens qui ont réellement existé. Ils apprendront que le langage d'une divinité extérieure qui entre dans la chair de notre existence biologique, cette manière dont la plupart des gens comprennent le christianisme et cet évangile, n'est même pas dans l'intention de celui qui a écrit l'évangile.

Après cette introduction à mes méthodes et cet avertissement sur mes conclusions, je vous invite maintenant à tourner les pages, à poursuivre la lecture et à explorer l'arrière-plan de ce que nous appelons l'évangile de Jean.

2

Jean : un évangile, plusieurs auteurs

Le quatrième évangile est traditionnellement considéré comme l'œuvre d'un seul auteur. Ce point de vue n'est pas partagé par la grande majorité des spécialistes de Jean. Pour eux, il a fait l'objet d'une série de révisions rédactionnelles par différents auteurs sur plusieurs années, avant d'arriver au stade où nous l'avons aujourd'hui. À l'appui de ces théories, ces chercheurs font valoir les contradictions dans le corps même de l'évangile ; des passages donnent l'impression d'avoir été sommairement juxtaposés ; des additions rédactionnelles semblent avoir été tissées dans la trame du texte, laissant des coutures visibles. Par exemple, dans certaines parties, nous trouvons ce que les exégètes appellent une « christologie basse ». Par là, ils entendent que, dans des portions du texte johannique, la vie de Jésus est vue et décrite avant tout en termes d'images messianiques juives : le nouveau Moïse, le nouvel Élie, le prophète dont Moïse a parlé. Toutes ces images soulignent une vie extraordinaire, aucune d'entre elles n'attribue nécessairement à Jésus un statut divin. En revanche, d'autres passages révèlent ce que les exégètes appellent une « christologie haute ». Ils entendent par là que la vie de Jésus est vue et décrite avant tout en termes de surnaturel et de divin. Jésus est fréquemment montré revendiquant une relation avec Dieu spéciale et unique qui confine à une complète identification. La clairvoyance est également reconnue à Jésus dans plusieurs épisodes. En d'autres passages encore, est attribuée à Jésus une préexistence, une vie avant sa vie terrestre, antérieure à sa naissance dans ce monde.

Nombre de fois dans cet évangile est prêté à Jésus le nom divin « Je suis », comme s'il lui était propre. L'ouverture ou prologue affirme à la fois sa préexistence et sa nature divine : « La Parole était avec Dieu et la

Parole était Dieu » (Jn 1,1) et « Celui qui est la Parole est devenu un homme et il a vécu parmi nous » (Jn 1,14).

Chacune de ces perspectives, la christologie basse et la christologie haute, peut être reconnue ; dans un certain sens, c'est ce que les croyants chrétiens ont cherché à exprimer par cette affirmation que Jésus est à la fois « totalement humain » et « totalement divin ». Cette idée théologique dualiste n'a pourtant prédominé que seulement trois cents ans environ après la crucifixion de Jésus ; elle pouvait difficilement refléter la pensée d'une personne vivant dans la deuxième moitié du premier siècle, lorsque l'évangile de Jean a été écrit.

Les exégètes ont acquis la conviction que, derrière la forme actuelle de l'évangile de Jean, ont existé des sources antérieures, incorporées dans le texte définitif. Une des sources estimée pré-johannique est appelée le Livre des Signes, et ces exégètes pensent qu'une grande part des éléments des chapitres 2 à 11 reflète cette source. Si cette prémisse est exacte, et un exégète, pas des moindres, tel que Rudolf Bultmann soutient cette thèse, elle expliquerait que ce document commence par l'histoire de Jésus transformant l'eau en vin lors d'un mariage à Cana en Galilée pour se conclure par l'histoire de Jésus relevant de la mort un homme du nom de Lazare. Cela représente juste un peu moins de la moitié de l'évangile.

Les indices qui mènent ces exégètes à déduire que le Livre des Signes était à l'origine une source distincte se trouvent dans cette partie même du récit. Le texte se réfère à cette histoire de l'eau changée en vin comme « le premier des signes » qu'accomplit Jésus pour « manifester sa gloire » (Jn 2,11). En réponse à ce signe, il nous est dit que les disciples « crurent en lui ». Par la suite, il est question du « deuxième signe » de Jésus, mais il faut admettre que la numérotation devient un peu vague lorsque nous arrivons au dernier signe, l'histoire de Lazare, au chapitre 11.

Dans ce Livre des Signes, supposé « indépendant », le signe se manifeste comme un acte de puissance, accompli en public, indiquant quelque chose encore plus grand et plus important. En même temps, comme nous le verrons plus loin dans ce livre, les récits de signes sont remplis de références étranges, de mots énigmatiques, d'actions inhabituelles et d'une mise en scène de personnages ; tout cela semble écarter l'idée de comprendre ces signes comme des événements à prendre au sens littéral, qui se seraient produits dans le cours normal de l'histoire. Les histoires que les évangiles synoptiques présentent sans guère d'hésitation comme des miracles sont beaucoup plus énigmatiques chez Jean. Le mot « signe » traduit bien cette obscurité.

Un autre aspect de cette singularité johannique est le côté spectaculaire des signes dans le quatrième évangile ; comme si ces signes étaient amplifiés dans un but au premier abord peu compréhensible. Certains éléments dans ces signes sont assurément bien distincts des histoires de miracles dans les évangiles précédents. Cette différence pourrait refléter une tradition écrite plus ancienne (tel que le Livre des Signes précédemment mentionné) dont Jean s'inspire, assez éloignée de la tradition synoptique des trois premiers évangiles. Le fait est que, tandis qu'il existe quelques similitudes entre certains signes chez Jean et des récits de miracles dans les autres évangiles, la plupart d'entre eux sont très différents et quelques-uns sont uniques dans cet évangile. D'où la conclusion, au moins chez quelques exégètes johanniques, que l'auteur original de l'évangile de Jean utilisait une source écrite qui ne nous est plus accessible et préservée seulement dans le quatrième évangile. Je pense toutefois qu'il est sage d'être circonspect sur l'affirmation d'une source maintenant disparue, que ce soit un livre de signes ou un livre de citations. Être circonspect ne signifie pas que je rejette cette conclusion comme probable ou possible, mais j'adhère mollement aux théories qui requièrent l'existence d'un document maintenant perdu, comme pierre angulaire.

L'évangile de Jean comporte des éléments qui semblent avoir été ajustés, mais mal assortis ; ce qui laisse penser qu'il y a davantage qu'une seule source pour cette œuvre. Par exemple, les références géographiques aux chapitres 4, 5 et 6 seraient plus plausibles si l'ordre était 4, 6 et 5. Autre exemple, les exégètes modernes ne considèrent pas l'histoire de la femme surprise en flagrant délit d'adultère, un récit mentionné seulement dans le quatrième évangile, comme une partie originelle de Jean. Cette histoire apparaît dans la version de *King James* comme Jean 7,53 - 8,11, mais elle a été reléguée à une note de bas de page dans des traductions plus modernes telles que *The Revised Standard Version* et *The New Revised Standard Version*. Une étude des manuscrits anciens révèle que les premières copies de l'évangile de Jean n'incluaient pas cette histoire. Elle n'apparaît pour la première fois dans l'évangile de Jean qu'à une période avancée du Moyen Âge. Dans au moins un autre manuscrit ancien, elle apparaît dans l'évangile de Luc, non dans celui de Jean. L'histoire est magnifique, avec à son apogée Jésus qui s'adresse à la populace prête à l'exécution : « Que celui qui est sans péché lui jette la première pierre » ; une réaction qui sonne vraie, avec un air d'authenticité, une parole que Jésus pourrait très bien avoir prononcée. Sa place originelle comme une partie du corpus de Jean est en revanche universellement rejetée aujourd'hui dans les cercles d'exégètes.

Une illustration supplémentaire de l'assemblage de quelques passages, distincts à l'origine, se trouve au milieu de ce qui est appelé les « Discours d'adieu », comprenant les chapitres 13 à 16 et peut-être même le chapitre 17 (appelé généralement la « Grande Prière »). Ces discours se tiennent à un moment où Jésus s'éloigne de la foule et se concentre uniquement sur ses disciples. Jean raconte ces adieux de manière à la fois élaborée et intense ; il montre Jésus préparant ses disciples à la douleur de sa mort et de son départ, mais leur donnant aussi des raisons pour vivre sans lui.

À vrai dire, de plusieurs façons, les Discours d'adieu semblent bien davantage refléter les temps difficiles que la communauté johannique allait endurer vers la fin du premier siècle que les entretiens de Jésus avec ses disciples avant sa mort. Il est clair, en tous cas, si l'on examine de près ces discours, qu'ils ne sont pas le travail d'un auteur unique. À la fin du chapitre 14, Jésus dit : « Levez-vous, partons d'ici » (Jn 14,31). Ce qui laisse entendre que ces discours sont terminés, mais, pas de chance, ils se poursuivent encore sur au moins deux chapitres. Je reviendrai plus en détail sur ce point.

Une évidence supplémentaire que l'évangile de Jean a été écrit en plusieurs étapes se trouve dans les récits de la résurrection. Encore une fois j'y reviendrai plus en détail, mais pour l'instant, ayez à l'esprit que toutes les histoires concernant la résurrection dans le quatrième évangile apparaissent sans lien les unes avec les autres.

Enfin, si l'on essaie de prendre cet évangile comme un tout consistant, un problème surgit pour comprendre la relation entre ses deux derniers chapitres, 20 et 21. Il est quasi impossible que la même personne ait écrit ces deux chapitres qui se contredisent.

Les exégètes sont aujourd'hui largement d'accord pour conclure que le quatrième évangile est le fruit de plus d'un auteur ou rédacteur ; il n'en reste pas moins que le débat reste vif concernant le nombre d'auteurs et de rédacteurs (Raymond Brown dit cinq, Urban von Walhlde dit trois), et quelles parties sont à attribuer à quel rédacteur. Ce débat n'est sans doute pas le souci du lecteur moyen. Je tiens à indiquer que cet évangile est vraisemblablement un aggloméré de plus d'une source et qu'il reflète dans ses rédactions diverses des périodes très différentes de l'histoire chrétienne primitive. Dans ce livre, je retiens l'hypothèse d'un minimum de trois étapes, sans compter l'épilogue. Je présenterai brièvement les conclusions de ma recherche afin d'introduire les lecteurs à la genèse de cet ouvrage.

Je pense qu'il y a eu, à l'origine, une étape profondément juive en rapport avec la synagogue, étape encore perceptible. Dans cette première phase, que je daterais de la première moitié des années 70, Jésus est regardé comme la réalisation des images messianiques juives ; il est défini comme celui qui est promis, sur qui reposent les espérances juives et celui qu'annoncent les écritures juives. Je vois cette phase en particulier quand l'histoire de Jésus est reliée aux fêtes juives de la vie de la synagogue.

À cette première tradition se superposent les éléments provenant de l'hostilité croissante entre les partisans de Jésus et les chefs de la synagogue. La tension est exacerbée par la chute de Jérusalem et la destruction du Temple par les Romains en l'an 70 ; elle s'accroît jusqu'à l'expulsion des adeptes de Jésus de la synagogue, au plus tard en 88. Cette expulsion a des échos dans plusieurs passages, ce qui apparaîtra clairement quand nous arriverons à cette question. Conséquence de cette excommunication, cet évangile reflète une hostilité croissante entre les disciples de Jésus et ceux que cet évangile appelle simplement « les Juifs ». Ce conflit, comme toutes les disputes religieuses et les querelles familiales, a été source de douleur, de récriminations et d'amertume. Ceux d'entre nous qui suivent de près les controverses religieuses savent que le niveau d'hostilité atteint ne peut pas être sous-estimé. Lors de ce conflit, les deux adversaires ont dû échanger des choses terribles.

Ce que nous avons dans l'évangile de Jean émane de l'un des camps. Ce document traduit les sentiments bruts des partisans de Jésus envers les dirigeants de la synagogue qui les excommunient. Ces passages ont été lus plus tard comme l'expression d'un conflit entre chrétiens et juifs, ce qui a engendré et alimenté un antisémitisme vif et virulent allant jusqu'à la torture, le meurtre, les inquisitions, les expulsions, les ghettoïsations et finalement l'Holocauste. C'est une histoire qui devrait remplir tous les chrétiens d'un sentiment profond de honte et de culpabilité. Je ne minimise pas du tout cette honte et cette culpabilité. Je crois pourtant que lire l'évangile de Jean en y voyant les racines de l'antisémitisme dans le Nouveau Testament, c'est se méprendre sur le texte. Gardons à l'esprit que les fidèles de Jésus dans la communauté johannique étaient eux-mêmes juifs pour la plupart. Ce mot « les Juifs » dans le quatrième évangile ne désigne pas les Juifs ethniques, ce qui inclurait la communauté elle-même. Il indique plutôt ces Juifs dirigeants de la synagogue, et donc ces gens qui avaient excommunié les adeptes de Jésus. Cette fracture marque profondément la communauté johannique et en conséquence le récit évangélique que produit la communauté, à mesure qu'il se construit jusqu'à sa forme finale. Traduire « les Juifs » par « le groupe juif orthodoxe qui dirige la synagogue » serait beaucoup plus exact d'un point de vue historique. Cette élaboration du texte en cette période d'excommunication a été marquée par un énorme sentiment de négativité.

La troisième rédaction majeure est encore plus tardive Elle est composée lorsque ces adeptes juifs de Jésus, excommuniés, doivent se définir en dehors du cadre traditionnel du judaïsme dont jusque-là ils faisaient partie. Ils réalisent désormais qu'ils ont besoin de fonder leur expérience de Jésus sur quelque chose de plus universel que leur environnement juif avec ses attentes. C'est, je crois, dans cette troisième phase rédactionnelle, qu'ils ont commencé à adopter une forme de mysticisme juif qui leur a permis de dépasser toute barrière tribale et d'atteindre un sens nouveau et transcendant de la réalité de Dieu. C'est ce qui a donné à la forme finale de cet évangile sa christologie haute. Celle-ci a été utilisée par la suite pour définir l'orthodoxie chrétienne et transformer ainsi le christianisme en l'église chrétienne impérialiste qu'elle allait devenir, constituée de credo et de dogmes. Le christianisme lui-même a été victime des mêmes forces de l'histoire qui ont créé l'antisémitisme. Ma tâche dans ce livre est d'une part d'extirper l'antisémitisme de l'histoire chrétienne et d'autre part extirper du christianisme certaines croyances traditionnelles. Cela est possible en creusant profondément dans les origines du quatrième évangile. Les disciples de Jésus devaient apprendre à vivre à l'extérieur du judaïsme. Ce fut trop difficile à supporter pour certains membres juifs de la communauté johannique, d'où leur sécession et leur retour à la synagogue. Je suis de plus en plus persuadé qu'aujourd'hui les disciples de Jésus doivent apprendre à vivre détachés de la chrétienté, du moins de l'orthodoxie de croyances qu'au cours des siècles est malheureusement devenu le christianisme. C'est trop difficile à supporter aujourd'hui pour certains chrétiens, d'où leur éloignement pour se diriger vers des sectes plus fondamentalistes.

Dans cette troisième étape d'examen de l'évangile, nous percevons la tension entre ceux qui affirmaient voir en Jésus une vie humaine imprégnée de Dieu et ceux qui soutenaient que Jésus est une vie divine, préexistant avec Dieu dans la gloire. Je pense que c'est alors qu'a été ajouté le prologue et que le nom divin « Je suis » a été adopté et appliqué directement à Jésus. C'était là une affirmation forte et osée, mais elle n'était ni fausse ni étrangère pour ceux qui comprenaient ces concepts dans la tradition mystique du judaïsme, concepts adoptés par les adeptes de Jésus. Ce n'est que plus tard, lorsque de telles notions furent prises au sens littéral dans un monde dualiste influencé par la pensée grecque, que l'orthodoxie chrétienne se transforma en doctrines et credo exclusifs.

Enfin, pour compléter ce regard sur les sources de cet évangile, je suis de plus en plus convaincu que la dernière addition a été l'épilogue, le vingt-et-unième chapitre, qui n'est le produit d'aucune des trois sources précédemment mentionnées.

Mon intention est d'explorer les strates de formation de cet évangile afin de découvrir la clé pour le comprendre en lui-même. Je tenterai d'arracher ce livre aux mythes du fondamentalisme qui se sont superposés.

Mais je prendrai aussi le livre dans sa globalité, car c'est ainsi que l'Église l'a reçu et s'est mise à l'utiliser. Dans cette globalité, je chercherai à découvrir quelque chose de radicalement différent de ce à quoi le christianisme a finalement abouti. Je trouve que ce n'est pas un livre sur la religion, le péché et le salut, mais sur la vie et une conscience plus développée. Je crois que ce livre nous conduit dans une direction totalement différente de celle qu'a suivie le christianisme depuis Nicée jusqu'à nos jours.

Je souhaite que mes lecteurs connaissent ces éléments essentiels de l'arrière-plan de l'évangile de Jean, mais plus important, qu'ils connaissent le sens de cet évangile dans sa globalité et qu'ils l'expérimentent comme une porte vers une nouvelle dimension de vie. C'est un voyage vers le cœur de la vie, un voyage au-delà des limites de la vie et, au bout du compte, un voyage pour entrer dans une conscience nouvelle et une compréhension entièrement modifiée de ce qu'est être chrétien. La compréhension traditionnelle du christianisme est à l'agonie. De cette mort peut naître un nouveau christianisme, enraciné de façon particulière dans l'évangile de Jean. Apporter à notre conscience ce sens, c'est dans ce but que j'ai entrepris d'écrire cet ouvrage.

3

Distinguer Jean des autres évangiles

Dans l'esprit de la plupart des chrétiens à travers le monde, la tradition évangélique a subi un sérieux amalgame. Rares sont ceux qui, entendant un passage d'évangile, peuvent immédiatement dire s'il vient de Marc, de Matthieu, de Luc ou même de Jean. Je dis « même » parce que l'évangile de Jean est pourtant très différent des trois autres appelés collectivement « les synoptiques ». Matthieu et Luc disposaient de Marc, et leurs récits en ont incorporé de larges portions ; Matthieu a utilisé environ quatre-vingt-dix pour cent de Marc, et Luc environ cinquante pour cent. Chacun d'eux a ajouté ses propres éléments. On trouve quelques échos de cette tradition primitive chez Jean, mais cet évangile ne révèle pas de dépendance fondamentale vis-à-vis des évangiles précédents. Il n'est pas certain que Jean ait été familier de la tradition synoptique ; cela étant, je trouve inconcevable qu'au moins le rédacteur final de l'évangile n'ait pas connu les trois autres ; je développerai mes raisons au cours de cet ouvrage.

L'expérience de la plupart des gens, clergé comme laïcs, est que l'évangile du jour est lu dans le cadre de l'église : les fidèles entendent un passage, mais sans le contexte, sans idée de ce qui s'est passé auparavant ni de ce qui suit. Bien que l'annonce liturgique soit : « Évangile de notre Seigneur selon... » suivie de la source, Marc, Matthieu, Luc ou Jean, cette identification retient bien peu l'attention de la plupart des fidèles du dimanche.

Il est vrai aussi que dans l'usage liturgique traditionnel, lors des grands jours comme Noël, la Semaine Sainte et Pâques, la confusion entre les sources scripturaires est si totale que notre esprit est programmé à ne pas les séparer. Quand on pense aux mises en scène de Noël chaque décembre dans la plupart des églises, la confusion est frappante. La reconstitution type est une affreuse homogénéisation d'un matériau qui pourrait avoir du sens dans sa forme originale, mais qui, dans sa présentation homogénéisée, perd ce sens.

Le schéma habituel des mises en scène de Noël suit l'histoire de Luc, bien que le récit de Matthieu sur la naissance de Jésus soit entré dans la tradition beaucoup plus tôt ; l'histoire des mages selon Matthieu est introduite en dernier dans la scénographie. Sont épargnés à l'auditoire les épisodes plus sanglants, tel que le massacre des enfants innocents par Hérode à Bethléem, dans sa tentative d'éliminer le sauveur promis par Dieu ! Dans cette confusion de récits, la narration de Matthieu se trouve éclipsée. Dans Matthieu, par exemple, il n'y a pas de voyage de Marie et Joseph à Bethléem ni d'auberge ou de mangeoire pour agrémenter ce récit. L'auteur suppose plutôt que Marie et Joseph habitent Bethléem, dans une maison assez visible pour qu'une étoile vienne s'arrêter audessus et projette sa clarté sur cette habitation. Ceci, naturellement, pose à Matthieu un problème que n'a pas Luc, car Matthieu savait que Jésus était connu comme un Galiléen et quelqu'un originaire de la ville de Nazareth. C'est pourquoi il lui faut raconter une histoire qui fait voyager Jésus, d'abord en Égypte, puis de retour à la maison de Bethléem, puis vers la Galilée et finalement à la ville de Nazareth. Tout cela pour échapper à la menace d'Hérode, assez curieusement dépeint comme quelqu'un qui a peur de ce nourrisson né dans une relative pauvreté, représentant une menace pour son trône. Voilà naturellement matière à contes de fées, pas pour l'histoire.

D'après Luc, Marie et Joseph habitent Nazareth. Pourtant, il lui faut tenir compte que le messie doit être l'héritier du trône de David ; il doit donc naître dans la cité de David, Bethléem. Dans ce but, Luc élabore une histoire qui permet à ce couple de Nazareth de se trouver à Bethléem pour la naissance de l'enfant promis. Il a recours à l'artifice d'un édit ordonnant à chacun de retourner à son lieu d'origine pour y être recensé ; Joseph, supposé descendant direct du roi David, est donc concerné. Ce récit, manifestement mythologique, révèle combien il faut distendre la réalité pour rendre croyable la mythologie. D'abord, remarquons qu'il devait y avoir environ cinquante générations entre David et Joseph. Si l'on tient compte des nombreuses femmes de David et du grand nombre de ses propres fils et filles, les descendants directs de David après cinquante générations seraient, s'ils avaient tous survécu, ce qui n'est évidemment pas le cas, des milliers et des milliers. S'ils retournaient tous à Bethléem, comme l'implique cette histoire, il n'y aurait évidemment pas de place à l'auberge ! Deuxièmement, Luc nous raconte que ce recensement a lieu lorsque Quirinius est gouverneur de Syrie ; or, les découvertes historiques nous apprennent que Quirinius n'est pas devenu gouverneur avant 6 ou 7 de notre ère ; à ce moment, Jésus aurait eu dix ou onze ans. Troisièmement, cette histoire, lue textuellement, suppose que Joseph aurait emmené sa femme sur le point d'accoucher pour un voyage de cent cinquante kilomètres à dos d'âne, de Nazareth à Bethléem. Aucun détail de cette histoire de Luc ne tient comme fait historique ; d'ailleurs, plusieurs parties de son récit se révèlent tout de suite incompatibles avec celui de Matthieu. Ces histoires, les deux seuls comptes-rendus qui prétendent raconter la naissance de Jésus, sont séparées dans le temps par une dizaine d'années et représentent des traditions en cours de formation tout à fait différentes. Cela n'empêche pourtant pas les metteurs en scène de cette naissance d'amener les mages à l'étable pour couronner ces scènes de Noël. Qui voudrait qu'une belle mise en scène soit contrariée par l'exégèse biblique ?

Une confusion similaire s'est produite dans notre compréhension de la crucifixion et des derniers instants de la vie de Jésus. Pendant des siècles, les Églises chrétiennes ont observé le Vendredi Saint avec des sermons ou des méditations s'appuyant sur les supposées « sept dernières paroles » de Jésus sur la croix. Comme pour les scènes de Noël, un amalgame de récits évangéliques distincts concernant la croix s'est progressivement effectué. En fait, il n'y a jamais eu « sept dernières paroles ».

Nous obtenons ce total en combinant les quatre histoires de la passion dans les évangiles, récits qui n'ont jamais été destinés à être assemblés. Nulle part n'est vraisemblablement rapportée la moindre parole réellement prononcée par Jésus en croix. Toutes ces « paroles de Jésus en croix » font partie de l'élaboration du mythe. Le premier évangile, Marc, suggère que personne n'a pu recueillir les dernières paroles de Jésus parce qu'en réalité il est mort seul. Marc écrit que lorsque Jésus est arrêté, « tous ses disciples l'abandonnent et s'enfuient » (Mc 14,50) ; il ne reste donc personne pour regarder et écouter près de la croix. Les premiers chrétiens ont estimé que cette véritable désertion a eu lieu pour accomplir les prophéties, avec à l'appui un texte de Zacharie : « Tue le berger, alors les moutons partiront de tous côtés » (Za 13,7). Il n'est pas habituel de justifier un comportement lorsque celui-ci est ancré dans la tradition.

Le premier compte-rendu de l'histoire de la crucifixion, écrit par Marc (14,17-15,49), révèle que ce n'est pas rapporté par des témoins, mais qu'il constitue plutôt une tentative de raconter l'histoire de la crucifixion comme accomplissement des Écritures juives, en particulier du Psaume 22 et d'Ésaïe 53. Cette première histoire écrite de la passion n'est donc pas un récit historique, mais une interprétation liturgique.

C'est dans cette version interprétative de Marc qu'apparaît la première « parole » présumée de Jésus sur la croix, ce que nous appelons le cri de déréliction : « Mon Dieu, mon Dieu, pourquoi m'as-tu abandonné ? »

Cette phrase n'est ni plus ni moins que la première du psaume 22, et le premier exemple, non le dernier, de l'utilisation de ce psaume pour donner forme à l'histoire de la crucifixion.

Quand Matthieu rédige son récit de la passion, avec pour guide l'évangile de Marc, lui aussi affirme que seule est formulée par Jésus en croix cette plainte en forme de question sur un abandon par Dieu.

À l'époque où est écrit le troisième évangile, celui de Luc, fin des années 80 ou début des années 90, l'idée de Jésus éprouvant une séparation de Dieu voire un abandon est intolérable pour les chrétiens de cette génération plus tardive. C'est aussi un cri beaucoup trop humain dans la compréhension croissante de Jésus comme être divin ; alors les mots d'origine « Mon Dieu, mon Dieu, pourquoi m'as-tu abandonné ? » disparaissent. Luc les laisse de côté tout simplement, bien que sa source, Marc, les cite. Il remplace ce cri d'angoisse par trois paroles différentes jamais entendues ou écrites auparavant dans la tradition chrétienne. D'abord, Luc attribue à Jésus un mot de pardon pour les soldats : « Père, pardonne-leur, car ils ne savent pas ce qu'ils font » (Lc 23,34). Suit un mot d'espoir adressé à l'un des deux larrons, un homme que Luc, et lui seul, décrit repentant : « Aujourd'hui tu seras avec moi dans le paradis » (Lc 23,43). Enfin, il met dans la bouche de Jésus une parole de confiance au moment de mourir : « Père, je remets mon esprit entre tes mains » (Lc 23,46). C'est bien loin de « Mon Dieu, mon Dieu, pourquoi m'as-tu abandonné ? »

Lors de l'écriture du quatrième évangile, l'auteur n'estime appropriée pour son portrait de Jésus aucune de ces paroles ; il les laisse de côté et en ajoute trois de son cru. La première est pour recommander sa mère aux soins du « disciple bien-aimé » : « Voilà ton fils, mère », et : « Voilà ta mère » (Jn 19,27). Puis il y a l'angoisse du « J'ai soif » (Jn 19,28), exprimé, dit Jean, pour accomplir les Écritures, et il cite le psaume 69,21. Finalement Jean rapporte les mots de la fin « Tout est achevé » (Jn 19,30), ce qui achemine cette histoire vers une issue non pas tragique mais triomphale. On ne comprendra jamais aucun évangile, et plus particulièrement le quatrième, à moins de se défaire de l'amalgame qui rend réellement impossible une étude approfondie de la Bible ; il nous faut le briser et envisager chaque évangile dans sa spécificité.

C'est pourquoi, dans ce chapitre, de manière rude, en déclarations-coups de feu avec seulement des détails brefs, je veux traiter le quatrième évangile à part des autres, l'appréhender dans son originalité, afin de saisir son message propre.

• Il n'y a chez Jean aucun récit d'une naissance miraculeuse ou virginale. Il me paraît inconcevable qu'au moins le dernier auteur ou rédacteur de Jean n'ait pas entendu parler de cette histoire, étant donné que cela était entré dans la tradition de Jésus quelque dix ou quinze années plus tôt. Demandons-nous pourquoi aucune allusion n'y est faite. Non seulement aucune histoire de naissance surnaturelle n'apparaît chez Jean, mais en deux occasions (Jn 1,45 et 6,42) Jésus est appelé tout simplement « le fils de Joseph ».

• Dans le quatrième évangile, Jean le Baptiste ne baptise pas Jésus alors qu'il le fait dans les trois premiers évangiles. Il porte simplement témoignage.

• Dans le quatrième évangile, pas de récit de tentation de Jésus dans un endroit sauvage ni de transfiguration de Jésus s'entretenant avec Moïse et Élie.

• Dans le quatrième évangile, pas de paroles brèves et provocantes de Jésus, pas de paraboles ni de version du Sermon sur la Montagne. Au lieu de cela, Jésus est montré tenant de longs dialogues ou monologues quelquefois d'une théologie compliquée.

• Dans le quatrième évangile, l'histoire de la purification du Temple n'est pas associée à la dernière semaine de la vie de Jésus, comme dans les autres évangiles. Cela se passe au chapitre 2, vers le début de son ministère public.

• Dans le quatrième évangile, le cadre est principalement Jérusalem, Jésus se retirant en Galilée seulement pour échapper à la présence hostile des autorités juives. Dans les trois évangiles précédents, Jésus se rend seulement une fois à Jérusalem, c'est pour la Pâque, et alors il est crucifié. Dans Jean, il est à Jérusalem pour trois Pâques.

• Dans le quatrième évangile, pas de description du Dernier Repas. Nulle part dans cet évangile Jésus ne partage le repas de Pâques avec ses disciples dans la salle haute. Au lieu de l'institution du Dernier Repas, cet évangile nous parle de la cérémonie du lavement des pieds, et il rattache tout l'enseignement de Jésus concernant l'Eucharistie à l'histoire où il rassasie les cinq mille, dans le chapitre 6.

• Dans le quatrième évangile, les miracles deviennent des « signes » évoquant une vérité saisissante qui s'empare de la conscience humaine de Jésus. La plupart des signes ont peu de rapport avec les précédentes histoires de miracles.

• Dans le quatrième évangile, pas d'angoisse dans le Jardin de Gethsémani ni de prière dans laquelle Jésus demande que son destin lui soit épargné. Loin de la tradition synoptique, Jésus dit qu'il est né dans le dessein d'être crucifié (Jn 12,27).

• Dans le quatrième évangile, la glorification de Jésus est le moment de la crucifixion. C'est lorsque Jésus est élevé sur la croix qu'il attire à lui toute personne. Ce n'est pas un Christ souffrant qui est vu sur la croix, mais un Christ glorifié dont l'œuvre est en quelque sorte accomplie par sa mort.

• Dans le quatrième évangile sont introduits de nombreux personnages mémorables, nulle part ailleurs mentionnés dans le Nouveau Testament. Ce défilé de personnages commence dans le chapitre 1 avec un homme du nom de Nathanaël et s'achève avec un personnage appelé le « disciple bien-aimé » qui est introduit dans les Discours d'adieu et joue ensuite un rôle majeur dans l'histoire de la passion et de la résurrection de Jésus. Pour comprendre cet évangile, il nous faut prendre en compte ces créations johanniques uniques.

• Dans le quatrième évangile, l'auteur donne aussi du contenu et même de la personnalité à plusieurs autres personnes, apparues plus tôt dans la tradition sans toutefois les caractéristiques que leur attribue Jean. Parmi elles, André, la mère de Jésus, les frères de Jésus, Philippe et Thomas. Nous examinerons le rôle que seul cet évangile leur assigne.

Certaines caractéristiques mettent cet évangile à part de tous les autres. Quels sont ces traits ? D'où proviennent ces signes distinctifs ? Comment sont-ils utilisés par cet auteur pour sa narration ? Pour l'instant nous énumérons simplement ces questions ainsi que les différences et les exemples du traitement des personnages mentionnés. Là sont les clés pour comprendre cet évangile.

4

L'œuvre d'un Juif de Palestine

Une fois mis au clair le contexte du quatrième évangile, sans les amalgames opérés dans la culture chrétienne, il reste à voir trois outils significatifs d'interprétation. Le premier est de reconnaître que ce livre est la création bien spécifique d'un esprit profondément influencé par l'expérience du judaïsme[1]. Le deuxième est qu'au premier siècle une forme populaire de mysticisme juif a imprimé une marque très forte sur le message de ce livre. Le troisième est que ce livre ne peut jamais être lu de manière littérale, et l'auteur (ou les auteurs) nous dit, presque à chaque page, qu'une telle approche littérale serait totalement absurde. Dans les chapitres suivants de cette première partie qui est une préparation du terrain, nous détaillerons ces trois points ; l'examen du mysticisme juif sera le plus fouillé, étant donné que pour la plupart des gens c'est l'aspect le moins familier et le plus susceptible d'être mal compris. Commençons par nous occuper du caractère juif de ce livre.

L'évangile de Jean révèle pratiquement à chaque page une familiarité profonde et constante avec la Palestine juive en général et Jérusalem en particulier. Il a recours à des images tirées des Écritures juives qui ne peuvent parler qu'à une personne juive. Là où l'écrivain se doute qu'un concept juif pourrait être mal compris ou mal interprété, il l'explique.

Cet évangile est également juif dans le style liturgique qu'il décrit ; il témoigne d'une connaissance particulière de la vie de la synagogue et d'une authentique familiarité avec les fêtes juives. Son auteur comprend et évoque le déroulement du culte de la synagogue et il raconte l'histoire de

1. Malgré ma conviction que l'évangile de Jean a plus qu'un auteur, je vais écrire comme si l'auteur était une seule personne et que l'œuvre achevée était le regroupement de plusieurs strates. L'auteur/rédacteur final a pris le texte comme un tout et c'est la manière dont la plupart des gens au cours de l'histoire ont raconté cet évangile.

Jésus sur la toile de fond de ce culte. À quelqu'un étranger à cet ordonnancement du culte juif peuvent échapper de nombreuses nuances.

L'évidence interne du caractère juif de cet évangile s'impose avec une telle force que je suis sidéré en voyant qu'une autre hypothèse sur son origine ait pu être avancée. En lisant les commentaires johanniques du XIXe et du début du XXe siècles, on trouve de savants exégètes incapables de voir le sens de son message sans chercher dans cet évangile des éléments hellénistiques ou gnostiques ; ils appliquent un syncrétisme destiné à réunir les écritures hébraïques et la pensée philosophique grecque.

À l'évidence, le passage de l'évangile de Jean qui a généré cette option est le prologue (Jn 1,1-18), en particulier le terme *logos*, sur lequel l'auteur met l'accent. *Logos* peut s'interpréter par « la parole » mais aussi « la raison », « le principe rationnel », « la première émanation de Dieu » et « la manifestation propre de Dieu ». C'est ainsi qu'ont été trouvées une similitude et une origine dans la philosophie grecque. Assurément, lorsque le mouvement chrétien a commencé à se détourner de ses origines juives pour embrasser le monde grec, le quatrième évangile, interprété ainsi, a constitué un pont entre les deux mondes.

Soyons clairs : il est évident qu'une certaine influence grecque a toujours été présente depuis le début du christianisme, puisque le grec était la langue cultivée de tout l'Empire romain. Sachez que les lettres de Paul, tous les évangiles, les lettres non pauliniennes, le livre des Actes, les épîtres en général et le livre de l'Apocalypse sont tous à l'origine rédigés en grec. Il est maintenant certain qu'il n'y a eu aucun original araméen derrière les évangiles. Travailler dans la langue grecque, comme le faisaient ces premiers écrivains, implique inévitablement qu'ils assimilaient les concepts grecs et étaient inconsciemment formatés par une vision grecque du monde. L'emploi du vocabulaire grec amenait à penser grec. Il est par conséquent impossible d'ignorer quelque influence grecque, même au début du mouvement chrétien. Pourtant, ce n'est pas avant la période où fut achevée la rédaction des évangiles que, dans l'Église chrétienne, les Gentils convertis (donc quasi ignorants des traditions et coutumes hébraïques) commencèrent à lire les Écritures juives à travers des lentilles de Grecs. La transition vers des interprétations grecques atteignit son apogée au quatrième siècle, quand furent rédigés les credo et formées les images théologiques qui allaient culminer dans le christianisme classique. Ce n'est qu'au cours de la deuxième moitié du XXe siècle et du début du XXIe qu'il est devenu possible de mettre en question cette perspective classique, et de commencer à retrouver le caractère originel judaïque du Nouveau Testament en général et du quatrième évangile en particulier. En réalité, c'est une étude des manuscrits de la

Mer Morte, découverts d'abord en 1946 dans un endroit appelé Khirbet Qumran sur la Rive Ouest, qui a conduit la recherche à revenir à l'affirmation claire que le quatrième évangile reflète des origines juives. Dans ce chapitre, je veux d'abord démontrer le contenu profondément juif de cet évangile, puis le relier à la liturgie de la synagogue, et finalement explorer le prologue lui-même pour ses racines et sa signification juives. Il nous faut des yeux juifs, si nous voulons comprendre le quatrième évangile.

Le prologue est parsemé de mots que seule une personne juive pouvait utiliser et comprendre. Ils concernent Jean le Baptiste, mais notez que cet évangile ne l'appelle jamais Jean le Baptiste. Il était à l'évidence un personnage connu dans la vie juive du premier siècle, et peut-être son mouvement avait-il été un rival du mouvement chrétien naissant ou du moins de la communauté johannique à la source de cet évangile. Dès le prologue, le baptiste commence à être mis en infériorité. Aucun mouvement ne traite un personnage important de cette façon, à moins que ses membres ne se sentent plus ou moins menacés par celui qu'ils cherchent à abaisser. Remarquez les mots de cet évangile : « Il n'était pas la lumière, mais il est venu pour porter témoignage à la lumière » (Jn 1,8). Le rôle attribué à Jean est simplement de « porter témoignage » au Christ, rien de plus. Dans cet évangile, il ne lui est même pas donné de baptiser Jésus de Nazareth. Ce serait affirmer pour ce Jean un rôle plus important que ne veut lui attribuer l'auteur. Il ne fait et il ne peut que montrer au-delà de lui-même celui « qui vient après moi » bien qu'il « fût avant moi » (Jn 1,15-16). Quand le quatrième évangile raconte l'interrogatoire de ce Jean par les prêtres et les lévites de Jérusalem, les questions posées sont toutes en termes de concepts inconcevables pour un non-Juif : « Es-tu le messie ? », « Es-tu Élie ? », « Es-tu le prophète ? ». Seuls les Juifs utilisaient le terme « messie ». Seuls les Juifs élaboraient une mythologie autour de leurs espérances messianiques qui incluaient le retour du prophète Élie pour préparer le chemin du messie. Seuls les Juifs entendaient par « prophète » celui, disait-on, que Moïse avait promis que Dieu susciterait dans les derniers jours (Deut 18,15). Quand enfin Jean le Baptiste s'identifie, il le fait dans les mots du prophète Ésaïe que seuls les Juifs, avec leur connaissance des prophètes juifs, pouvaient comprendre. Il est, dit le baptiste, « la voix qui crie dans le désert, pour rendre droit le chemin du Seigneur » (Jn 1,23 - voir Es 40,3).

Dans le quatrième évangile, lorsque ce Jean rencontre Jésus, il le désigne comme « l'agneau de Dieu qui enlève le péché du monde », une référence que les Juifs, et eux seuls, reconnaissent sur-le-champ, puisqu'elle vient à la fois de la liturgie de la synagogue et d'une interprétation messianique de leurs écritures. Je développerai plus loin ces concepts éminemment juifs. Pour l'instant, permettez-moi simplement de signaler qu'un auteur non juif ou Gentil, n'aurait pas pu raconter l'histoire de Jésus comme un accomplissement des aspects sacrificiels de la liturgie juive. Aussi notre étude de Jean doit commencer en reconnaissant le caractère juif de cet évangile.

Plus loin dans ce même premier chapitre, sans aucune explication, sont attribués à Jésus d'autres titres juifs ; l'auteur estime donc que son auditoire les comprendra parfaitement. Il explique que le titre « rabbi » signifie « maître » (Jn 1,38), mais il poursuit en faisant André dire à son frère : « Nous avons trouvé le messie », tandis que Philippe dit à Nathanaël : « Nous avons trouvé celui dont a parlé Moïse dans la loi » (Jn 1,45). Cet évangile montre que Nathanaël comme ceux à qui il s'adresse sont manifestement au courant des tensions entre la Galilée et Jérusalem, puisque Nathanaël exprime les préjugés juifs : « Peut-il sortir quelque chose de bon de Nazareth ? » (Jn 1,46). Parmi les titres que Nathanaël attribue à Jésus, il y a « roi d'Israël » (Jn 1,49). Qui peut imaginer qu'un écrivain non juif tiendrait ce langage ? Plus tard, Jésus dit que Nathanaël verra des choses plus grandes encore, et il décrit ces « choses plus grandes » par une allusion à l'histoire de la Genèse dans laquelle Jacob rêve d'une échelle qui atteint les cieux où montent et descendent des anges (Jn 1,51, voir Gn 28,12). Une telle familiarité avec les écritures juives est la marque d'un écrivain qui ne peut être qu'un Juif. Tous ces détails se trouvent dans le premier chapitre de l'évangile !

Ce point éclairci, je vais passer plus rapidement sur d'autres références juives qui ne cessent de confirmer que l'auteur est juif. Le chapitre 2 parle des jarres d'eau utilisées pour les rites juifs de purification (Jn 2,6). Jean 2,13 contient la première des trois références à Pâques et le besoin pour Jésus de monter à Jérusalem pour la célébrer. Dans Marc, Matthieu et Luc, est évoquée une seule célébration de la Pâque. Quand nous regardons Marc de près, nous trouvons que cette unique Pâque est le couronnement d'une série de jours saints et de fêtes juives. Marc ouvre son évangile par une histoire de Jésus qui fait écho à l'observance juive de Rosh Hashanah, et puis, de manière ordonnée, il raconte des histoires de Jésus pour les autres fêtes et observances pénitentielles de l'année liturgique de la synagogue. Ainsi se trouvent dans Marc les éléments appropriés pour une lecture à Yom Kippur, le Jour du Pardon, avec une série d'histoires de guérisons et de purifications ; il inclut l'appel à Lévi, invité à quitter le contrôle des douanes qui profite aux Gentils impurs, appel à quitter son activité impure et à devenir l'un des douze disciples (Mc 2,14). Le récit de Marc passe alors à Sukkoth, les huit jours de la fête des moissons, qu'il couvre avec la longue parabole du semeur et de sa moisson (Mc 4). Puis il fait allusion au festival de la lumière en hiver, appelé la Fête de la Dédicace à cette époque, Hanukkah actuellement, avec le récit connu comme la transfiguration où il évoque la lumière de Dieu descendant non sur le Temple, mais sur Jésus (Mc 9,2,3). Finalement, Marc relate l'histoire de la crucifixion de Jésus à la période de Pâques (Mc 14-15). Ce qui signifie que Marc fournit des histoires de Jésus pour l'usage liturgique dans son ordre propre depuis le Nouvel An juif, Rosh Hashannah, jusqu'à Pâques, ce qui couvre seulement environ six mois et demi de l'année. Luc comme Matthieu développent Marc afin de couvrir l'année liturgique entière, raison pour laquelle ces évangiles sont quarante pour cent plus longs que Marc.

Jean semble s'inspirer d'un motif liturgique juif différent. Car tandis qu'une partie du monde juif utilisait un cycle de lectures de la Torah d'une année (comme cela transparaît dans Marc, Matthieu et Luc), d'autres parties du monde juif avaient un cycle de lectures sur trois ans. Jean appuie apparemment sa version de l'histoire de Jésus sur ce cycle de trois ans. Cette pratique liturgique détermine la forme narrative de l'histoire de Jésus.

L'évangile de Jean contient une référence à la Fête des Tabernacles (Jn 7,2), autrement nommée Sukkoth, la fête de la moisson, et dans ce chapitre il relie Jésus très spécifiquement à ce festival. Plus loin, il se réfère à la Fête de la Dédicace (Jn 10,22) qui se tient au cœur de l'hiver. Personne, autre que notre auteur de l'évangile et ignorant les traditions du culte juif, ne se retrouverait dans ces pratiques.

Une fois compris ce motif, les références juives sautent aux yeux du lecteur à chaque page ou presque. Dans une conversation avec Nicodème (Jn 3), Jésus se réfère au Saint Esprit comme « le vent ». Les mots juifs *ruach* et *nephesh*, qui signifient respectivement « vent » et « souffle », ou le vent extérieur et le vent intérieur, sont fréquemment employés dans les écritures juives comme synonymes de l'esprit ou du souffle de Dieu. Seuls un auteur juif et des lecteurs juifs sont susceptibles de le comprendre. (Voir Gn 2,7, Ez 37,1-10).

Dans l'histoire de la femme samaritaine près du puits, l'auteur reprend des noms de lieux qui ne sont familiers qu'à un Juif de Palestine. Il mentionne une ville appelée Sychar et le puits de Jacob, lieux proches l'un de l'autre. Dans la conversation de Jésus avec la Samaritaine, l'auteur se montre très au courant du genre de relation entre Juifs et Samaritains, et des lieux qui sont des sujets de friction voire de franche hostilité (Jn 4,7-42).

Dans le chapitre 5, après la mention d'une autre fête du calendrier liturgique, non nommée (peut-être délibérément), l'auteur manifeste une connaissance précise de certaines choses à Jérusalem, telle qu'une piscine près de la Porte des Brebis appelée Bethzatha ; elle a cinq colonnades (Jn 5,1-3). Il est au courant du mythe du pouvoir de guérison des eaux quand elles bouillonnent (Jn 5, 7-9), ainsi que de l'intransigeance des restrictions le jour du Sabbat. Il parle de la coutume juive de rechercher dans les écritures la promesse de vie éternelle (Jn 5,39). Lui sont familiers les détails géographiques du paysage de Palestine dans les collines de Galilée (Jn 6, 1ss), ainsi que les détails de l'histoire de Moïse procurant la manne dans le désert (Jn 6, 31-34). Aucune de ces précisions ne coulerait de façon naturelle de la plume d'un non-Juif ou d'un Juif de la périphérie. Ce sont les données de base qui me font conclure que l'auteur du quatrième évangile est authentiquement un Juif.

Au chapitre 9, nous trouvons une histoire qui semble révélatrice, non de l'époque de Jésus, mais de l'expérience contemporaine à l'écrivain de l'évangile vivant à la fin du premier siècle. En présentant le cas d'un homme aveugle de naissance (était-ce dû au péché – et alors, de qui ?), l'auteur est clairement conscient du conflit résultant de l'expulsion de la synagogue des adeptes de Jésus (Jn 9,22). Jésus est peint aux prises avec les autorités juives sur les questions du jour pour l'*auteur* de l'évangile, avec pour résultat l'expulsion ; et il est dépeint comme étant engagé dans la quintessence des débats rabbiniques de *son* époque. La rupture entre les Juifs révisionnistes et les Juifs orthodoxes qui aboutit à l'expulsion de la synagogue des fidèles de Jésus, à l'époque où cet évangile fut écrit, est à la fois évidente et réelle. Cet évangile reflète la douleur et le traumatisme de cette expulsion, et également la nécessité de reformuler le message du Christ pour qu'il se prolonge sous une forme nouvelle, en mouvement désormais extérieur à la synagogue.

Voilà des données probantes pour dire que cet évangile est une œuvre juive. Son message ne devient compréhensible que s'il est placé dans le contexte juif qui l'a produit. Mais cet évangile est aussi le témoignage d'un mouvement naissant qui outrepasse les limites traditionnelles du judaïsme ; il est toutefois de l'ordre expérimental plus que de l'antagonisme, à savoir qu'il se veut un mouvement reconnu comme d'orientation juive avant tout. Ceci apparaît dans le prologue. Celui-ci fait écho délibérément à l'histoire de la Création dans Genèse 1, familière seulement pour les Juifs. Une autre évidence de ce débat post-juif est perceptible dans l'usage unique de l'Exode dans lequel le terme « Je suis » était le nom donné à Dieu, un nom que l'auteur de cet évangile applique à Jésus. Aucune trace ailleurs de cet usage, avant le quatrième évangile.

Les affirmations de préexistence reviennent à maintes reprises dans le texte, mais fréquemment à travers des héros majeurs des écritures juives, des personnages qui ne seraient pas familiers à des non-Juifs. Ainsi, Jean met sur les lèvres de Jésus des phrases comme « Avant qu'Abraham fut, je suis » et « Moïse s'est réjoui de voir mon jour ».

L'évangile de Jean est un livre étranger à tout autre qu'un Juif. Son auteur avait évidemment une profonde connaissance des lieux, des pratiques et des formes liturgiques chez les Juifs. Comment est-il donc possible qu'on ait pu voir cet évangile comme un livre reflétant la pensée hellénisée grecque, avec un compromis de pensée gnostique, ou influencé soit par Philon d'Alexandrie, soit par ceux qui ont promu sa pensée ? C'est le prologue qu'ils ont mal compris ; aussi, tournons-nous maintenant vers le caractère profondément juif de ce prologue.

5

À la recherche des racines juives du prologue

Le prologue de l'évangile de Jean emploie un vocabulaire absolument différent de celui des évangiles antérieurs. Jean, celui qui baptise dans le désert, est présenté ; pourtant, ce Jean n'est pas le Jean Baptiste des évangiles précédents. L'idée de Jésus, préexistant, est aussi introduite dans le prologue ; et la doctrine chrétienne élaborée plus tard concernant la divinité de Jésus plonge manifestement ses racines dans cette idée. Si, comme j'ai cherché à le démontrer, le quatrième évangile est profondément une œuvre juive, alors pourquoi un auteur juif écrirait-il un prologue qui sonne non juif ?

Deux réponses possibles : la première suggère que le prologue ne faisait pas partie de l'évangile à l'origine, mais était l'œuvre d'un rédacteur plus tardif avec une perspective différente. Urban von Wahlde, un exégète johannique de Loyola University à Chicago, assure dans sa brillante analyse, que non seulement le prologue mais aussi tous les passages, où sont attribués à Jésus les « Je suis », sont certainement dus à un troisième rédacteur majeur. Toutefois, von Wahlde ne dit jamais que ce rédacteur écrivait un matériau étranger au reste du livre. Von Wahlde affirme seulement que ce rédacteur était persuadé que ses affirmations s'accordaient avec le reste du livre. Des chercheurs tels que E.F. Scott, C.H. Dodd et Rudolf Bultmann admettent aussi que les thèmes du prologue sont très bien développés dans l'ensemble du livre et que le prologue est à cet évangile ce qu'est une ouverture à un opéra, une introduction à ce qui sera développé par la suite.

La seconde réponse va à l'encontre de l'idée que le prologue serait non juif et prétend, au contraire, qu'il s'harmonise parfaitement avec la tradition juive. Au cours des siècles, ses mots ont pu être mal lus et mal interprétés par une Église chrétienne non juive et profondément antisémite, au jugement mal informé de la pensée juive et profondément altéré par cet antisémitisme. C'est la conclusion à laquelle m'a conduit mon étude, et la découverte qui m'a incité à me lancer dans la rédaction de cet ouvrage.

Mon premier pas a été de reconnaître que le concept de la « Parole » de Dieu (*logos*), qui entre dans la vie humaine et la façonne, traverse les strates diverses de la tradition juive. La Torah (ainsi appelée pour les livres de Moïse), qui ouvre l'Ancien Testament, commence par les mots « Au commencement, Dieu... ». Le prologue de Jean s'oriente différemment : « Au commencement », pas seulement Dieu, mais la « Parole », la déclarant comme étant « avec Dieu ». Remarquons ce contraste évident et très juif. Jean poursuit avec une définition radicale et élargie de la « Parole », déclarant qu'elle était avec Dieu au commencement. Par la « Parole », dit-il, « toutes choses ont été faites », et rien n'a été fait sans la « Parole » (Jn 1,3). Le prologue personnifie donc la « Parole ». « En elle était la vie » et cette vie « était la lumière » des humains. C'est cette lumière qui a illuminé l'obscurité, et l'obscurité n'a pas pu l'éteindre ni en triompher (Jn 1,5).

Lisez maintenant entièrement l'histoire de la Création dans Genèse 1. En langage plus contemporain, voici ce qu'elle dit :

Au commencement Dieu créa les cieux et la terre. Les cieux et la terre étaient informes et vides, et l'obscurité couvrait l'abîme. Alors l'esprit couvrit les eaux comme une poule couve un nid d'œufs d'où la vie va sortir. Et Dieu dit « Qu'il y ait la lumière ! ».

Au commencement Dieu était un. Puis de Dieu est sortie la parole de Dieu : « Qu'il y ait la lumière ». Désormais, le Dieu unique partageait la création avec un nouveau pouvoir. La « parole » de Dieu venait de Dieu et se tenait devant lui. Cette « parole » a commencé à façonner le monde, séparant la lumière de l'obscurité, créant un firmament pour diviser les eaux d'au-dessus de celles d'au-dessous, ce qui eut pour effet de séparer les cieux de la terre. Puis, Dieu parla à nouveau et ordonna aux eaux de la terre de se rassembler pour laisser apparaître le sol sec. Puis, Dieu parla pour créer le soleil et la lune, l'un pour donner la lumière pendant le jour et l'autre pendant la nuit. Puis, Dieu commença à apporter la vie à partir des eaux et à former des oiseaux pour peupler l'air et finalement des créatures pour peupler la terre, des « bêtes des champs », et « tout ce qui rampe sur la terre », comme l'histoire de la création les appelle. Finalement, à la fin du sixième jour et cette fois en réponse à la « parole » de Dieu, la vie humaine naquit – homme et femme ensemble et instantanément. À ce premier couple fut donnée la responsabilité de toute la terre.

Loin de moi l'intention de dire que cette histoire de création est un récit littéral décrivant les commencements du monde. Les astrophysiciens et les biologistes en savent beaucoup plus aujourd'hui que les écrivains bibliques de jadis. Je dis que les auteurs juifs anonymes de cette histoire de création attribuaient à la « parole de Dieu » une énorme puissance créatrice ; ils la considéraient comme séparée de Dieu mais de la nature même de Dieu.

Le prologue de l'évangile de Jean reprend cette proclamation juive comme prélude à l'entreprise de cet évangile qui était d'exprimer ce que les adeptes de Jésus de Nazareth croyaient avoir expérimenté de sa vie. Le mot hébreu pour « parole » était *dabar*. Le mot grec était, comme nous l'avons vu, *logos*. Le concept hébreu *dabar* indiquait que cette « parole » avait le pouvoir de façonner le monde, de révéler la présence de Dieu, d'appeler les gens à un sens plus élevé d'eux-mêmes, une conscience plus haute. Ce que nous trouvons dans le mot grec *logos* n'est pas tellement éloigné du sens de *dabar* dans la pensée juive.

Plus tard dans leur histoire, les écrivains juifs, dans le récit sacré de leur nation, cherchaient et créaient des symboles pour exprimer leur conviction que Dieu n'était pas simplement un être extérieur, mais une réalité sans cesse présente. Au cours des années d'errance des Hébreux dans le désert, entre leur captivité en Égypte et leur installation dans ce qu'ils appelaient « la terre promise », ils symbolisèrent la présence de Dieu au milieu d'eux par un coffre dans lequel ils plaçaient des objets sacrés. Dieu n'était pas fixé à un endroit, parce que ces gens à cette époque étaient des errants, sans attaches à un lieu. Je suppose que chaque peuple dans la période des chasseurs-cueilleurs avait quelque représentation de cette certitude que le Dieu saint se déplaçait avec eux.

Dans la mythologie des Juifs, ce coffre était en lien avec la divinité qu'ils situaient au-delà du ciel, comme tous les autres peuples de l'Antiquité. Il est dit dans la Bible que ce lien était établi de jour par une colonne de nuages, et de nuit par une colonne de feu (Ex 13,21). Dieu était, si vous voulez, à la fois transcendant (c'est-à-dire extérieur) et immanent (c'est-à-dire intérieur). Après l'expérience du Sinaï, décrite dans le livre de l'Exode à partir du chapitre 18, Moïse, considéré comme le premier fil conducteur entre Dieu et le peuple juif, commence à déléguer son autorité à « des hommes capables issus de tout Israël » ; il les établit « chefs du peuple, dirigeants de milliers, de centaines, de cinquantaines et de dizaines », et « ils étaient juges du peuple à tout moment » (Ex 18,25-26), Moïse demeurant en dernier ressort le juge suprême.

Lorsque le pouvoir de juger est retiré à un chef unique et réparti dans le peuple, survient le problème de la subjectivité ; et la subjectivité entraîne le besoin d'objectivité, la loi, c'est-à-dire la volonté de Dieu. Ce besoin apparaît dans le récit où Dieu dicte la loi au peuple choisi sur le mont Sinaï. Puisque Dieu est censé habiter les cieux, grimper jusqu'au sommet c'est se rapprocher de Dieu autant que le peut un être humain. Moïse rassemble d'abord le peuple au pied de la montagne et il est dit que Dieu descend des cieux jusqu'au sommet. Cette présence divine est symbolisée dans Exode 19 par toutes sortes de phénomènes naturels mystérieux : le tonnerre, l'éclair et d'épais nuages couvrant la montagne. Il est dit que le Sinaï est enveloppé de fumée et que l'on sent la terre trembler. Alors seulement Moïse est invité à monter, tandis que le peuple d'Israël doit se tenir à distance. Aux prêtres, il est enjoint d'accomplir divers actes cultuels et, finalement, il est demandé à Aaron, le grand prêtre, d'accompagner Moïse afin de recevoir la « Parole « de Dieu.

C'est le prologue de l'histoire juive du don de la Torah. Il commence par cette introduction : « Et Dieu parla ainsi » (Ex 20,1). D'abord viennent les Dix Commandements, qui explicitent les devoirs envers Dieu et envers le prochain. Au cours des années, voire des siècles, ces commandements allaient être étendus sans cesse pour couvrir toutes les circonstances et décisions éthiques possibles auxquelles pouvaient être confrontés les Juifs. Finalement sont fixées des directives spirituelles pour couvrir chaque aspect de la vie liturgique. Voilà comment la « Parole » de Dieu a évolué et est devenue la Torah. Désormais, la « Parole » de Dieu, qui a créé le monde, est exprimée en mots humains destinés à régir chaque situation humaine concrète. Ceux à qui est attribué le rôle de juges du peuple d'Israël ont de ce fait des normes objectives pour prononcer leurs jugements.

Ces paroles de Dieu, telles que dictées à Moïse et développées dans la Torah, sont codifiées dans la loi, appelée alors la « Parole » de Dieu. Avec le temps, le peuple juif en est venu à considérer la loi comme aussi sacrée que Dieu. Selon la tradition, pas unanime toutefois, ces paroles ont été placées par Moïse dans le coffre transporté par le peuple où qu'il aille. La « Parole » de Dieu est ainsi toujours présente avec le peuple de Dieu. À l'achèvement du temple de Salomon dans les dernières années du Xe siècle avant notre ère, le coffre, appelé dorénavant « l'Arche d'alliance », y est transporté en grande cérémonie, son contenu en est retiré et placé dans le Temple ; il renferme les symboles de la loi, « les deux tablettes de pierre ». Cela veut dire qu'alors la « Parole » de Dieu habite en permanence au milieu d'une nation à présent fixée. Et Dieu aussi ; en effet, le temple de Salomon comporte la cour extérieure ouverte à tous, la cour sainte réservée exclusivement aux Juifs, et enfin le lieu sacré appelé le « saint des saints » dans lequel, selon la croyance, Dieu habite, littéralement, et dans lequel ne peut pénétrer que le grand prêtre (lui seul une fois par an le Jour du Grand Pardon et après une série de purifications).

C'est à partir de cette histoire que les Juifs ont commencé à parler de Dieu présent au milieu de son peuple. Ainsi, il n'est pas seulement un Dieu extérieur, transcendant, mais également le Dieu immanent, toujours présent. Aux yeux des Juifs, les cieux les plus élevés ne peuvent pas enfermer la majesté de Dieu, mais ils sont convaincus que le Temple contient le trône terrestre de Dieu et que la loi, maintenant placée là, contient sa « Parole ».

Les Juifs vont apprendre, comme tous doivent le faire, que Dieu ne peut pas être possédé, pas plus que la « Parole » de Dieu ne peut être réduite à des affirmations. Ainsi, d'après l'histoire biblique, Dieu continue à agir en dehors des canaux religieux officiels, dans la vie des prophètes. Ces prophètes se lèvent sans cesse, en dehors des bornes fixées par la hiérarchie religieuse ; ils proclament la « Parole » de Dieu jusque dans les sphères du pouvoir. Dans des ouvrages précédents, j'ai suivi l'émergence du mouvement prophétique dans le monde juif et j'ai essayé de démontrer comment la « Parole » de Dieu, censée « posséder » les prophètes, est exprimée de façon à redéfinir le Dieu saint de manières nouvelles et substantielles. Alors que Dieu n'est pas sujet au changement, la perception humaine l'est ; et dans l'histoire, y compris celle de la Bible, les perceptions humaines de Dieu sont sans cesse changeantes. Cette histoire biblique commence avec le Dieu tribal féroce qui envoie des châtiments sur les Égyptiens, allant même jusqu'à tuer leurs garçons premiers-nés la nuit de la Pâque (Ex 12,12), jusqu'à arrêter le soleil dans sa course afin de laisser à Josué plus de temps pour massacrer ses ennemis, les Ammonites (Jos 10,12-14), et jusqu'à indiquer au prophète Samuel d'ordonner au roi Saül de procéder à un génocide des Amakélites (1 Sam 15,1-3). Cette histoire évolue donc de ce Dieu tribal féroce vers le sens de l'universalité de Dieu que l'on trouve chez Malachie, et finalement vers le commandement « aimez vos ennemis » et « priez pour ceux qui vous persécutent » (Mt 5,44). N'est-ce pas un progrès considérable ? C'est ce chemin qui mène de l'idée de la « Parole » de Dieu accaparée par la Torah à la « Parole » de Dieu exprimée par les prophètes. Cette « parole » prophétique semblait être une expérience liée à une certaine époque. La « parole » était proclamée avec puissance, mais seulement pour un temps.

Toutes ces conceptions juives ont subi une évolution ; l'étape suivante de la compréhension de Dieu est apparue avec l'idée messianique. Avec le concept du messie, l'externalité de Dieu a commencé à se nuancer.

Le mot « messie » ne signifiait au début rien de plus que « celui qui reçoit l'onction ». C'était en référence au roi qui reçoit l'onction d'huile lors de son couronnement, signe qu'il est habilité à gouverner son peuple au nom de Dieu. Rappelez-vous que Samuel le prophète avait donné l'onction à Saül, de la tribu de Benjamin et fils de Kish, comme premier roi d'Israël (1 Sam 10,1ss). Quand ce règne faillit, Samuel donna l'onction à David, le plus jeune fils de Jessé, membre de la tribu de Juda, pour devenir le second roi (1 Sam 16,13). Ainsi celui qui recevait l'onction, « le messie » (*maschiach*), était, au premier sens du terme, simplement le titre royal du roi des Juifs.

La famille royale fut établie vers l'an 1000 avant notre ère avec le règne du roi David, et elle prit fin vers l'an 586 lors de la destruction de Jérusalem par les Babyloniens. Ceux-ci tentèrent d'anéantir l'État juif ; ils rassemblèrent tous les fils et autres héritiers présumés du trône du dernier roi davidique, Zedekiah, et ils les massacrèrent sous ses yeux. Il arrachèrent ensuite les yeux de Zedekiah et l'emmenèrent, enchaîné, dans une prison de Babylone où il mourut ; c'en était fini de la maison de David (2 Rois 25,7). Puisque le concept de « celui qui a reçu l'onction » n'était plus lié à l'histoire d'un roi, il commença à se diluer dans la mythologie juive. Le peuple envisageait un chef idéal qui un jour viendrait, représentant Dieu d'une manière beaucoup plus spécifique et parfaite. Voilà comment en réalité a émergé l'idée juive d'un messie.

Les images du messie ont cependant beaucoup varié dans l'imaginaire du peuple juif, allant d'un chef militaire conquérant qui rétablirait le pouvoir terrestre des Juifs jusqu'à la figure d'un serviteur souffrant qui prendrait sur lui la colère et la souffrance du monde pour les transformer en amour et en vie. Cette tradition messianique a utilisé aussi l'expression « fils de l'homme », introduite chez Ézéchiel (où il n'indique rien de plus qu'un être humain), et développée pour désigner une figure eschatologique qui amènerait le monde à sa fin et inaugurerait le royaume de Dieu sur terre. À l'époque du livre de Daniel (165 avant notre ère), cette figure semble même posséder un pouvoir surnaturel et partager la divinité de Dieu. À l'arrière-plan de tous ces symboles messianiques repose une aspiration à l'accomplissement humain et à un sens d'unité avec Dieu, encore conçu avant tout comme un être extérieur. Dans l'une des images d'un monde parfait, le prophète Ésaïe décrit l'aube du royaume de Dieu en ces termes : « Que le désert et la terre aride manifestent leur joie, que le pays sec s'émerveille et se couvre de fleurs, aussi belles que les lys !... Alors les aveugles verront et les sourds entendront ; alors les boiteux bondiront comme des cerfs et les muets exprimeront leur joie. Car de l'eau jaillira dans le désert, des torrents ruisselleront dans le pays aride » (És 35,1-2, 5-6). Ce messie, qui inaugurerait le royaume de Dieu, était une promesse d'avenir, mais c'est quelqu'un qui arriverait à la fin des temps.

La pensée juive devait encore évoluer avant que l'évangile de Jean puisse dire : « Au commencement la Parole existait déjà, celui qui est la Parole était avec Dieu, et il était Dieu... Celui qui est la Parole est devenu un homme et il a vécu parmi nous ». Cette transformation finale arriverait quand cette nouvelle perception de l'immanence de Dieu, la présence pénétrante de Dieu, s'infiltrerait et finalement contesterait la définition primaire de Dieu comme être extérieur. Ceci s'est produit avec l'émergence de la littérature de la sagesse et le développement chez le peuple juif de quelque chose que l'on peut appeler le mysticisme juif.

Passons maintenant à ce sujet.

6

Intérioriser la Sagesse, la porte d'entrée dans le mysticisme juif

Le mysticisme semble faire partie de tout système religieux ; il est en général moyennement accepté. Il met toujours en question, d'une manière ou d'une autre, l'adéquation des définitions traditionnelles. Je ne suis certes pas le premier à dire que l'évangile que nous appelons Jean reflète cet accent mystique. Au second siècle, Clément d'Alexandrie, cherchant à distinguer Jean des synoptiques, nommait le quatrième évangile un « évangile spirituel ». Origène, théologien du troisième siècle, l'appelait un « évangile mystique ». Des intellectuels américains du vingtième siècle, John Sanford et L. William Countryman, ont repris ce thème ancien et l'ont explicité dans leurs livres. Sanford, un analyste jungien, a intitulé son livre *Mystical Christianity* et précisé sa perspective dans son sous-titre *A Psychological Commentary on the Gospel of John*[1], tandis que le titre de Countryman est *The Mystical Way in the Fourth Gospel*[2], avec son sous-titre explicatif *Crossing over into God.* À l'opposé dans ce débat, bon nombre d'exégètes johanniques éminents, tels B.F. Westcott, Edwyn Hoskyns, R.H. Lighfoot et Raymond Brown, ne voient aucun mysticisme dans l'évangile de Jean. C.H. Dodd et C.K. Barrett sont neutres sur ce sujet, alors qu'un intellectuel anglais d'origine indienne, Jey Kanagaraj, peut-être influencé par son enracinement dans la religion orientale, est très en faveur de lire cet évangile à travers les lentilles non du simple mysticisme, mais d'un courant très spécifique du mysticisme juif. Pour Kanagaraj il s'agit du « mysticisme merkabah » ou la « mystique du trône », un courant que les exégètes du Nouveau Testament considéraient auparavant comme inapproprié pour l'étude de l'évangile de Jean. Ils

1. *Un christianisme mystique. Un commentaire psychologique de l'évangile de Jean.*
2. *La voie mystique dans le quatrième évangile. Entrer en Dieu.*

pensaient à une date beaucoup plus tardive pour cette forme de mysticisme, l'estimant bien postérieure à la rédaction du Nouveau Testament. Toutefois, suite à la découverte des Manuscrits de la mer Morte, ce point de vue a été corrigé : et il a été démontré, preuves à l'appui, que le mysticisme merkabah était connu au premier siècle.

Sans prétendre apporter une conclusion à ce débat, je veux simplement dire que je penche pour ce côté mystique. Mon étude m'a d'abord convaincu que l'évangile de Jean est une œuvre authentiquement juive, puisqu'en le lisant à travers les lentilles du mysticisme juif, notre génération bénéficie de nouvelles ouvertures pour pénétrer cet évangile. Le mysticisme et l'écriture mystique par définition ne peuvent jamais être compris littéralement, ce qui nous procure une autre clé d'interprétation que je développerai dans le prochain chapitre. Quand ces deux chapitres seront reliés, mes lecteurs comprendront pourquoi j'ai intitulé ce livre *L'évangile de Jean : récits d'un mystique juif.*

Pour l'instant, mon intention est de montrer comment et pourquoi le mysticisme s'est développé dans le judaïsme, à quel besoin il correspondait et ce qui a déterminé la forme qu'il a finalement prise. Si est exacte mon assertion que la troisième rédaction majeure du texte johannique a été produite lorsque les adeptes de Jésus excommuniés se sont tournés vers les thèmes les plus avancés et universels du mysticisme juif pour traduire l'expérience de Jésus, alors il nous faut comprendre ce mysticisme juif. Comment est-il entré dans le judaïsme ? Comment a-t-il évolué au point d'être présent et disponible, non seulement comme l'une des options, mais comme l'option de choix pour comprendre Jésus ? Comment ce mysticisme a-t-il transformé le christianisme au point que les premiers chrétiens ne l'ont pas véritablement compris ? L'évangile de Jean l'a fait, d'où sa place unique dans le développement du christianisme.

Je pense maintenant que cet évangile a été tragiquement déformé par les pères de Nicée et de l'après-Nicée ; ils l'ont utilisé pour formuler leurs credo. Penseurs grecs, ces leaders chrétiens des débuts n'apprécient guère ce qui est juif et n'ont vraisemblablement aucune compréhension du mysticisme juif. Dualistes, ils voient Dieu et la vie humaine, les choses spirituelles et les choses matérielles, les âmes et les corps comme deux domaines dissociés, voire antagonistes. Ignorant le langage du mysticisme juif, ces autorités religieuses sont inaptes à percevoir la tradition johannique qui voit Jésus non comme un envahisseur venu d'un autre royaume, mais comme la vie humaine qui s'accomplit, dans l'unité de l'humain et du divin ; elles sont de même incapables de comprendre le divin comme une présence qui imprègne et ouvre ceux qui la reçoivent à une nouvelle dimension de conscience. Ces concepts leur sont totalement étrangers.

Le mysticisme juif n'a jamais représenté un mouvement majoritaire dans le judaïsme. Étant donné que le mysticisme a tendance à se glisser partout, la hiérarchie des prêtres juifs s'en méfie et y résiste ; il est marginalisé dans la communauté juive traditionnelle. Cependant, c'est une option vers laquelle peut se tourner une communauté juive forcée d'être en marge suite à son excommunication. Cette excommunication oblige en fait les adeptes de Jésus à redéfinir Jésus et leur expérience de Jésus dans un langage nouveau, universel, transcendant et mystique.

La porte par laquelle est entré le mysticisme dans le judaïsme est la « tradition de la sagesse » ; elle a produit la « littérature de la sagesse », composée par des Juifs dans la période de l'après-exil. Pour comprendre comment la « sagesse » est utilisée dans ce contexte, il nous faut remonter un peu le cours de l'histoire.

Les écritures juives ont toujours reflété l'histoire du peuple juif. Ce peuple devait adapter sa compréhension de Dieu aux réalités présentes de sa vie. Ainsi, Dieu était leur « réconfort » au temps de l'esclavage en Égypte, leur « défenseur » et « guide » lors de l'exode et des années dans le désert, et « leur guerrier héroïque et conquérant » dans leur combat contre les Cananéens. Mais Dieu était aussi celui qui était transformé par les intuitions des prophètes ; il était le soutien du peuple dans son exil à Babylone, il fut même perçu comme la puissance agissant à travers Cyrus le Perse qui les libéra et leur permit de retourner dans ce qu'ils considéraient comme leur terre promise.

L'idée d'un Dieu qui change n'est pas l'exclusivité des Juifs ; elle est inhérente à l'histoire de la vie. Dieu n'est jamais statique dans l'histoire humaine, mais sans cesse évolue ; et ce qui amène ces changements dans notre conception de Dieu, ce sont les circonstances changeantes de la vie. Les événements de l'histoire en même temps que l'expansion des connaissances sont les agents de ces modifications.

Cette thèse deviendra parfaitement claire après un bref survol de l'histoire religieuse de l'humanité. Il fallait toujours pour les cueilleurs-chasseurs une divinité nomade, se déplaçant avec eux. L'animisme allait dans le même sens. Les communautés agricoles sédentaires, à mesure de leur évolution, avaient besoin d'une divinité attachée à la terre qu'elles cultivaient. Les cultes de la fertilité et les religions sans dieu de la terre-mère correspondaient à leurs besoins spécifiques.

Les divinités tribales sont apparues lorsque la nécessité de défendre la terre de la tribu et la nourriture indispensable a prédominé sur la production de récoltes ou l'accroissement du bétail. Le chef tribal, qui se dégageait comme vainqueur lors de la bataille, représentait alors l'image de Dieu. De tels chefs furent considérés (et commencèrent à se considérer eux-mêmes) comme l'incarnation du dieu de la tribu habitant au-delà du ciel. C'est ce qui produisit des idées telles que le droit divin des rois, jusqu'à la prétention, comme ce fut le cas au Japon, que l'empereur est divin, le fils de Dieu. Les humains créent toujours Dieu à leur propre image et veulent qu'il subvienne à leurs propres besoins.

Le monde devenant plus petit, ces dieux locaux de tribus ont évolué vers le sens d'un Dieu unique universel. Cela est vrai dans l'histoire du monde, et il en est ainsi dans l'histoire juive.

Un voyage à travers la Bible des Hébreux permet de découvrir la plupart de ces étapes se côtoyant dans le même livre, avec leurs discours contradictoires. Cette compréhension de base de la Bible comme récit en perpétuelle évolution est tout à fait étrangère à ceux qui prennent le texte au pied de la lettre, comme infaillible et comme « la parole de Dieu ». Les changements dans la conception de Dieu au cours de l'histoire humaine montrent l'absurdité des prétentions religieuses d'« infaillibilité » de tel ou tel dirigeant religieux.

Voyons maintenant comment à l'intérieur de l'histoire juive s'est élaborée la littérature de la sagesse et comment sur cette sagesse s'est greffé le mysticisme juif.

Après l'exil à Babylone, les voix des prophètes restent silencieuses. La loi, la Torah, est codifiée pour s'appliquer à toutes les circonstances de la vie et du rituel. Elle est considérée comme « la parole de Dieu » qui a été dictée, et Dieu est vu de plus en plus comme une divinité distante et même non impliquée. Dieu se perçoit toujours plus facilement dans la victoire que dans la défaite, dans la puissance que dans l'impuissance. L'âme juive ressent la douleur du vide. Dans la phase suivante, la réponse est le développement, dans le judaïsme, de la « tradition de la sagesse ».

La sagesse est alors perçue comme un aspect de Dieu, immanent, à l'intérieur de soi, un Dieu qui touche profondément la vie. Vivre dans la sagesse pour les Juifs en vient à signifier vivre en et avec Dieu. Apprendre la sagesse c'est apprendre Dieu. Écouter la sagesse c'est écouter Dieu. Le Dieu que l'univers même ne peut contenir, encore moins un temple fait de leurs propres mains, commence à être perçu non seulement comme un « être » présent avec eux, mais comme une présence imprégnant tout de la vie. C'est ainsi que, dans la littérature de cette période de l'histoire juive, la sagesse devient très humaine et très personnelle. Elle est perçue comme une manifestation de Dieu qui ordonne jusqu'aux plus petits événements de la vie quotidienne. Dieu est tiré des cieux et devient une réalité plus proche d'eux que leur souffle même. Les gens marchent avec la sagesse de Dieu, vivent au sein de la sagesse de Dieu. Ils partagent quelque chose de Dieu comme ils partagent quelque chose de la sagesse de Dieu. La sagesse est ainsi un autre aspect de Dieu, comme la loi donnée au mont Sinaï. La loi était un ensemble extérieur de données qui pouvaient être étudiées ; la sagesse, elle, est une présence immanente du divin, expérimentée seulement à condition d'être intériorisée. Dans la loi, la volonté de Dieu était proclamée ; dans la sagesse, la vie de Dieu est vécue. C'est là une nouvelle dimension de la pensée juive. Dans le livre des Proverbes, l'auteur inconnu écrit un hymne à la sagesse comme manifestation de Dieu. La sagesse y est personnifiée et devient, disons, une « incarnation de Dieu ». Ce n'est pourtant pas la manière dont plus tard nous comprendrons l'incarnation, un Dieu surgissant dans le monde en provenance de quelque demeure lointaine, parce que, entre la sagesse et Dieu, il n'était perçu aucune séparation.

Le livre des Proverbes dépeint la sagesse nous appelant « dans les hauteurs, sur les routes... au-delà des barrières... et à l'entrée des portails » (Pr 8, 1-3). Impossible d'échapper à la présence divine. De la bouche de la sagesse, est-il dit, sort la vérité et s'acquièrent la compréhension et la connaissance de nous-mêmes. Le voyage intérieur est perçu comme le voyage en Dieu. C'est là que le mysticisme est d'abord entré dans la tradition. De la sagesse, l'auteur des Proverbes dit que « le Seigneur m'a créée au début de l'œuvre de Dieu », avant que soit faite la terre. Quand Dieu « établit les cieux », la sagesse était là. « Au commencement était la sagesse et la sagesse était avec Dieu et la sagesse était Dieu ». Cette sagesse personnifiée était le plaisir de Dieu jour après jour ; ceci est développé dans le huitième chapitre des Proverbes. Dans la sagesse était la vie, tandis que la mort était dans l'absence de sagesse. Tous les thèmes majeurs du prologue de l'évangile de Jean se trouvent dans le livre des Proverbes en tant qu'attributs d'un Dieu expérimenté comme immanent au cœur de la vie elle-même. La révélation de Dieu lui-même, la « parole », était une part du Dieu externe depuis le début de l'univers. En revanche, Dieu expérimenté comme immanent dans la création était la « sagesse ». La « parole » aussi bien que la « sagesse » étaient des manifestations de Dieu. La « parole » comme la « sagesse » étaient préexistantes. Et la « parole » comme la « sagesse » étaient des appels à la vie, à l'amour et à l'être. Le prologue de l'évangile de Jean est un hymne à la « parole », basé sur un hymne à la « sagesse » dans le livre des Proverbes (8,21-32) ; c'est donc un authentique concept juif. Ces deux hymnes témoignent de la conscience croissante que Dieu n'est pas perçu comme un être, tout majestueux, distant et venant d'un autre monde. Dieu doit être compris comme une parole qui nous appelle, nous structure, nous façonne, nous et toute la création. Dans la sagesse est la vie et cette vie est lumière pour tous. La « parole » prend chair. La « sagesse » enrichit la vie.

Il n'est donc pas question d'une irruption divine dans une forme humaine, comme si le divin et l'humain étaient deux réalités distinctes ; autrement dit, ce n'est pas du dualisme hellénistique. Dans le prologue de Jean, le rapport Jésus et Dieu n'est pas de la même nature que le rapport Clark Kent et Superman, autrement dit Dieu déguisé en être humain. L'auteur de l'évangile de Jean, dans son prologue, utilise ou bien crée un hymne chrétien primitif basé sur un hymne à la sagesse dans le livre des Proverbes, afin d'exprimer l'unité mystique entre la vie humaine et Dieu, et d'affirmer qu'elle a été réalisée de manière unique en Jésus de Nazareth. C'est à cette unité, ouvrant largement la vie à laquelle l'auteur du quatrième évangile croit, que Jésus nous appelle. La vie du Christ, ainsi envisagée, ne se trouve pas dans des activités rituelles, comme nous le verrons dans le développement de l'histoire de Jean. Il faut comprendre qu'en Jésus résidait la présence à la fois de la « parole de Dieu » et de « la sagesse de Dieu ». Les deux ont été vécues par Jésus de Nazareth. C'est le secret de l'évangile de Jean, et l'invitation nous y est faite est d'entrer dans cette présence.

À cette image de Dieu comme « parole » nous appelant à la vie et comme « sagesse » nous rendant capables de vivre, des Juifs ont ajouté une dimension de mysticisme. À l'origine, le mysticisme juif s'est exprimé dans l'Ancien Testament en visions exprimant, semble-t-il, l'unité avec Dieu. Tel le rêve de Jacob, décrit dans Genèse 28, dans lequel Jacob voit une échelle reliant le ciel et la terre, et des anges montant et descendant cette échelle comme se rejoignent Dieu et la vie humaine. L'auteur du quatrième évangile, dans le chapitre 1 encore, fait Jésus s'adresser ainsi à Nathanaël : « Tu verras les cieux ouverts et les anges de Dieu monter et descendre sur le fils de l'homme » (Jn 1,51). Un autre trait important du mysticisme juif est l'histoire racontée dans le livre de l'Exode où la demande de Moïse est de voir Dieu face à face (Ex 33,17-24), ce qui pour les Juifs était considéré comme au-delà des possibilités humaines. Dans ce récit, cette demande est refusée, mais Moïse est autorisé à voir le dos de Dieu au moment où Dieu s'éloigne de l'autre côté de la montagne. Les mystiques peuvent seulement voir où Dieu est passé.

Un autre exemple du mysticisme juif se trouve dans la vision attribuée à Ésaïe, quand le prophète est dit avoir vu Dieu « siégeant sur un trône très élevé », entouré d'êtres angéliques (És 6,5). Ézéchiel parle de sa nation ressortant vivante d'une vallée remplie d'ossements desséchés, nation animée à nouveau d'un esprit, des vivants appelés à une nouvelle vie par le vent de l'esprit soufflant sur la vallée (Éz 37). La vision de Daniel dans le Temple (Dan 7) utilise le titre de « fils de l'homme » qui à l'origine signifiait seulement un être humain, pour envisager quelqu'un entré dans la divinité. Daniel, qui appelle Dieu « l'Ancien des Jours », voit maintenant Dieu révélé dans cette forme humaine.

Une tradition mystique juive s'est certainement développée au premier siècle ; elle est centrée sur l'idée de trône de Dieu. Le quatrième évangile va reprendre cette image de couronnement et transformer la mort de Jésus sur une croix en une intronisation mystique. La croix devient le moment où est reconnue la grandeur de Jésus et, dans son interprétation de la crucifixion, Jean transforme l'histoire de Jésus. Mais les images de cet évangéliste demeurent juives, empruntées aux images d'intronisation dans le mysticisme juif. Ce qui veut dire qu'une forme de mysticisme juif est devenue la lentille à travers laquelle la version finale de cet évangile allait être lue. Dire que « la parole a été faite chair et a habité parmi nous », c'est dire que, dans la vie de Jésus, des gens ont vu qu'a été vécue la volonté de Dieu et qu'ils ont entendu s'exprimer la parole de Dieu. L'exhortation à naître à nouveau ou naître de l'esprit (comme plus tard nous entendrons Jean le dire), ce n'était pas appeler les gens à une expérience de conversion qui les rendrait supérieurs aux autres ; c'était plutôt les inviter à échapper aux limitations de la vie pour accéder à un autre niveau de conscience où ils commenceraient à se voir comme une part de ce qu'est Dieu, et expérimenter Dieu comme une part de ce qu'ils sont. Jésus, dans ce sens juif, était le lieu où Dieu venait à nouveau établir sa demeure avec son peuple. Jésus était le lieu où circulaient ensemble l'humain et le divin, si bien que pouvait être entendue en lui la voix de Dieu, disant que l'unité avec Dieu qu'il offrait satisferait la faim et la soif humaines les plus profondes. Dans l'esprit de Jean, c'est en faisant entrer la personne dans cette compréhension de Dieu qu'elle peut accéder à la vie qui est éternelle. Finalement, c'est cette unité mystique qui a rendu les disciples johanniques de Jésus capables de percevoir Jésus comme faisant partie de Dieu.

La « parole » de Dieu est donc venue habiter au milieu du peuple en la personne de Jésus. Voilà ce qu'affirme Jean. Ceux qui avaient saisi cette réalité n'étaient pourtant pas en capacité de faire entrer cette expérience mystique dans le vocabulaire religieux de leur époque. Ils essayaient, mais réussissaient seulement à distendre leur vocabulaire pour dépasser les limites communes, à savoir ce que la religion traditionnelle pouvait reconnaître ; et quand le résultat de leur effort fut leur expulsion de la synagogue, ils décidèrent de ne pas abandonner cette vision, mais de continuer leur voyage en Jésus, qui allait devenir aussi un voyage en mysticisme. Cette communauté pouvait alors se redéfinir et redéfinir son expérience de Jésus de façon à transcender non seulement les barrières de la synagogue qui les rejetait, mais aussi toutes les barrières religieuses, ainsi que toutes les limites qui enserrent la vie humaine. Les membres de cette communauté étaient alors prêts à écrire de manière vigoureuse cette vision nouvelle de ce qu'est Dieu et comment Jésus est une part de Dieu. C'est le sens du quatrième évangile. Ils ont écrit leur histoire en toute connaissance, sans rejeter leurs racines juives, mais sans être liés non plus par leur cadre de référence juif. L'écrivain qui a mis la touche finale à cet évangile a voulu attester d'une conscience nouvelle, ce que signifie être né d'en-haut. Dans le prologue qu'à mon avis ce rédacteur final a ajouté au texte, il annonce ses intentions. Jésus est la parole de Dieu adressée au monde. Celui qui porte cette parole et la parole elle-même doivent être regardés comme un. Il est intéressant de noter qu'après le prologue, le mot *logos* n'est jamais plus utilisé. Il est cependant *vécu* et c'est au vécu de cette parole dans la vie de Jésus que le prologue introduit. L'œuvre de Jean est un évangile fascinant, juif au cœur, mystique par son sens.

7

Jean, le non-littéral

Il est impossible d'être à la fois mystique dans son approche de Dieu et littéral en ce qui concerne les symboles utilisés pour Dieu. L'idée même du mystique est que les mots sont inaptes à saisir Dieu. Le mysticisme étire les mots au-delà de leurs limites conventionnelles et fait entrer le mystique dans une expérience ultime au-delà du monde. Ce que les mots peuvent faire de mieux est d'indiquer une direction au-delà d'eux-mêmes, vers une réalité nouvelle qu'ils ne peuvent ni contenir ni même décrire. Le littéralisme prétend que les mots, au lieu d'être seulement des indices, peuvent décrire des réalités concrètes, en vérité indémontrables. Dans cet esprit, un système religieux est capable de saisir la vérité et d'en fournir une explication. Les distorsions dues au littéralisme sont la cause de la plupart des violences religieuses. Le littéralisme religieux requiert des leaders infaillibles et des écritures exemptes de toute erreur. Il est toujours l'ennemi de la foi qui, en dernière analyse, est l'opposé de la certitude. L'évangile de Jean, peut-être encore plus que toute autre partie du texte biblique, tourne constamment en dérision le littéralisme, le considérant comme absurde. Imposer une quelconque lecture mot à mot de ce livre, c'est fermer les yeux sur sa signification, profonde tout en étant assertive. Le regard mystique ne peut jamais être un point de vue littéral ; or cet évangile est la production d'un regard mystique, plus précisément un regard mystique juif.

Une perception littérale ou quasi littérale de l'histoire biblique est tellement enracinée chez les Occidentaux que des acceptions littérales ont toujours tendance à s'infiltrer. L'idée que des aspects de la tradition évangélique en général et en particulier chez Jean ne sont pas à prendre au pied de la lettre s'accompagne habituellement chez les chrétiens d'un sentiment de culpabilité, voire de désespoir. Des gens profondément religieux réagissent même parfois avec colère ; leur sécurité religieuse est ébranlée par ce qui leur semble un total abandon ; ce n'est pourtant pas la vérité religieuse qui est trahie. Aussi permettez-moi de commencer ce chapitre sur la lecture non littérale de Jean par quelques affirmations qui se veulent provocantes. Elles le seront, c'est certain.

La majorité des études actuelles indiquent que Jean le Baptiste n'aurait pas eu la moindre idée d'être le précurseur de Jésus ; jamais de l'eau n'aurait été transformée en vin à Cana de Galilée et Jésus n'aurait rabroué sa mère parce que son heure « n'était pas venue » ; jamais Jésus n'aurait littéralement chassé les changeurs du Temple, que ce soit au début de son ministère comme l'affirme Jean (Jn 2,13-22) ou après son entrée à Jérusalem comme écrit dans les autres évangiles (Mc 11,1-19 ; Mt 21,1-13 ; Lc 19,28-46) ; jamais Jésus n'aurait identifié son corps au Temple ; jamais Jésus n'aurait tenu de conversation avec un homme du nom de Nicodème ni avec une femme samaritaine près du puits ; jamais Jésus n'aurait nourri la foule en multipliant des pains et du poisson ni comparé sa chair à du pain et son sang à du vin ; jamais il ne se serait lancé dans un débat sur ses origines avec les gens de Jérusalem ; jamais il n'aurait prononcé ces « Je suis » ; jamais il n'aurait redonné la vue à un homme né aveugle ni relevé d'entre les morts un homme du nom de Lazare ; jamais il n'aurait fait d'entrée triomphale dans Jérusalem ; nous n'aurions aucune idée de ce que Jésus a dit du haut de la croix si tant est qu'il a dit quelque chose ; et aucun tombeau n'aurait jamais été accordé par un homme riche d'Arimathée.

Ce que nous faisons, en prenant les choses ci-dessus mentionnées pour des événements réels, c'est confondre récit et parabole avec l'histoire. Nous n'avons pas su voir l'impact et de la liturgie et de la prédication sur le souvenir que nous avons de Jésus. Nous n'avons pas réalisé le besoin des gens du premier siècle de créer des images mémorables de Jésus et des personnes considérées comme disciples. Nous n'avons pas compris que ces images ont été façonnées par les écritures sacrées des Juifs et transformées par les membres de la communauté johannique en attentes messianiques réalisées en Jésus.

Quand les gens entendent la liste ci-dessus, qui pourrait d'ailleurs être considérablement allongée, ils écarquillent souvent les yeux, en proie à des questions évidentes : Que reste-t-il ? Qu'y a-t-il de vrai ? Où est la réalité ? À quoi nous fier ? Ces questions révèlent que la plupart d'entre nous lisent la Bible avec une panoplie de présupposés littéraux. Les nouvelles perspectives ouvertes par l'étude biblique sont ressenties par les tenants du mot à mot comme une attaque des fondements qui sape tout ou presque tout ; le croyant demeure alors suspendu au-dessus d'un puits sans fond, dans l'attente d'une chute vertigineuse. Si ce sentiment reste sans réponse, tous ceux qui veulent rester croyants deviendront des fondamentalistes.

Si j'en crois mon expérience, la plupart des chrétiens sont fondamentalistes, mais à des niveaux différents. Pour certains, chaque mot du texte doit être pris au pied de la lettre, une règle intangible. Pour d'autres, la ligne n'est pas aussi rigide ; ils admettent que certains termes bibliques sont des « figures de style » ; quand Paul dit : « Priez sans cesse », il ne dit pas être à genoux en prière, vingt-quatre heures sur vingt-quatre et sept jours sur sept ! Pour d'autres encore qui reconnaissent que le souvenir de Jésus a cheminé quarante à soixante-dix années avant la forme écrite, que nos premiers textes sont en grec, une langue que ni Jésus ni ses disciples ne parlaient, il s'agit d'un fondamentalisme très souple ; si bien qu'ils n'ont pas de mal à voir les miracles, par exemple, comme des images plus que des événements surnaturels. Pour d'autres, la ligne rouge est l'historicité de la naissance virginale ou de la résurrection physique.

L'évangile de Jean, j'en suis maintenant persuadé, est un défi au littéralisme sur tous les points et il invite le lecteur à une rencontre strictement non littérale mais radicale avec Jésus de Nazareth. Cet évangile voit en Jésus à la fois une invitation et une porte qui ouvrent sur un nouveau sens de l'humain.

Le premier pas est de se libérer de la prison du littéralisme. L'invitation à dépasser ce type de compréhension est un thème johannique constant. Afin de vous le faire bien réaliser, laissez-moi aborder quelques passages.

Dans la conversation entre Jésus et Nicodème (Jn 3), Nicodème est dépeint comme quelqu'un non disposé à devenir un disciple. C'est ainsi qu'il vient à Jésus « de nuit », pour le saluer et lui poser sa question. Il est raconté que Jésus réagit ainsi : Nicodème, tu n'as pas les yeux qui peuvent voir ou les dispositions nécessaires pour entendre la réponse. « Tu dois naître de nouveau ! » Tu dois acquérir un nouvel angle de vision. Nicodème est littéraliste ; d'ailleurs, Jean lui attribue ces mots : Naître à nouveau ! Pas de bêtise ! Je suis un adulte ! « Comment un adulte peut-il retourner dans le ventre de sa mère et naître une seconde fois ? » Un tel changement est inenvisageable pour l'esprit littéral. Nicodème choisit de rester dans l'obscurité.

Le même concept est développé avec un contenu différent dans l'histoire de la femme samaritaine au puits (Jn 4). Il est écrit qu'elle aussi tient conversation avec Jésus. Elle aussi est dans le mot à mot. Jésus lui demande de l'eau pour étancher sa soif. Elle lui rappelle les barrières entre le Juif et le non-Juif. Suit la réaction de Jésus : « Si tu connaissais ce que

Dieu donne et qui est celui qui te dit, “donne-moi à boire”, c’est toi qui lui aurais demandé de l’eau et il t’aurait donné de l’eau vive ». La Samaritaine à l’esprit littéral le regarde. Elle entend ses mots mais n’en saisit pas le sens, prisonnière qu’elle est du littéralisme, et alors elle réagit (traduction approximative) : « Mais voyons ! tu n’as même pas de seau ! ».

C’est la compréhension littérale qu’une fois encore l’évangéliste ridiculise.

Même point de vue non littéral quand les disciples de Jésus reviennent et le retrouvent en conversation avec cette femme samaritaine. Ils sont choqués parce que leurs protocoles sont violés. Pour eux, le délit tient au fait qu’elle est une femme plus au fait qu’elle est une Samaritaine. Les disciples se soucient qu’il n’a rien à manger, et ils l’exhortent à prendre de la nourriture. Dans sa réaction, il tente de les élever au-dessus du niveau brut du littéral : « J’ai à manger une nourriture que vous ne connaissez pas ! » Les disciples de se dire alors : « C’est à se demander d’où vient cette nourriture. Qui la lui a apportée ? ». C’est la mise à nu du littéral.

Jean n’a de cesse d’appuyer sur ce thème. Jésus dit aux Juifs de Jérusalem participant à une fête juive, qui n’est pas nommée : « Vous étudiez avec soin les écritures parce que vous pensez trouver en elles la vie éternelle » (Jn 5, 39). C’est le littéralisme biblique, citer les écritures, montrer combien vous êtes familier avec la « parole de Dieu ». Justifier leurs préjugés avec un parfum de Bible, c’est ce que font les littéralistes. Or, la vérité ultime ne peut pas être enfermée dans des mots humains. Les écritures orientent vers la vérité mais ne peuvent l’emprisonner. La vérité sera toujours affranchie du mot à mot de la Bible. Le quatrième évangile affirme que ces écritures orientent vers ce que Jésus est venu révéler, mais ceux qui l’écoutent ne pourront le voir avant d’ouvrir les yeux sur une réalité que l’esprit littéral jamais ne peut voir.

Plus tard, Jésus assimile le sens de son message à sa chair et son sang quand il dit aux disciples de manger sa chair et boire son sang. C’est, dit-il, « la porte vers la vie éternelle » (Jn 6,54). Les disciples l’entendent comme une forme de cannibalisme et disent « Voilà qui est dur ! ». C’est la tournure d’esprit littérale. Dans le quatrième évangile, Jésus démasque le littéralisme ; et pourtant il arrive à la religion de s’y réfugier. Jean n’a rien à voir avec le littéralisme. Il ne comprend pas Jésus sur la lettre de ce qu’il a dit et fait. Jean est un écrivain juif qui écrit un livre juif transcendant en tous points la lecture textuelle, tirant ses images majeures du mysticisme juif ; il cherche à raconter l’histoire de Jésus comme de quelqu’un qui transcende les limites, brise les barrières et nous invite tous dans une dimension nouvelle. Cet évangile n’est pas sur Dieu devenu homme, Dieu se revêtant de chair et prenant l’aspect d’un être humain ; il porte sur le divin qui apparaît dans l'humain et appelle l'humain à une nouvelle compréhension de ce qu'est la divinité. Il consiste à faire redescendre Dieu du ciel et à le redéfinir comme la dimension ultime de l'humain. Il porte sur l'esprit qui transcende les limites de la chair, non pas dans un sens pieux ou religieux, mais en ouvrant la chair à tout ce que signifie être humain. Il veut conduire à voir Jésus comme la porte d'entrée vers une conscience nouvelle, qui est aussi une porte d'entrée vers Dieu qui pourrait être perçu comme une conscience universelle.

Pour aborder cet évangile, il nous faut laisser de côté la lecture littérale. Il n'y a probablement pas dans le quatrième évangile la moindre parole qui ait été prononcée par Jésus. Les membres du *Jesus Seminar* l'ont dit clairement dans leur ouvrage monumental *The Five Gospels*[1]. Dans ce texte codé en couleurs[2], ils ont mis en rose une seule parole de Jésus tirée de l'évangile entier de Jean (la couleur désignant un texte qui peut être proche d'une parole authentique de Jésus), et cette parole se réfère à lui-même ; elle n'est pas du tout au cœur du message de Jean (Jn 4,44). Toutes les autres paroles de Jésus dans cet évangile sont en gris ou noir, indiquant qu'elles reflètent peut-être le sens de celles de Jésus, mais il ne les a jamais prononcées.

Aborder cet évangile dans une perspective absolument non littérale nous conduira au cœur de cette œuvre mystique juive. Le voyage de Jésus jusque dans la réalité de Dieu sera représenté non seulement comme un voyage au-delà du textuel, mais aussi comme un voyage au-delà de l'écriture, au-delà de la croyance, de la doctrine et de la religion même. Ce sera un voyage au cœur de la vie, vers une conscience accrue, vers une réalité qui nous pénètre et pour laquelle nous avons traditionnellement utilisé le mot « Dieu » comme symbole.

Avant de clore ce chapitre sur le littéralisme, il nous faut considérer une autre dimension de l'évangile et soulever une seconde question. Si toutes les paroles de Jésus dans l'évangile de Jean sont considérées comme n'ayant jamais été prononcées, ce dont je suis à peu près certain, qu'allons-nous faire alors de ces personnages qui peuplent le paysage johannique au service de son récit ? À notre connaissance, certains de ces personnages n'apparaissent dans aucune autre source chrétienne ; d'autres qui se présentent dans des écrits chrétiens antérieurs, reçoivent une nouvelle définition dans l'évangile de Jean avec des images qui ne leur

---

1. Publié par Robert Funk et Roy Hoover, HarperOne, 1996.
2. Le rouge signifie qu'ils entendent dans ce texte la voix fondée du Jésus de l'histoire. Rose que c'est proche des paroles de Jésus mais atténué par l'histoire. Gris indique que ce n'est pas une parole authentique de Jésus. Noir signifie que le Jésus de l'histoire n'a certainement pas prononcé cela.

ont jamais été attribuées auparavant. En ce qui concerne la première catégorie, combien de ces personnages sont simplement des symboles ou des créations littéraires dessinées par le superbe talent de cet auteur, mais sans plus de réalité historique que Hamlet, Lady Macbeth, Jane Eyre, Nicholas Nickleby, Sherlock Holmes ou Harry Potter ? Pour la deuxième catégorie, combien de ces personnages, déjà introduits dans la tradition et mentionnés dans Jean, sont historiques ? Un livre qui prend grand soin de mettre en garde contre une lecture littérale nous invitera aussi certainement à ne pas prendre au sens littéral les personnages divers qui font de brèves apparitions dans le texte johannique.

J'étudierai ces personnages plus en détail. Ils sont la clé pour comprendre cette section de Jean appelée le Livre des Signes, à savoir les chapitres 2 à 11. Quand Jean introduit son premier personnage mystérieux dans le chapitre 1 puis son dernier personnage mystérieux dans les Discours d'adieu, il ouvre la possibilité qu'aucun de ces personnages ne doive être traité comme figure historique.

Aucun de ces deux « serre-livres » johanniques n'a été mentionné dans quelque source biblique antérieure identifiable, et pourtant ils encadrent le récit de Jean. Au chapitre 1, il s'agit de Nathanaël, nom qui signifie « le don de Dieu ». Celui qui est introduit dans les Discours d'adieu n'est jamais nommé, il est seulement « le disciple bien-aimé » ou « le disciple que Jésus aimait ». Vu son importance cruciale à l'apogée de cet évangile, j'en reparlerai.

Quant à Nathanaël, je crois qu'il est présenté dans le premier chapitre comme une clé pour comprendre tous les personnages du Livre des Signes qui nous mettent au défi de faire une lecture littérale. Il n'est pas un personnage historique, j'en suis maintenant convaincu, mais un symbole qui fait le lien entre le christianisme primitif et la communauté johannique.

À noter tout d'abord ce que dit cet auteur sur Nathanaël. De même que André amène Pierre à Jésus, Philippe amène Nathanaël à Jésus. L'invitation de Philippe à Nathanaël est exprimée en ces termes : « Nous avons trouvé celui dont Moïse a parlé dans le Livre de la loi et dont les prophètes aussi ont parlé » (Jn 1,46). Nathanaël hésite. Il ne sera pas un converti au pied levé. Entendant Philippe lui dire que Jésus est de Nazareth, Nathanaël sort son préjugé anti-galiléen : « Peut-il venir quelque chose de bon de Nazareth ? » (Jn 1,46). Néanmoins, il accompagne Philippe et va trouver Jésus.

Quand ils arrivent tous les deux, Jésus dit de Nathanaël, tout de go : « Voilà un véritable Israélite, il n'y a rien de faux en lui » (Jn 1,47). Surpris par cette appellation de la part de quelqu'un qu'il n'a jamais rencontré, Nathanaël demande : « Comment me connais-tu ? » (Jn 1,48).

À quoi Jésus réplique : « Je t'ai vu quand tu étais sous le figuier, avant que Philippe t'appelle ». Il nous faut savoir que l'expression « sous le figuier » est synonyme de l'endroit où les rabbis étudiaient la Torah. Ceci ne se prête évidemment pas à une lecture littérale.

Nathanaël immédiatement se lance dans une extraordinaire confession de foi : « Rabbi, tu es le fils de Dieu, tu es le roi d'Israël » (Jn 1,49). Suit la réaction de Jésus : « Ainsi, tu crois en moi parce que je t'ai dit que je t'avais vu sous le figuier ? Tu verras de bien plus grandes choses que celle-ci ! » (Jn 1,50). Puis, comme pour ne pas garder ses lecteurs en suspens, Jean fait dire à Jésus ce que seront ces choses plus grandes : « Vous verrez les cieux ouverts et les anges de Dieu monter et descendre au-dessus du fils de l'homme » (Jn 1,51). C'est une référence à cette vision familière de Jacob dans le livre de la Genèse, une référence bien connue dans le mysticisme juif et qui apparaît à maintes reprises dans l'évangile de Jean.

Avec une telle introduction théâtrale de Nathanaël, nous devons certainement nous demander qui il était dans l'esprit de l'auteur. Une personne réelle ? Il est sûrement classé par Jean parmi les douze. Il est dans les premiers à être appelé comme disciple. Pourtant, son nom n'a jamais été sur la liste des douze dans aucun autre évangile, et il n'a jamais été mentionné avant ce récit johannique. Dans l'évangile de Jean, Nathanaël est appelé par Jésus lui-même, personnellement. Au début de cet épisode, il rejette et méprise tout homme issu de Nazareth ; néanmoins il est gagné, non par les disciples mais par Jésus en personne. Il est peint comme quelqu'un de prédestiné au christianisme alors même qu'il était profondément engagé dans l'étude de la Torah, sous le figuier ; en d'autres termes se réfugiant à l'ombre de la loi. Il est décrit comme un « Israélite en qui il n'y a rien de faux ». De lui, il est prédit qu'il verra les cieux ouverts. Nathanaël serait-il le symbole de quelqu'un d'autre, quelqu'un ayant joué un rôle très significatif dans l'histoire chrétienne et que Jean voulait reconnaître comme un de ses prédécesseurs en écriture ? Je crois que c'est une possibilité et je l'ai découverte d'abord chez E.F. Scott, un chercheur canadien qui a écrit vers le début du XXe siècle.

Une seule autre personne dans l'histoire biblique est décrite avec une telle profusion de termes juifs (même si c'est plutôt un autoportrait) ; il s'agit de Paul. « Le plus hébreu des Hébreux », dit Paul de lui-même, rempli de zèle pour la Loi. Il se décrit comme quelqu'un « surpassant bien des frères juifs de mon âge dans la pratique de la religion juive » (Gal 1,14). Paul s'attribue aussi une extrême piété quant au respect de la Loi. Qui d'autre pourrait être « un Israélite en qui il n'y a rien de faux » ? C'est à Paul, selon le livre des Actes, qu'a été accordée la vision, dans laquelle « les cieux s'ouvrirent » et Jésus est apparu. Peut-être Jean voulait-il tirer son chapeau à Paul dans le premier chapitre ; mais étant finalement en désaccord avec Paul sur le sens du salut, il se garde de citer son nom ; de plus, il n'y a pas de donnée historique suggérant que Paul ait jamais rencontré Jésus. Jean, cependant, signifie peut-être ainsi son appréciation de Paul et en même temps il laisse entendre à ses lecteurs que ce personnage johannique et l'ensemble de son évangile doivent être pris de manière non littérale. C'est mon hypothèse, rien de plus ; mais je pense qu'au cours de ce livre et quand d'autres personnages johanniques seront introduits et étudiés, cette hypothèse se révélera plausible.

Pour pousser cette hypothèse une étape plus loin, le Paul plus tardif, l'auteur de l'épître aux Philippiens, s'oriente dans une direction mystique qui le relie plus profondément à la communauté johannique. Il parle de Jésus comme le réceptacle de Dieu (Ph 2,5-11), comme participant en quelque sorte de la nature de Dieu. Paul n'est probablement pas l'auteur de l'épître aux Éphésiens[3], mais ce texte paraît être à mi-chemin entre Paul et Jean. Il y parle du Dieu qui nous a choisis avant la fondation du monde, ce qui semble trouver un écho dans le prologue de Jean. Le thème des Éphésiens est que, en Christ, Dieu « nous a fait connaître, en toute sagesse et intelligence, son plan secret que, dans sa bienveillance, il avait décidé par avance de réaliser par le Christ, comme plan pour la fin des temps pour réunir toutes choses en lui » (Éph 1,10). L'épître aux Éphésiens est un pas majeur vers le genre de christologie mystique développée par Jean dans son évangile.

Une longue tradition situe la communauté johannique, et donc l'écriture du quatrième évangile, à Éphèse. Je ne veux pas trop vite tirer des conclusions, mais simplement mentionner une possibilité que le Paul plus tardif ait évolué dans une direction mystique et que l'auteur du quatrième évangile ait voulu reconnaître sa dépendance envers cet aspect de l'enseignement de Paul. Pour cette raison, il introduit un personnage jusque-là inconnu qu'il appelle Nathanaël, un « don de Dieu », et puis raconte l'histoire de l'appel de Nathanaël à suivre Jésus, possiblement un coup de chapeau à Paul.

À tout le moins, nous sommes avertis que Jean va peupler son œuvre de personnages littéraires, non historiques, et qu'il va tisser autour d'eux ses interprétations de Jésus.

3. Nous ne sommes pas sûrs que cette épître fut à l'origine adressée à l'Église d'Éphèse ; beaucoup pensent qu'elle a été écrite par l'un des disciples de Paul. Le document néanmoins atterrit à Éphèse.

L'évangile de Jean, ses méthodes et techniques ont ainsi été présentés. Nous allons étudier maintenant le Livre des Signes, dans lesquels prendront forme les sens que donne Jean.

DEUXIÈME PARTIE

Le Livre des Signes : des personnages mythologiques revêtus d'Histoire

8

La mère de Jésus : une introduction au Livre des Signes

Le prologue est terminé. Les disciples ont été choisis. Jean le Baptiste a donné son témoignage. Nathanaël a été présenté. Les bases de compréhension ont été posées. L'auteur du quatrième évangile passe maintenant à un matériau appelé le Livre des Signes. Les éléments circulaient sans doute jusque-là en ordre dispersé, mais remarquons qu'ils ont été bien agencés dans le corpus final de cet évangile. Il en ressort une similitude et une cohérence des thèmes et du vocabulaire entre l'évangile complet et le Livre des Signes. Ainsi le Livre des Signes fournit à l'évangile son scénario de base. Le contenu de Jean a subi diverses révisions, comme la plupart des exégètes le soutiennent aujourd'hui ; néanmoins, chacun des rédacteurs a soigneusement préservé l'intégrité de l'ensemble que peut-être, sans le savoir, ils étaient en train de créer collectivement, tout en faisant évoluer le sens. La raison de cette cohérence est probablement l'appartenance de chacun d'eux à la communauté johannique ; ils partageaient une approche commune.

Le premier des « signes » rapporté par Jean est le récit bien connu de l'eau changée en vin au cours d'un mariage à Cana en Galilée ; une histoire familière dans notre mémoire culturelle, avant tout en raison des plaisanteries à ce sujet. Quant à nous, il nous faut la voir comme l'introduction à de nombreux thèmes johanniques.

Dans ce signe placé en ouverture, nous rencontrons par exemple le premier des personnages à la base de la trame de l'évangile. Nous sommes avertis que nous ferions une sérieuse erreur si nous prenions ces personnages au sens littéral, tout autant que les signes auxquels ils sont étroitement associés. Une clé pour comprendre le quatrième évangile, c'est de reconnaître que l'auteur utilise un procédé littéraire pour créer des personnalités mémorables, des piliers autour desquels il tisse les thèmes de son histoire de Jésus. Notre travail d'interprétation sera de « lire » ces personnages comme Jean, leur créateur, avait l'intention de les écrire. Permettez-moi tout d'abord de tourner le projecteur sur la personne qui dans cet évangile est décrite comme « la mère du Seigneur ». Quel rôle Jean lui assigne-t-il ?

La « mère du Seigneur » apparaît deux fois chez Jean, une fois dans cette histoire de Cana et l'autre fois au pied de la croix. Dans aucun de ces épisodes elle n'est appelée Marie. Ce n'est pas aussi anormal que cela peut paraître à certains, car dans le Nouveau Testament, elle est loin d'être cette figure significative dépeinte par l'histoire chrétienne. Permettez-moi de suivre son histoire biblique afin de comprendre son rôle dans le signe introductif des noces de Cana.

Paul, qui a écrit toutes ses épîtres authentifiées[1] dix à vingt ans avant l'écriture du premier évangile, ne mentionne jamais les parents de Jésus. La seule référence à sa famille d'origine dans le corpus paulinien est Jacques, le frère du Seigneur (Gal 1,19 et 2,22). Plus loin dans cette épître, Paul parle de Jésus « né d'une femme » et « né sous la loi » (Gal 4,4). Le mot qu'il utilise pour « femme » est le mot d'où nous tirons le mot « gynécologie », et aucune notion de virginité ne lui est attachée. Paul signifie clairement que Jésus, comme tout être humain, est l'enfant d'une femme, et que, comme tout Juif, il est né soumis à la loi juive.

Dans l'évangile écrit en premier, celui de Marc, la mère de Jésus est évoquée au chapitre 3 comme une personne dont le fils est devenu une honte, voire même « possédé du démon ». Ce passage se réfère à Jésus comme à quelqu'un qui « a perdu la raison », synonyme au premier siècle de « malade mental ». C'est pourquoi, accompagnée des frères de Jésus, sa mère vient pour l'emmener. D'après Marc, on rapporte à Jésus que sa mère et ses frères le font appeler. Il refuse de sortir pour les voir et déclare que « sa vraie mère et ses vrais frères et sœurs sont ceux qui font la volonté de Dieu » (Mc 3, 31-35). Quelques chapitres plus loin (Mc 6,1-4), il est dit que Jésus suscite une certaine agitation quand il parle dans la synagogue de sa ville de Nazareth. Les gens se demandent où « ce gars de chez nous » a bien pu acquérir ces connaissances et ce talent oratoire. Une voix dans la foule s'élève : « N'est-ce pas lui le charpentier, le fils de Marie et le frère de Jacques, de Josès, de Jude et de Simon ? Et ses sœurs ne sont-elles pas parmi nous ? ». C'est la première et l'unique fois avant les années 80 où la mère de Jésus est appelée Marie dans quelque source testamentaire que ce soit.

---

1. Seules sept des quatorze épîtres attribuées à Paul sont réellement de Paul. Ce sont 1 Thessaloniciens, Galates, 1 et 2 Corinthiens, Romains, Philémon et Philippiens.

Voyez, c'est tout ce que nous savons jusque-là de la mère de Jésus ; l'évangile de Matthieu commence à ce moment à développer son image sur le mode mythologique avec des histoires de nativité miraculeuse.

Dans Matthieu, le récit de la naissance fait son entrée dans la tradition chrétienne, mais même là, alors que Marie est nommée quatre fois dans l'histoire de la naissance, la mère de Jésus joue encore un rôle très secondaire. C'est Joseph qui reçoit l'annonciation (Mt 1,18-25), qui est appelé « l'époux de Marie » (Mt 1,16). C'est Joseph qui prend la décision de fuir en Égypte loin de la colère d'Hérode (Mt 2,13-15). C'est à Joseph que l'ange révèle la mort d'Hérode, permettant donc à la famille de retourner en toute sécurité à leur maison de Bethléem (Mt 2,23). C'est à Joseph qu'il est dit que pour la sécurité de l'enfant, il faut à nouveau partir, si bien qu'il installe la famille à Nazareth en Galilée (Mt 2,23). Ayant présenté la figure de Joseph (en lui donnant la prééminence familiale) dans le premier récit écrit de naissance de l'histoire chrétienne, Matthieu reprend à Marc la première référence biblique au nom de la mère de Jésus, Marie. Comme nous l'avons vu plus haut, Marc fait dire à une voix dans la foule : « N'est-ce pas le charpentier, le fils de Marie ? » (Mc 6,3). Dans le texte de Matthieu, la même voix clame : « N'est-ce pas le fils du charpentier, dont la mère, Marie, est ici parmi nous ? » (Mt 13,55). Voilà le total des détails biographiques se rapportant dans la Bible à la mère de Jésus avant la fin des années 80 ou le début des années 90, lorsque Luc écrit son évangile. Mes lecteurs doivent aussi savoir qu'aucun exégète de renom ne prend aujourd'hui pour des données historiques ces récits de Matthieu se rapportant à la naissance. Des étoiles n'annoncent pas des naissances humaines, et elles ne traversent pas le ciel avec une telle lenteur que des mages peuvent les suivre. Ainsi, en l'absence de faits, les mythes se forment déjà autour de la famille d'origine de Jésus dans les dernières années du premier siècle.

La figure de Joseph comme père terrestre de Jésus, d'abord introduite dans la tradition par Matthieu, se révèle aussi, après analyse, être simplement une recréation du personnage de Joseph le patriarche du livre de la Genèse (37-50). Du patriarche Joseph et du père terrestre de Jésus, figure littéraire, trois marques distinctives sont primordiales. D'abord, ils ont tous les deux un père nommé Jacob (Gn 30,24-25 ; Mt 1,16). Deuxièmement, les deux sont associés à des songes (Gn 37,5ss, 40,41 ; Mt 1,20 ; 2,13 ; 2,19 ; 2,22). Troisièmement, aux deux est imparti le rôle de sauver la promesse d'Israël, soit le peuple de l'alliance soit la figure messianique, en fuyant en Égypte pour être en lieu sûr (Gn 45 ; Mt 2, 13-15). Il est d'autre part évident que l'histoire du méchant roi Hérode, voulant supprimer à sa naissance le « sauveur promis de son peuple » en tuant tous les petits garçons de Bethléem (Mt 2,16-18), est considérée comme rien de plus qu'une reprise partielle de l'histoire de Moïse ; à sa naissance, celui-ci dut aussi échapper au massacre de tous les garçons nouveau-nés par un roi méchant, un pharaon, qui voulait supprimer celui que Dieu avait choisi pour être le sauveur d'Israël (Ex 1,15ss). Dans les premières années 80, quand sont introduits pour la première fois les parents de Jésus, ce n'est pas de l'histoire qui est écrite, mais une grande mythologie en cours d'élaboration autour des deux parents de Jésus.

Quand Luc écrit, entre 88 et 93 approximativement, la mère de Jésus acquiert pour la première fois un rôle central. C'est à elle, maintenant connue sous le nom de Marie, et non à Joseph, comme Matthieu l'avait raconté, que l'ange Gabriel fait l'annonce. Sans avoir disparu, Joseph passe nettement à l'arrière-plan. À l'instar de Matthieu, Luc identifie Marie comme vierge, mais n'essaie pas comme Matthieu d'appuyer ce statut sur des citations bibliques. Pas de promesse écrite tirée d'Ésaïe (7,14) qu'elle est supposée accomplir. Elle est décrite obéissante à son destin, malgré son argument qu'une vierge qui enfante est chose tout à fait irréalisable. « Comment cela sera-t-il possible, puisque je suis vierge ? » (Lc 1,34). Puis il est dit qu'elle est saluée par le futur Jean le Baptiste encore dans le ventre de sa mère Elizabeth (Lc 1,41). Marie entonne un chant parfaitement versifié que nous appelons le « Magnificat », où elle parle d'elle-même comme d'une « humble servante » que Dieu a élevée (Lc 1,48). D'après Luc, elle donne naissance à cet enfant à Bethléem, l'enveloppe de langes (Lc 2,7) et le couche dans une crèche, car le monde lors de sa naissance, comme le monde lors de sa mort, n'a pas de place pour ce Jésus de Nazareth. Elle reçoit ensuite la visite de bergers et médite toutes ces choses « dans son cœur » (Lc 2,19). Plus loin, il est dit qu'avec son mari Joseph elle accompagne Jésus, douze ans, à Jérusalem pour la Pâque. Dans ce récit, elle réprimande son fils pour s'être égaré lors de ce voyage (Lc 2,48), mais c'est pour apprendre sa relation particulière avec son Père céleste (Lc 2,49).

L'histoire de Luc tout comme celle de Matthieu ont une profonde affinité avec l'Écriture et les attentes messianiques. Le Magnificat, le chant de Marie, est calqué sur le chant de Hannah, la mère de Samuel, lors de sa naissance (1 Sam 2,1-10). La crèche semble provenir d'Ésaïe (És 1,3) ; les langes de la Sagesse de Salomon (7,4-5). L'histoire du voyage de Jésus enfant à Jérusalem n'est apparemment qu'une reprise de l'histoire de Samuel (1 Sam 1,24 ss). Luc donne même au grand-père de Jésus dans sa généalogie (Lc 3) le nom d'Héli ou Éli, qui est le nom du prêtre âgé au service duquel se met Samuel. Une fois de plus, nous reconnaissons peu d'éléments historiques dans ce portrait de la mère de

Jésus par l'évangéliste. Elle est une figure mythologique dans la tradition évangélique, bien longtemps avant de faire son apparition dans l'évangile de Jean. Celui-ci continue à développer le mythe en construisant, pour élaborer son histoire, ce qu'il veut qu'elle soit et qu'elle fasse.

Dans l'évangile de Jean, il n'est pas du tout mentionné que la mère du Seigneur est une vierge. En fait, sa première apparition dans cet évangile n'est pas dans un récit de la naissance de Jésus, mais dans un festin de noces à Cana en Galilée. La mère du Seigneur est présente à ce mariage, les disciples de Jésus également. Mais c'est la mère de Jésus qui a le rôle central. Les symboles sont clairs. Cette transformation de l'eau en vin doit arriver « le troisième jour » (Jn 2,1). Il y a là six jarres de pierre destinées aux rites juifs de purification. La mère de Jésus fait la liaison entre l'activité rituelle des Juifs avec ses normes et la célébration de la vie nouvelle que vient apporter Jésus, vie nouvelle symbolisée par la cérémonie de mariage. Le « vin ancien » est épuisé. Il n'en reste plus pour la fête. La mère de Jésus incite son fils à résoudre la crise. Il lui répond sur un ton de reproche, l'appelle « femme » et lui dit, un peu vertement, que son « heure » n'est pas encore venue et que personne n'a d'ordre à lui donner. Le mot « heure » est utilisé plusieurs fois dans le quatrième évangile et se réfère à la crucifixion et ainsi à la révélation ultime de qui est Jésus. À la fin du Livre des Signes, Jésus annonce que « l'heure est venue où le fils de l'homme va être élevé à la gloire » (Jn 12,23), et le drame de la croix va se dérouler. Dans ce récit préliminaire, Jésus se doit de refuser que sa mère fixe l'heure de sa mort, qui pour le quatrième évangile, sera aussi l'heure de sa glorification.

Dans cette histoire de Cana en Galilée, sa mère se tient ensuite en retrait, non sans avoir indiqué aux serviteurs de « faire tout ce qu'il dira » (Jn 2,5). Les récipients pour les purifications juives vont alors être remplies d'eau qui sera changée en vin. Le maître de la fête goûte le vin nouveau dans les récipients juifs et le déclare meilleur que le premier qui a été servi, et les verres des invités se remplissent à nouveau. Les gens se demandent d'où provient ce vin, car si nous prenons au pied de la lettre les mesures indiquées, il y aurait plus de 560 litres de vin nouveau, un symbole de vie nouvelle en très large abondance. Cette action spectaculaire, dit Jean, suscite la foi chez les disciples et « ils crurent en lui » (Jn 2,11). Pour Jean, le premier des signes est accompli ; et Jésus, sa mère, ses frères et ses disciples descendent à Capharnaüm pour y demeurer quelques jours. C'est la dernière mention de la mère du Seigneur avant la scène de la crucifixion.

De quoi donc est-il question ici ? Tout d'abord, ce n'est pas une histoire de miracle. C'est un « signe », très différent d'un événement surnaturel. Il est clair dans ce récit que Jésus est le marié, une image qui reviendra bientôt. Il appelle Israël à un nouveau statut. Le vin de l'esprit a remplacé les eaux pour la purification. Qui donc alors est « la mère du Seigneur » ? À voir la manière dont elle est présentée dans cet évangile, je soumets l'hypothèse qu'elle est une figure mythologique qui représente Israël, la tradition de foi qui a donné naissance au christianisme et est ainsi sa mère. La transition d'Israël au christianisme est l'une des clés d'interprétation de Jean. Mais elle doit arriver seulement quand tout par ailleurs sera prêt. Elle reste secrète dans ce récit où personne ne connaît la source de cette transformation. Au moment voulu, tous le sauront, mais la révélation ultime viendra seulement lorsque Jésus sera élevé sur la croix. L'idée, si centrale chez Jean, est ainsi semée que c'est dans la mort de Jésus que sera révélée sa grandeur. C'est un son différent de ce que nous avons entendu dans les évangiles antérieurs. Le message unique de Jean, sa manière d'appréhender la transformation, se fait jour. Nous verrons émerger lentement et progressivement ce message à mesure que se déroulera son histoire. Pour l'instant, reconnaissons que la mère de Jésus dans cet évangile n'est pas une personne ; elle est un symbole. Quand elle apparaîtra à nouveau au pied de la croix, le sens de ce symbole s'éclairera.

9

Nicodème : ce que signifie être né de l'Esprit

Le personnage connu sous le nom de Nicodème est présenté par Jean, à la suite d'un récit où Jésus débarrasse le temple du marché de bœufs, de moutons et de pigeons. Curieuse introduction, car cette histoire de purification a totalement changé de place par rapport aux évangiles précédents où elle prélude à la crucifixion. Cela signifie à nouveau qu'il ne faut pas lire cet évangile textuellement, comme de l'histoire. Dans cet épisode de purification du Temple, d'après Jean, Jésus identifie son corps au Temple : « Détruisez ce Temple, et en trois jours je le rebâtirai » (Jn 2,19). Divers textes des écritures hébraïques se dessinent clairement en toile de fond. Les disciples, est-il dit, se rappellent le psaume 69,9, qui parle de quelqu'un brûlant de zèle pour la maison de son père. Luc, auparavant, avait présenté Jésus à douze ans qui parle du Temple comme de « la maison de mon Père », lorsqu'il avait été perdu « trois jours » (Lc 2,41-51). Jean, lui, montre Jésus adulte, et aussi à Pâques, déclarant le Temple « la maison de mon Père » (Jn 2,16).

La scène est ainsi prête pour l'introduction par Jean d'un autre de ses personnages mythologiques qui servira à opposer l'ancien contre lequel se dresse Jésus, et le nouveau qu'il préconise. Ce personnage souligne aussi le contraste entre ceux dont la pensée est limitée à ce monde (avec un esprit attaché au texte) et ceux qui sont ouverts à une conscience nouvelle. C'est le contexte de l'irruption de Nicodème, une des figures les plus mémorables de tout le Nouveau Testament. Je ne crois pas possible que Nicodème soit une personne qui ait réellement vécu. Autour de cette figure, dans un style qui lui est propre, l'auteur de l'évangile développe les thèmes de son récit.

Avec Nicodème, Jean fait le portrait d'un pharisien, une autorité chez les Juifs, mais également quelqu'un qui cherche avec sincérité à se renseigner sur Jésus de Nazareth. Il est clairement un symbole des gens de la synagogue, de la hiérarchie même, qui sont impressionnés par Jésus mais ne peuvent faire le pas définitif pour entrer dans ce que l'évangéliste estime être l'expérience transformatrice du Christ. Nicodème est celui qui préfère l'obscurité à la lumière. Jean le fait venir à Jésus « de nuit ». L'obscurité et la nuit sont des images fortes pour cet évangéliste, toujours opposées à la lumière et à la clarté du jour.

Nicodème est attiré vers Jésus, peut-être à son corps défendant d'après le scénario de Jean. Il s'adresse à Jésus comme à un « rabbi », un statut élevé dans le monde juif. Il reconnaît que Jésus doit être en lien avec Dieu : il ne peut faire les « signes » qu'il accomplit que si Dieu agit à travers lui. À remarquer que, jusque-là dans le récit, il n'y a eu qu'un signe, le changement des eaux de purification en un vin capiteux de la vie nouvelle.

À l'évidence, Nicodème conçoit encore Dieu comme un être surnaturel, capable d'actions puissantes quoique redoutables aux yeux des autorités religieuses ; en effet, ces actions n'entrent pas dans le cadre du contrôle religieux et échappent aux canaux normaux à travers lesquels Dieu est censé agir. Le Dieu de Nicodème a besoin d'être sous contrôle et d'être craint. Les actes divins doivent être validés par les autorités ecclésiastiques. Nicodème ne saisit pas qu'est en train de naître une conscience nouvelle. Jésus comprend immédiatement ce genre d'attitude ; et c'est sur la tension entre le monde tout en contrôle et la puissance de la vie nouvelle que porte leur conversation.

Jésus va droit au cœur du problème. Ses premières paroles sont introduites par « Je te le déclare, c'est la vérité ». Les mots grecs que l'évangéliste utilise et qui sont traduits par cette expression signalent que la conversation qui va suivre est de la plus haute importance, qu'il faut l'entendre à tout prix, parce qu'elle est de l'ordre de l'ultime. La phrase introduite par « Je te le déclare, c'est la vérité » est certes un message très déstabilisant. « Si quelqu'un ne naît à nouveau », dit Jésus, il ne peut voir « le règne de Dieu » (Jn 3,3).

Je remarque d'abord que les mots traduits par « naître à nouveau » peuvent aussi signifier « naître d'en-haut ». Les traductions du mot grec *basileus* sont soit « *royaume* » soit « *règne* ». Le mot « règne » rend beaucoup plus précisément que le mot « royaume » ce qu'essaie de communiquer le quatrième évangile. Un royaume est un endroit. Un règne est davantage du ressort d'une expérience. Le royaume de Dieu était normalement représenté en termes d'espace, existant au-delà du ciel dans un univers à trois niveaux. Un règne peut être l'expérience d'une conscience nouvelle, une vision au-delà des limites physiques.

Être « né à nouveau » ou « être né d'en-haut », c'est revendiquer un statut qui est une question intéressante dans les cercles chrétiens. Je suis convaincu que cela n'a rien à voir avec ce que nous appelons aujourd'hui une « expérience de conversion ». Cela n'ajoute aucune dimension pieuse à une vie, ce qui a été affirmé au cours des siècles. Nulle ligne de démarcation n'est tracée entre « vrais croyants » et « prétendus croyants ». « Naître à nouveau » a servi dans certains groupes religieux à conforter à la fois l'immaturité et la dépendance. Quelqu'un « né à nouveau » demeure dans le mode de l'enfance. Quelqu'un qui renaît assez souvent n'a jamais à grandir. J'ai bien aimé cette affiche sur un mur d'église : « L'église vous souhaite la bienvenue, peu importe combien de fois vous êtes nés ».

Jean a écrit en mystique juif et doit être lu ainsi. Il parle d'une dimension nouvelle de la vie, non pas d'un nouveau statut religieux. Il a pourtant été lu et interprété sur fond d'une vision grecque dualiste qui opposait la vie élevée de la religion et de Dieu à la vie inférieure du désir et de l'humanité. Ce n'est pas la conception du quatrième évangile. Jésus est d'un autre règne qu'il appelle le règne de Dieu ; ce qui est à comprendre au sens d'expérience et non pas d'espace. C'est un langage théologique, mystique, non pas dogmatique. Cela a néanmoins été interprété dans l'esprit d'un dualisme grec suggérant qu'il y a un domaine de Dieu externe auquel appartient Jésus et qu'il a quitté pour entrer dans le domaine de la chair et du sang. C'est faire un total non-sens sur cet évangile. C'est considérer Jésus comme un visiteur divin, déguisé en un être humain réel. Rien ne peut être plus éloigné de l'esprit de l'auteur. Il n'en reste pas moins qu'historiquement, l'Église chrétienne a emprunté cette voie ; les credo fondamentaux, tels que la doctrine de l'incarnation et la conception de Jésus comme seconde personne de la divine Trinité, sont des expressions de cette mentalité. En fait, au cours des cinq premiers siècles de l'histoire chrétienne, les « Pères » étaient si profondément imprégnés de cette pensée dualiste qu'ils essayaient d'imaginer comment la divinité et l'humanité pouvaient être réunies en une seule personne sans compromettre l'intégrité et du divin et de l'humain. Les grandes hérésies classiques, telles que le docétisme, le nestorianisme, le patripassianisme et l'adoptionisme, étaient considérées comme des erreurs, en rendant Jésus un être tellement humain que sa divinité en était compromise, ou tellement divin que son humanité en était perdue.

L'auteur du quatrième évangile n'aurait rien compris à ces débats. Jean était un Juif et non pas un Grec, un mystique et non pas un théologien rationnel. Ce qu'il comprenait, en revanche, est que Jésus représentait une nouvelle dimension d'humanité, une nouvelle compréhension, une conscience nouvelle, une relation nouvelle avec le saint ; et tout ceci il le place dans la conversation de Jésus avec son personnage mythologique de Nicodème. À toi, Nicodème, de comprendre qui je suis et ce que je veux faire, dit Jésus ; tu dois entrer dans une expérience de métamorphose. Il te faut avoir une vue plus profonde ou une double vue. Tu dois t'ouvrir à une perspective totalement nouvelle.

Nicodème, peint sous les traits de quelqu'un satisfait de sa propre nuit religieuse, est incapable de réaliser le sens de ces paroles. Sa réaction, celle d'un regard limité à sa propre pensée, est presque prévisible. Réaction fréquente dans le milieu pour lequel Jean écrivait. Comme je l'ai déjà noté, Jean fait dire à Nicodème : « Comment un homme déjà âgé peut-il naître de nouveau ? Il ne peut pourtant pas retourner une seconde fois dans le ventre de sa mère ». Image amusante qui exprime l'absurdité d'une pensée terre à terre, ce qu'est la barrière insurmontable du littéralisme.

Le Jésus de Jean fait une nouvelle tentative et emploie à nouveau la formule « Oui, je te le déclare, c'est la vérité », espérant encore se faire comprendre. « Personne ne peut voir le règne de Dieu s'il ne naît pas d'eau et d'Esprit ». « L'eau » dans cette phrase n'est pas une référence cachée au baptême, qui selon l'enseignement traditionnel de l'Église doit être reçu au moment de la naissance ou peu après pour mettre l'enfant sur le chemin du Christ ; et « l'Esprit » n'est pas une référence au processus de conversion qu'est la décision d'accepter Jésus « comme mon sauveur », pour reprendre un langage évangélique traditionnel, une conversion supposée accorder les dons de l'esprit, comme « parler en langues ». C'est une lecture erronée de ce texte, c'est de la piété non juive.

« Être né de l'eau », c'est simplement être né à la vie de ce monde, un processus accompli lors de la rupture des eaux maternelles. « Être né de l'esprit », c'est s'avancer vers une nouvelle dimension de l'être humain. C'est parfaitement clair dans la phrase suivante de Jean quand il attribue à Jésus ces paroles : « Ce qui naît de parents humains est humain ; ce qui naît de l'Esprit est esprit ». Puis Jésus identifie l'esprit au mystère du vent « qui souffle où il veut ; tu entends le bruit qu'il fait, mais tu ne sais pas d'où il vient ni où il va » (Jn 3,8). Être né de l'esprit est le même genre d'expérience mystique et mystérieuse.

Dans un livre précédent[1], j'ai soutenu qu'être humain c'est acquérir une nouvelle conscience de soi. C'est vivre en toute lucidité au milieu du temps. C'est se souvenir du passé et être capable de le revivre en esprit. C'est anticiper l'avenir et l'apprécier avant même qu'il arrive. Être

---

1. *Eternal Life: A New Vision.*

humain c'est aussi accepter la finitude et la mortalité ; savoir que tandis que votre esprit peut voyager au-delà des limites de votre corps, votre corps demeure restreint dans le temps et l'espace. La conscience de soi, c'est regarder tout ce qui vit à partir de soi, regarder le monde avec la perspective de quelqu'un séparé et distinct de ce monde. La conscience de soi, c'est ressentir la solitude, le désir, et être engagé dans un combat incessant pour vivre. C'est se voir relié à un tout, mais sans perdre son identité à l'intérieur de ce tout. Ce n'est *pas* être une goutte d'eau dans l'océan de Dieu. La conscience de soi ouvre cependant la possibilité d'échapper à toutes limites et de toucher, de voir et d'expérimenter une conscience universelle ; c'est réaliser de manière nouvelle et radicale que nous sommes reliés par une communion mystique à l'ultime. C'est une expérience dont seuls peuvent bénéficier des êtres humains conscients d'eux-mêmes. C'est aussi ce dont parle Jésus dans cette conversation avec le personnage de Nicodème dont la religion entrave sa capacité à dépasser ses normes de sécurité. Ce n'est pas ce point de vue limité que Jean a perçu en Jésus ; c'est pourquoi il le montre essayant d'ouvrir les yeux de Nicodème enfermé dans des limites charnelles et terrestres.

Nicodème est aveuglé par cette vision en puissance. « Comment cela peut-il se faire ? » demande-t-il. Dans sa réponse, Jésus montre les limites de la religion : « Tu es un maître réputé en Israël », un membre de l'élite religieuse, « et tu ne sais pas ces choses ? » (Jn 3,10). Je représente un autre domaine de réalité, dit-il. J'ai une nouvelle vision. Si toi, Nicodème, tu ne peux vivre une expérience qui transforme et ainsi échapper aux limites que tu t'imposes, il te sera impossible de croire. Cette conversation trace clairement des lignes.

À ce moment, Jésus fait allusion à un moment de révélation. Il se sert d'une des nombreuses références des écritures hébraïques qu'empruntaient les disciples pour valider leur expérience de Jésus : Jean montre Jésus se comparant à ce serpent guérisseur que Moïse avait élevé dans le désert lors d'une période de maladie et de mort (Jn 3,14). Dans cette histoire, le peuple juif nomade commence à se plaindre de son sort, regrettant la sécurité de son esclavage en Égypte en regard des inquiétudes de leur nouvelle vie dans le désert. Pour les punir de leur manque de foi, dit le livre des Nombres (21,4-9), Dieu envoie des serpents venimeux au milieu du peuple, et ceux qui sont mordus meurent. Effrayés, les gens se repentent, viennent supplier Moïse de demander à Dieu de retirer ces serpents. Alors Moïse prie et Dieu lui indique de fabriquer un serpent d'airain et de le fixer sur un poteau pour que ceux qui ont été mordus puissent le regarder et vivre. C'est ce que fait Moïse, et alors le serpent d'airain sur un poteau devient le symbole de l'art de guérir (et est utilisé aujourd'hui comme symbole de la profession médicale). Jean voit Jésus symboliquement comme le serpent élevé sur la croix, enlevant le venin de la vie humaine pour la rendre saine. Puissante image.

Jean se réfère ici une fois de plus, je le pense, au « mysticisme du trône » dans le judaïsme. À l'apogée de son évangile, Jésus sera placé sur le trône, non un trône d'or symbolisant un pouvoir terrestre ni même un trône d'airain comme pour le serpent, mais sur un trône de bois sous la forme d'une croix, un instrument d'exécution par lequel il révélera un nouveau visage d'humanité. Ce sera la porte d'entrée sur une conscience nouvelle, une unité nouvelle avec tout ce qu'est Dieu, une porte d'entrée sur ce qui est éternel. Le Dieu que révèle Jésus est la source de l'amour qui vient non pas pour juger les faiblesses humaines, mais pour ouvrir les yeux des gens afin qu'ils voient qu'ils sont une part de qui et de ce qu'est Dieu, et alors ils pourront entrer dans l'éternité que représente Dieu. Le jugement, dit le Christ johannique, n'est pas un acte divin mais un choix humain : il signifie préférer l'obscurité à la lumière, la sécurité à la liberté, regarder ce qui est et ne jamais voir ce qui peut être. L'appel du Christ johannique est à quelque chose de très différent. Nicodème, un pharisien et un dirigeant des Juifs, est le repoussoir parfait sur fond duquel cette nouvelle façon de penser peut se dessiner.

Nicodème apparaît deux autres fois dans le quatrième évangile. La seconde fois est dans le chapitre 7, lorsque Jésus, arrivé à Jérusalem pour la Fête des Tabernacles, contrarie les autorités au point qu'elles cherchent à le tuer. Nicodème les met en garde, leur rappelant que la loi ne condamne pas quelqu'un « sans l'avoir d'abord entendu et sans savoir ce qu'il a fait » (Jn 7,51). Nicodème envisage toujours d'autres possibilités, mais il n'est jamais prêt à agir en concordance avec ses sentiments.

La troisième fois, Nicodème apparaît soudain dans un contexte assez différent, à savoir lors de la mise au tombeau de Jésus. J'y viendrai plus en détail à la fin du récit de la passion. Pour l'instant, permettez-moi simplement de remarquer qu'il n'y a dans l'histoire de l'ensevelissement aucune allusion à renaître à une nouvelle vie. Après ceci, Nicodème n'est plus jamais mentionné. Toujours proche de la présence de la lumière, il est incapable d'y entrer. Lui et ceux qu'il symbolise ne peuvent simplement pas transcender la chair qu'ils connaissent et qui finit toujours dans la tombe.

L'histoire de Jean, qui met en scène ceux préférant la sécurité de l'obscurité familière à la vision surprenante de la vie vécue dans la lumière d'une nouvelle compréhension de Dieu, se conclut. Après Nicodème, il passe au personnage mythologique suivant qui va entrer en scène et aidera à la révélation du projet de Jésus.

10

La Samaritaine près du puits : une nouvelle dimension de l'expérience de Jésus

Jésus et ses disciples s'en vont ailleurs après leur rencontre avec Nicodème. L'auteur de l'évangile semble établir un bilan avant de se lancer dans l'épisode marquant qui suit ; dans la seconde moitié du chapitre 3, il revisite la figure de Jean le Baptiste qui rend un nouveau témoignage à Jésus. Jean le Baptiste identifie Jésus à un époux et se nomme lui-même un « ami de l'époux », disons le « témoin ». L'ami du marié, dit-il, se réjouit de ce que vit le marié. Puis il annonce que sa propre destinée est de diminuer tandis que celle du marié est de grandir. En un langage qui n'est pas sans rappeler la conversation avec Nicodème, il dit appartenir à la terre, alors que Jésus appartient à un autre règne. Jésus, dit-il, exprime les paroles de Dieu parce qu'il vient de Dieu. Jésus donne l'esprit ; et puisque l'esprit nous relie à la source de la vie, Jésus est la porte qui ouvre sur cette vie qui est éternelle.

L'analogie du marié employée par le baptiste amène bien à propos l'histoire suivante pleine d'images intimes de séduction et de mariage. Pour ce récit, Jean crée une autre figure symbolique et donc un autre personnage mythologique, celui que nous appelons « la Samaritaine près du puits ».

Des voix traditionnelles, voix d'hommes surtout, ont tendance à avoir une vision sexuelle de cette femme faisant étalage de son immoralité. Ma lecture de cet évangile me fait conclure que cette perspective est une violation du message et déforme totalement le sens que veut exprimer Jean.

La première chose à savoir est que, dans les écritures hébraïques, un puits est l'endroit où un homme est à la recherche d'une épouse, et la référence au puits de Jacob (Jn 4,12) le rend parfaitement clair. C'est aussi une indication que ce récit n'est pas le souvenir d'un événement réel, mais une histoire destinée à donner une vision nouvelle de l'expérience de Jésus.

Voir le puits comme l'endroit où chercher une épouse suppose de connaître les contes populaires du peuple juif. Dans le livre de la Genèse (24,1-61), Abraham, le patriarche, envoie le plus âgé de ses serviteurs chercher une femme pour son fils Isaac. Il ne veut pas que son fils Isaac épouse une Cananéenne, de ce peuple au milieu duquel il vit. C'est pourquoi ce serviteur est envoyé au pays d'origine d'Abraham afin de trouver une épouse dans son clan. Le seul critère est que la femme veuille bien revenir avec le serviteur d'Abraham.

Le serviteur est équipé de tout le nécessaire pour le voyage, des cadeaux en or, un entourage de gens et une caravane de dix chameaux. Ils s'en vont en Mésopotamie, à la ville de Nahor, et arrivent à un puits où les femmes du village vont chaque jour puiser l'eau pour leur maisonnée. Le scénario à suivre par le serviteur est précis. Il doit demander à chaque femme qu'il remarque de lui donner à boire. Si l'une le fait et en plus propose d'abreuver les chameaux, c'est elle. Il est sous-entendu que Dieu validera ce choix. Une jeune femme arrive. Elle est décrite comme une « jeune fille ravissante, une vierge qu'aucun homme n'a connue ». Elle s'appelle Rébecca et agit parfaitement selon le scénario que le serviteur a en tête. Celui-ci lui demande à boire ; elle lui donne à boire. Elle abreuve ensuite les chameaux. Il demande qui elle est et le nom de ses parents. Il découvre ainsi qu'elle est la petite-fille de Nahor (qui a donné son nom à la ville), le frère d'Abraham. Assuré que Dieu a béni son voyage, le serviteur continue de faire la cour en donnant à Rébecca un anneau d'or et deux bracelets d'or, et il lui demande s'il peut loger pour la nuit chez son père.

L'arrangement est fait et le frère de Rébecca, nommé Laban, sort pour souhaiter la bienvenue et accueillir le serviteur d'Abraham. Il l'invite d'abord à un festin puis à rester se reposer pour la nuit. Avant de manger, le serviteur raconte son histoire, parle à ses hôtes de la grande richesse d'Abraham et demande Rébecca pour épouse en faveur d'Isaac, à condition toutefois qu'elle veuille bien l'accompagner. La famille de Rébecca conclut, dit le texte, que « c'est le Seigneur qui a dirigé les événements », et ils donnent leur accord pour le contrat de mariage. Des cadeaux sont offerts ; d'abord des bijoux d'or et d'argent, puis de jolis vêtements, tout cela d'un grand prix. Et s'ensuivent de joyeuses ripailles.

Le matin suivant, mission accomplie, le serviteur est prêt à partir. La famille de Rébecca demande un délai de dix jours. Le serviteur fait des difficultés. Rébecca, consultée, se dit prête à partir sur-le-champ. Si bien qu'ils l'envoient avec ses servantes, lui souhaitant de devenir la mère de dizaines de milliers. Dans cet épisode de l'Écriture, le puits est instauré comme lieu où trouver une épouse.

Le puits comme lieu de rencontre en vue d'un mariage est réitéré cinq chapitres plus loin, dans le livre de la Genèse, lorsque Jacob, fils d'Isaac et de Rébecca, cherche pour lui-même une épouse (Gn 29,1ss). Les thèmes sont similaires. Esaü, frère jumeau de Jacob, a pris femme parmi les gens de la région. Jacob, héritier de la promesse de l'Alliance, reçoit l'ordre de son père Isaac, de chercher une femme issue de son clan. Il part donc vers l'Orient, comme le serviteur d'Abraham, et s'arrête à un puits recouvert d'une grande pierre, près de Haran. Une fois encore, le puits sera l'endroit où trouver une partenaire.

Quelques bergers arrivent, soulèvent la pierre du puits pour abreuver leurs troupeaux. Jacob s'enquiert de leur provenance et apprend qu'ils habitent Haran. Jacob sait que Laban, le frère de Rébecca et donc son oncle à lui, y habite. Il se renseigne et apprend que les bergers le connaissent et qu'il va bien. Ils voient alors arriver avec son troupeau une jeune femme du nom de Rachel ; ils disent à Jacob qu'elle est en fait la fille de Laban. Le puits matrimonial va exercer à nouveau sa magie. Jacob aide Rachel à soulever la lourde pierre qui recouvre le puits, puis il se met à abreuver son troupeau pour elle. Ayant découvert qu'elle est sa parente, il l'embrasse, fond en larmes, puis se présente comme le fils de Rébecca, la sœur de son père Laban. Rachel court avertir sa famille ; ils arrivent et l'invitent chez eux. Là le contrat de mariage est négocié. Jacob trouve Rachel « bien faite et ravissante » et il accepte le prix fort : il devra travailler sept années pour son oncle afin d'obtenir Rachel pour épouse.

Une troisième histoire avec un puits comme lieu où trouver femme peut être lue dans la vie de Moïse (Ex 2,1ss). Forcé d'échapper à la colère du pharaon, Moïse s'enfuit loin ; il trouve un puits près duquel il s'assied. Bien entendu, y arrivent pour puiser de l'eau les sept filles d'un prêtre du pays de Madian. Alors qu'elles sont sur le point d'être chassées par des bergers madianites, Moïse les défend et disperse les bergers. Puis il se met à puiser de l'eau pour les brebis de ces sept jeunes filles. De retour à la maison, elles parlent à leur père de la gentillesse de Moïse à leur égard. Le père va alors à la rencontre de Moïse et l'invite chez lui, et l'une de ses sept filles, Sefora, deviendra son épouse.

Dans ces exemples tirés des Écritures, quand un homme et une femme se rencontrent au bord d'un puits, commence un jeu de séduction. Gardez à l'esprit ces thèmes bibliques familiers à mesure que se déroule l'histoire de Jean sur la Samaritaine au puits.

Jésus, sur son chemin de Judée en Galilée, arrive à la ville de Sychar dans la région de Samarie et s'arrête pour se reposer au bord d'un puits connu comme « le puits de Jacob ». Il est midi. La Samaritaine ne vient pas à la rencontre de Jésus de nuit, comme Nicodème ; elle vient dans la pleine lumière du soleil de midi. Elle accomplit la tâche normale pour les femmes dans cette culture. Elle vient puiser l'eau pour la famille. Jésus, avec des mots identiques à ceux du serviteur d'Abraham à la recherche d'une femme pour Isaac, lui demande à boire. Jésus est ainsi coulé par le quatrième évangile dans le rôle de l'époux, qui invite les Samaritains à devenir partie prenante du « nouvel Israël », autre nom pour la communauté chrétienne en cours de développement.

La Samaritaine, subodorant une tentative de séduction, coupe court et place dans la conversation l'histoire de la fracture entre Juifs et Samaritains. « Mais, tu es Juif ! Comment oses-tu me demander à boire, à moi, une Samaritaine ? » L'auteur explique brièvement cette réaction, remarquant que « les Juifs n'ont pas de relations avec les Samaritains » (Jn 4,9).

Cette fracture a eu pour origine la sécession entre Judah et les dix tribus qui constituaient le Royaume du Nord d'Israël ; elle s'est produite à l'époque de la mort de Salomon vers l'an 920 avant notre ère. La partie nord de la nation israélite se sépare alors de la maison de David, de la ville de Jérusalem et du Temple avec son grand prêtre qui contrôle les structures ecclésiastiques. Avec le temps, les citoyens du Royaume du Nord cherchent à se construire une capitale qu'ils nomment Samarie et qui, espèrent-ils, rivalisera avec Jérusalem. Le nom de cette cité devient peu à peu le nom de toute la région. Par la suite, ils se mettent à faire de leurs sanctuaires leurs propres lieux saints, afin d'être à l'égal du Temple de Jérusalem. Ils cherchent même à établir une famille royale qui cimenterait leur unité nationale et rivaliserait avec la maison de David. Tout en bâtissant ces institutions, ils se rendent compte du danger de concentrer trop lourdement le pouvoir sur elles, car c'est précisément contre ce genre de choses qu'ils se sont rebellés. C'est pourquoi ils couronnent un roi, tout en insistant qu'il soit sujet de la volonté du peuple. C'est un roi qui gouvernerait non pas de « droit divin », mais par le consentement des gouvernés.

Essayant de se définir contre Jérusalem, ces gens du Nord se voient reliés non pas d'abord à la maison royale de David, mais aux patriarches des origines, Abraham, Isaac, et plus spécialement Jacob qui avait changé son nom en Israël. La rivalité entre ces deux parties issues d'une seule nation est intense. Une sécession au sein d'une nation aboutit presque inévitablement à la guerre. Dans celle-ci, les dix tribus du Royaume du Nord ont été victorieuses assurant ainsi leur sécession. L'hostilité entre les deux nations n'est pourtant pas retombée. Leur histoire est faite d'une lutte constante et souvent ils se trouvent les alliés de puissances qui s'affrontent (telles l'Assyrie et Babylone), ce qui renforce l'opposition entre les descendants d'Abraham au Nord (Israël) et ses descendants du Sud (Judah). L'Assyrie, par exemple, est l'ennemi juré du Royaume du Nord et l'allié du Royaume du Sud. De telles déchirures conduisent chacune des deux parties du « peuple choisi » à se définir avant tout contre l'autre. La haine, fruit de cette rivalité, est profonde. Les préjugés se développent et alimentent la nécessité de survivre.

La vie est ainsi faite. Cela a été vrai tout au cours de l'histoire ; le monde a été régulièrement déchiré entre groupes rivaux : chrétiens contre païens, catholiques contre protestants, vrais croyants contre hérétiques, blancs contre gens de couleur, hommes contre femmes et hétérosexuels contre homosexuels. Dans l'insécurité de la vie humaine, notre désir est de nous construire en rabaissant les autres. Les citoyens d'Israël se définissaient contre les citoyens de Judah et vice versa. « L'auto-définition » de chaque région nourrissait une tension constante entre les deux états.

Ces relations déjà tendues prennent un tour dramatique vers l'année 721 avant notre ère, lorsque Israël, le Royaume du Nord, est détruit par les armées assyriennes, tandis que Judah, allié de l'Assyrie, se contente d'observer de loin. Judah accepte alors son statut d'état vassal de l'Assyrie afin de garder un semblant d'indépendance.

Comme c'était la coutume de l'époque, et surtout pour se prémunir de futures révoltes, les Assyriens emmènent beaucoup de gens d'Israël en exil en Assyrie et repeuplent leur patrie avec des gens d'autres provinces conquises. Peu à peu des mariages ont lieu entre exilés et vainqueurs si bien que leurs ADN se mélangent dans le Moyen-Orient. Ceux qui sont des exilés en Assyrie deviennent avec le temps, dans l'histoire juive et dans le folklore, « les dix tribus perdues d'Israël ». Les Israëlites qui ont pu rester dans ce qui était le Royaume d'Israël se marient avec des étrangers importés. Pour les gens de Judah, qui commencent à être appelés Juifs, les gens du Nord deviennent une « race bâtarde » ; et il se forme un syncrétisme entre les pratiques religieuses de ceux-ci et des idées étrangères, si bien que la pureté de la foi ancienne d'Israël est terriblement compromise. Religion et race deviennent alors des barrières qui font obstacle à l'unité et sont source d'énormes préjugés. Il reste cependant assez de foi résiduelle chez les gens du Nord pour se revendiquer de l'alliance originelle prenant racine en Abraham, Isaac et Jacob. Le centre de leur foi est une montagne sacrée dans le nord, refusant d'être associée avec cette autre partie du peuple de l'alliance rassemblée autour de la maison de David au sud et dont la vie religieuse est organisée autour du Temple de Jérusalem.

La tension entre les deux groupes s'accroît dans les premières années du sixième siècle avant notre ère, quand le royaume de Judah est détruit par les Babyloniens et que les gens sont exilés sur la terre de Babylone. Mais cet exil n'amène pas un mélange de races comme évoqué ci-dessus. Ces Juifs exilés sont déterminés à retourner chez eux un jour et cette aspiration les force à une séparation radicale et ostensible des non-Juifs. C'est la raison pour laquelle ils adoptent des pratiques telles que des observances du Sabbat très strictes, des lois alimentaires casher et la circoncision obligatoire. Plus tard, quand ces exilés sont autorisés à retourner dans leur pays, ils se voient bien différents et au-dessus de ceux qui sont restés sur leur terre conquise, dont la pureté du sang est désormais sujette à caution et dont les pratiques religieuses sont considérées comme corrompues. Le terme « Samaritain » est alors appliqué à ce groupe de gens, et l'hostilité entre les Juifs revenus d'exil et les « sangs-mêlés » qui peuplent leur ancienne patrie est palpable.

Tous ces sentiments ressortent dans l'épisode johannique où la Samaritaine réagit face à Jésus qui lui demande à boire au puits de Jacob ; elle fait glisser la conversation vers le fossé qui sépare Juifs et Samaritains. Il en résulte, entre Jésus et la Samaritaine, un échange théologique profond concernant les frontières établies par les humains et le rôle de Jésus dans ce monde de tensions.

À la question hostile de la femme, pourquoi Jésus, un Juif, demanderait-il à boire à quelqu'un de Samarie, Jésus répond par une nouvelle invitation. Il lui offre de « l'eau vive », synonyme de l'esprit qui unit la vie humaine. La femme, bouche bée, remarque qu'il n'a rien pour puiser l'eau du puits. L'offre lui semble donc totalement vaine. Puis elle lui pose la question-clé : « Es-tu plus grand que *notre* ancêtre Jacob, qui nous a donné ce puits ? ». À noter l'utilisation de « notre ». Elle s'identifie à l'antique alliance scellée avec les patriarches. Les Samaritains font partie de cette alliance, puisqu'ils sont les descendants, même abâtardis, de Jacob.

Jésus répond à nouveau en élevant la conversation au-dessus de cette division ancienne. Le puits de Jacob fournit de l'eau pour la vie, mais ce n'est que temporaire : ceux qui étanchent leur soif avec l'eau de ce puits auront encore soif, dit-il. Jésus offre une eau qui rend les gens tellement sains qu'ils ne connaîtront plus jamais la soif.

La femme, intriguée par cette image, mais encore prisonnière du mot à mot, dit : voilà une merveilleuse vision. Donne-moi cette eau et je n'aurai plus besoin de revenir puiser de l'eau à ce puits.

Jésus lui demande alors d'aller chercher son mari. « Je n'ai pas de mari » dit-elle. Jésus agit alors comme s'il connaissait tout de sa vie et répond que non seulement elle n'a pas actuellement de mari, mais qu'elle a eu cinq maris et que l'homme avec qui elle vit à présent n'est pas son mari. Sur ce point, les gens oublient que cette femme est un symbole mythologique de la Samarie ; ils lisent donc cette affirmation comme s'il s'agissait de moralité, d'un commentaire sur sa dépravation sexuelle. Ils laissent même entendre que la femme essaie brusquement de changer le sujet de son passé peu recommandable pour un débat sur le meilleur lieu pour rendre un culte. Lire cette histoire ainsi, c'est se méprendre totalement sur son sens. Nous avons affaire à une conversation symbolique : comment la région infidèle de Samarie peut être incorporée dans la nouvelle approche que Jésus présente et comment les anciennes divisions religieuses de la famille humaine peuvent être surmontées dans la conscience nouvelle que Jésus vient apporter.

« Maître », dit alors la femme, « je vois que tu es un prophète », alors dis-moi où (et probablement comment) doit-on adorer Dieu. Elle demande à celui qu'elle considère comme un prophète de résoudre la question du lieu où rendre le culte, le mont Garizim en Samarie ou le Temple de Jérusalem. Jésus affirme que Dieu est au-delà de ce genre de frontière. Dieu est esprit, sans barrières et partout présent, et ceux qui adorent ce Dieu doivent le faire en esprit et en vérité. Le salut vient des Juifs, dit-il ; mais aussitôt il transcende les frontières juives pour tenir compte de toutes personnes, y compris celles qui sont l'objet d'un profond mépris de la part des Juifs, les Samaritains. Le dialogue a peu de sens si nous pensons que la Samaritaine est une personne réelle. Elle ne l'est pas. Dans ce récit, elle est un symbole de la Samarie elle-même. Ainsi Jésus proclame que même ceux qui pour les Juifs sont à rejeter doivent être inclus dans le règne de Dieu que Jésus vient ouvrir.

Que dire alors des cinq maris de cette femme ? Une référence est à chercher dans un passage de 2 Rois (17,24-34), où il nous est dit que le roi d'Assyrie fit amener des gens de cinq pays pour les installer dans les localités de Samarie. Puis il ordonna qu'un prêtre, exilé en Assyrie, retourne en Samarie pour enseigner aux nouveaux habitants de cette terre les lois du Dieu de ce pays. Les gens de Samarie n'y furent pourtant pas très fidèles ; ils restèrent plutôt attachés aux faux dieux des gens des cinq nations qui avaient été amenés là. Voilà les cinq maris des Samaritains infidèles, symbolisés par cette Samaritaine.

Jésus conclut cette conversation en employant pour la première fois dans l'évangile de Jean le nom de Dieu, « Je suis », révélé à Moïse près du buisson ardent. Ce nom a enraciné l'expérience de Dieu dans l'histoire du peuple choisi d'avant Jérusalem et d'avant la maison de David. Il doit inclure les Samaritains puisque le nom « Je suis » situe Dieu dans l'humanité et non pas dans la dimension cultuelle étroite de la religion humaine. La Samarie doit être intégrée dans l'Israël nouveau. Personne ne doit être exclu. C'est une compréhension nouvelle et différente de ce que veut dire être humain, et c'est ce que Jésus vient révéler. L'histoire n'a donc rien à voir avec une immoralité sexuelle ; il s'agit de la foi en un Dieu qui nous fait dépasser les frontières, les divisions et les préjugés humains. « Le messie va venir, dit la femme, et nous expliquera tout ». À quoi Jésus répond : c'est « Je suis » qui maintenant te parle. Conversation bouleversante.

Le dialogue est interrompu par le retour des disciples de Jésus. Ils sont étonnés, dit le texte, de le voir parler à une femme. Ils apportent de quoi manger. Jésus dit qu'il a de la nourriture « que vous ne connaissez pas ». L'eau de la vie sera accompagnée du pain de la vie. Vu leur mentalité littérale, ce commentaire passe par-dessus la tête des disciples.

Pendant ce temps, la Samaritaine, en extase après ce qu'elle a entendu, laisse sa cruche pour devenir évangéliste, tout comme Jean et Jacques avaient laissé leurs filets pour suivre Jésus. La mission vers les Samaritains est maintenant aux mains d'une femme, signifiant qu'une autre barrière est en train d'être franchie. Elle va vers son village, raconte son expérience et laisse entendre que Jésus pourrait être le « messie ». Son message porte ; les Samaritains quittent leurs villages et viennent vers Jésus. Ils lui demandent de rester chez eux. Il y reste deux jours, et il est écrit que beaucoup croient « à cause de sa parole ». Puis il les quitte pour retourner à Cana en Galilée, là où l'eau a été changée en vin. L'histoire de la Samaritaine au puits est ainsi encadrée par deux références au mariage.

La Samaritaine devient le héraut d'un nouvelle révélation. Plus tard, Marie Madeleine deviendra un semblable héraut de la résurrection pour les disciples. Jésus est un destructeur de barrières. Devant lui s'effondrent les divisions humaines, d'abord entre Juifs et Samaritains puis entre femmes et hommes. Commence à poindre une vision du « règne de Dieu ».

11

Le fils du haut fonctionnaire non juif : le sens de Dieu et de la foi

Nicodème, un « pharisien » et une « autorité des Juifs », était venu à Jésus de nuit ; et incapable d'entendre son message, il s'était effacé. La femme samaritaine près du puits a rencontré Jésus dans la pleine lumière de midi et est devenue évangéliste en amenant des Samaritains dans l'Alliance. L'auteur de cet évangile introduit ensuite un autre personnage symbolique. Lui non plus n'a pas de nom, appelé seulement un haut fonctionnaire de Capharnaüm. Est-ce un Gentil ? C'est sujet à débat, mais j'en suis persuadé. Cette désignation s'inscrit bien dans le scénario. Ce haut fonctionnaire a un fils malade. Le récit rappelle une histoire racontée par Matthieu (8,5-10) et par Luc (7,1-10), où le fonctionnaire est un « centurion », c'est-à-dire un soldat romain en charge d'une unité de cent hommes. Son serviteur, non pas son fils, est guéri à distance par Jésus. Dans ces récits, Jésus dit qu'il n'a pas trouvé en Israël une foi telle que celle du centurion. Ces récits comportent des différences mineures mais semblent refléter une expérience commune. Il est donc très plausible de voir en cet homme un non-Juif, et regardons comment l'auteur modèle ce personnage pour servir son interprétation. Jean utilise ce fonctionnaire, un Gentil, pour souligner l'énorme fossé tribal entre Juifs et non-Juifs, question géographie et sentiments. Jésus, qui appelle à une humanité nouvelle, doit confronter et surmonter cette barrière.

Jean fait aussi apparaître ses autres thèmes ; il définit Dieu et la foi de manière renouvelée. Tout cela fait de ce Gentil un personnage pivot de l'évangile.

Dans ce récit, Jean établit une fois de plus un lien avec le mariage à Cana. Il ramène Jésus au lieu de ce mariage, là où « il a changé l'eau en vin » (Jn 4,46). À la fin du récit, il rapproche encore cet épisode de celui de Cana en numérotant les signes : « Ce fut le second signe que fit Jésus après son retour de Judée en Galilée » (Jn 4,54).

Trois choses sont accomplies dans cette histoire. D'abord, en identifiant ce fonctionnaire à un non-juif, nous avons une autre facette du thème de Jésus destructeur de barrières, rejetant les murs défensifs derrière lesquels nous nous réfugions et qui contribuent à rapetisser notre propre humanité. C'est derrière nos clôtures tribales que nous nourrissons des préjugés qui étranglent la vie. On ne peut pas être pleinement humain si l'on outrage l'humanité d'un autre, ce que tous les préjugés encouragent à faire.

Deuxièmement, Jean développe dans cette histoire une compréhension de Dieu radicalement nouvelle, non pas comme une divinité externe dont nous cherchons la protection et dont nous respectons et même craignons la puissance, mais comme une présence qui nous imprègne et nous appelle à transcender nos limites.

Troisièmement, l'auteur tend à faire la distinction entre la foi et l'adhésion à des formules. Plutôt qu'une foi qui consiste à donner son assentiment intellectuel à une proposition, nous est montrée une foi qui est source de confiance, invitation à « la personne croyante » à entrer dans une expérience nouvelle de la réalité. Ainsi ce Gentil s'inscrit très bien dans la trame et la théologie de Jean. Avançons maintenant dans cette histoire pour passer en revue ces trois thèmes.

La séparation entre Juifs et Gentils était, comme n'importe quelle barrière tribale, une technique de lutte pour la vie construite par le peuple juif depuis le temps de l'exil afin de se définir comme juif. Dans toute vie humaine, l'esprit de caste permet de s'identifier et il nourrit les rivalités ; l'exil des Juifs à Babylone avait instillé en chaque Juif un sentiment de séparation d'avec le non-Juif. C'est dans la nature de la vie humaine de nourrir nos besoins de sécurité toujours présents, en inspirant la crainte face à celui qui est « différent ». Cette crainte provient du fait de ne pas savoir comment interpréter les comportements non conformes aux codes qui régissent son propre clan.

C'est dans la nature biologique de la vie humaine de réagir avec grande suspicion face à l'étranger. Les étrangers parlent une langue incompréhensible pour nous ; leur vocabulaire nous est inaccessible ; d'où une méfiance vis-à-vis de leurs intentions, ce qui nourrit et exacerbe notre paranoïa latente. Les étrangers qui ne sont pas de notre tribu ont aussi des caractères ethniques différents. Une ethnie définit toujours ses propres caractéristiques comme « normales », ce qui veut dire qu'être différent, c'est être « a-normal ». Les étrangers ont aussi une religion différente, et puisque le sens premier et primitif du culte est de solliciter la protection divine pour nous-mêmes, la religion différente de nos normes pourrait nous mettre dans le danger de perdre la protection de notre divinité au profit de la divinité d'une autre tribu éventuellement malveillante.

Pour toutes ces raisons, la xénophobie est une technique de survie. Impossible de l'ignorer, c'est dans notre nature humaine. Nous ne pouvons y échapper qu'en dépassant les limites humaines. C'est alors une transformation qui nous fait franchir une frontière, accéder à un niveau plus élevé de conscience et commencer à percevoir l'unité humaine. Ce n'est pas chose aisée, car l'instinct de survie sous-tend toute vie, et la lutte pour la vie exige toujours des barrières que nous estimons indispensables à notre sécurité.

L'histoire qui a construit l'identité nationale juive est remplie d'exemples de ce combat intense pour survivre. La nation juive a toujours été au bord de l'extinction, ce qui explique que la notion de lutte pour la vie est imprimée dans le caractère juif. Les Juifs furent soumis et vécurent l'esclavage au pays d'Égypte. Une fois leur exode réussi, ils durent lutter pour s'établir dans une terre promise à leurs ancêtres par le Dieu de leur tribu (ce dont les avait persuadés leur mythologie). Pour survivre en tant que peuple, ils furent obligés de tracer une ligne de démarcation pour distinguer Juifs et non-Juifs. Plus tard, victimes de la conquête par les Babyloniens et exilés de force sur la terre de Babylone, ils réalisèrent que leur seul espoir de retourner dans leur terre natale exigeait qu'ils fussent séparés de leurs conquérants. Ils y réussirent, comme nous l'avons déjà indiqué, en ressuscitant trois pratiques qui les distinguaient et qui devinrent la quintessence de l'identité juive : l'observance du Sabbat, l'obligation d'un régime casher et la circoncision.

Ce qui a conduit le peuple juif à ériger ces barrières tribales est le sentiment d'avoir une vocation à être le peuple à travers lequel Dieu bénirait toutes les nations du monde ; et c'est grâce à leur mise à part radicale que cette vocation pourrait s'accomplir. Se différencier manifestement de tous les autres n'est pas une vocation facile à vivre pour quiconque, personne ou groupe. Cela suscite le ridicule, l'insulte et la ghettoïsation, voire même l'envie de meurtre ; le peuple juif l'a expérimenté dans l'antisémitisme féroce qui a marqué l'histoire occidentale et qui persiste encore. Toujours est-il que cela a servi leur dessein de survie. Qui peut mentionner un autre peuple qui ait maintenu son identité nationale, même après sa suppression des cartes de l'histoire, depuis l'année 70, lors de la destruction par les armées de Rome, jusqu'à 1948, avec la restitution de sa terre natale par l'Organisation des Nations unies ? Où sont aujourd'hui les États-nations de peuples antiques tels que les Édomites, les Moabites et les Philistins ? La plupart des tribus disparaissent de l'histoire humaine une fois leurs terres conquises. Les Juifs, en revanche, avaient un tel sens indélébile du règne de Dieu et de leur judaïté intrinsèque qu'ils ont gardé vivante leur identité pendant plus de mille huit cents ans sans un État-nation, tout ce temps durant lequel ils ont vécu en étrangers exilés dans le pays de quelqu'un d'autre. Ils ont rarement été bienvenus et appréciés, mais ils ont gardé vivante leur identité nationale. Voilà pourquoi la barrière de séparation entre Juifs et Gentils était si stricte et solide.

En développant l'histoire de Jésus, Jean le met d'abord au contact d'une autorité juive, Nicodème, qui n'est pas en mesure de recevoir son message. Puis il l'amène au contact des Samaritains qui, tout en partageant une histoire commune par des ancêtres communs, sont néanmoins profondément à l'écart des autres Juifs. Dans ce récit, les barrières historiques du tribalisme sont transcendées et les Samaritains entrevoient ce que signifie être humain. Dans cet épisode (Jn 4,46-54), l'auteur de l'évangile fait entrer Jésus en dialogue avec l'énorme frontière qui sépare le Juif du non-Juif. C'est ce que veut symboliser le personnage connu comme « le fonctionnaire non juif ». Ce n'est pas son statut de Gentil, mais un profond besoin émanant de son humanité qui le conduit à franchir la barrière tribale.

Ce fonctionnaire a un fils malade, sur le point de mourir. Bien que juif, Jésus représente en quelque sorte pour lui un nouveau type de force de vie, un accomplissement humain, même une présence qui guérit et vers laquelle il tourne son espoir. Les gens qui cherchent la guérison d'une maladie fatale sont prêts à franchir des distances. L'amour nous conduit à gravir les pentes les plus escarpées de la vie et à surmonter tous les obstacles en quête de la vie. Ce Gentil ne comprend pas la source du pouvoir de guérison attribué à Jésus, mais il vient à lui comme à un dernier recours. Jésus ne pourrait-il pas se révéler une source de vie et de guérison pour son fils ? Faisant fi de toute précaution, il franchit la barrière tribale. Il vient à Jésus et le prie de venir chez lui, d'être présent physiquement près de son fils et peut-être de le faire revenir à la vie. La réaction de Jésus est une sorte de jugement, à tout le moins un défi aux espoirs du fonctionnaire : « Vous serez toujours incapables de croire si vous ne voyez pas des signes miraculeux et des prodiges » ! Le fonctionnaire n'a pas envie de discuter, lui qui a déjà surmonté ses craintes tribales. Aussi réitère-t-il désespérément sa demande : « Maître, viens chez moi avant que mon enfant soit mort » !

L'auteur de cet évangile voit en Jésus la présence du Dieu qui est source de vie et de guérison, celui qui rend sain ; par sa question le Gentil montre qu'il en est au même constat. Là où est Jésus, Dieu est compris d'une manière absolument différente. Jésus répond : « Retourne chez toi, ton fils vit ». Il n'y a aucun contact entre l'enfant malade, objet de la supplication, et Jésus. Dieu est présent en Jésus, sans être limité à lui. La présence de Dieu ne peut pas être liée à un moment ou un espace. Dieu est une présence mystique pénétrant le monde. Le Gentil a de quelque façon saisi cette réalité. Ainsi cet évangile affirme qu'il « crut » et retourna chez lui où il apprit que son fils avait repris vie à l'instant même, une heure de l'après-midi, la septième heure, où Jésus lui avait dit : « Ton fils vivra ! ».

Comme il est difficile pour des gens religieux de concevoir un Dieu sans limites. Tout au long de notre histoire, nous avons cherché à définir Dieu comme un être particulier, doté d'un pouvoir surnaturel. Dieu étant défini comme un être, il fallait lui trouver une place. C'était quelque part au-delà du ciel dans un univers à trois niveaux. Puis il nous a fallu construire pour ce Dieu des demeures terrestres que nous avons appelées « des lieux de culte ».

Ensuite, nous avons commencé à affirmer que les mots même de Dieu étaient circonscrits dans nos écritures sacrées. Puis, nous nous sommes persuadés que la nature même de Dieu pouvait être définie dans nos credo, doctrines et dogmes. Nous avons alors construit des mythologies autour de chacune de ces créations, nous assurant que Dieu se contentait de vivre à l'intérieur de nos limites théologiques et liturgiques.

Quand ces « idoles sacrées » ont commencé à être sapées par l'expansion des connaissances humaines, Dieu a semblé mort. Le Dieu, habitant des cieux, se trouvait sans demeure quand nous nous sommes rendu compte de l'infini de l'espace ; et pourtant nous avons continué à nous adresser à Dieu comme à « notre Père, qui es aux cieux ». Puis les écritures, que nous pensions autrefois être les propres mots de Dieu, ont commencé à être comprises comme des mots de la tribu et donc des interprétations humaines ; pourtant, quand nous les lisons au cours des cérémonies, nous affirmons encore que c'est la « parole du Seigneur ». Puis les credo, doctrines et dogmes contenant, disions-nous, la révélation de Dieu, ont commencé à être regardés comme des compromis culturels et politiques ; mais nous, avec nos peurs, nous avons dans le passé investi ces formes humaines d'une telle autorité que ceux qui les mettaient en question étaient brûlés au poteau comme hérétiques ; et nous avons appelé « vraie foi » nos propres formulations humaines.

C'est alors que le théisme, le mot humain adopté pour se référer à Dieu comme un être, est entré en agonie, si bien que, soit nous devenons athées, soit il nous faut chercher une autre définition de Dieu.

Dans le mysticisme juif dans lequel baignait l'auteur du quatrième évangile, Dieu avait été compris dans le passé d'après l'analogie du vent et de notre souffle, les deux qui animent la vie ; mais aucun des deux ne peut être saisi dans une forme humaine ni par aucune analogie humaine. Affirmer qu'il n'y a pas de Dieu au-delà du ciel ne signifie pas qu'il n'y a pas de Dieu. Le fait que Dieu est perçu comme présent en Jésus de Nazareth ne signifie pas que le Dieu du ciel s'est incarné en Jésus, comme le disent des credo plus tardifs. Le sens est plutôt que la présence spirituelle que nous appelons Dieu remplit l'univers, et devient audible de temps en temps dans une personne en particulier, en qui « la parole de Dieu » s'entend, et visible dans telle vie à travers laquelle « la volonté de Dieu » est révélée. Nous chrétiens, au cours des siècles, nous avions la certitude de posséder cette présence divine dans des modes que nous pouvions contrôler ; or, le mysticisme juif, comme tout mysticisme, ne pouvait accepter aucune limite humaine.

Dieu n'était pas et n'est pas limité à la vie de Jésus. C'est ce que l'évangile de Jean essaie de nous dire dans l'histoire de la guérison du fils du fonctionnaire. Dieu n'est pas un être présent dans une vie particulière, à une époque, ou dans un endroit, pas même en Jésus de Nazareth. Jésus a exprimé la parole. Le fils du fonctionnaire a été guéri. La vie appelle la vie, l'amour appelle l'amour, l'être surgit du Fondement de l'Être et, dans cette approche, il est clair que la séparation entre Juifs et Gentils disparaît également.

Finalement, dans cet épisode construit autour du personnage de ce fonctionnaire, un non-Juif, dont la création est d'ordre littéraire et non historique, nous observons une redéfinition de la foi. Il « crut à ce que Jésus lui disait et partit » (Jn 4,50). La foi ne consiste pas à adhérer à des credo, des doctrines ou des dogmes ; la foi, c'est avoir confiance que la présence divine est dans chaque instant, dans chaque demain. La foi, c'est avoir le courage de marcher vers l'inconnu, de faire face à ce que la vie met sur notre chemin sans que notre humanité en soit détruite. Il n'existe pas « *la* foi ». Personne ne peut légitimement revendiquer le seul chemin vers Dieu, la seule autorité infaillible pour s'exprimer pour Dieu, tenir la seule source de la révélation de Dieu. Historiquement, ces choses ne sont rien de plus que des idoles humaines, destinées à nous procurer la sécurité religieuse à laquelle notre cœur aspire. La foi ne nous donne pas, ne peut pas nous donner et ne nous donnera pas la paix de l'esprit, la sécurité et la certitude. La foi nous donne seulement le courage de mettre un pied devant l'autre et de marcher vers le lendemain avec honnêteté, même si nous savons que dans ce monde il n'y a ni paix de l'esprit ni sécurité. La foi nous appelle à reconnaître que nous sommes tous en quête de la vie, et que nos barrières défensives de tribu, de race, d'ethnie et même de genre et d'identité sexuelle ne peuvent finalement pas nous séparer les uns des autres. La foi nous appelle à comprendre qu'être humain c'est être une part de qui et de ce qu'est Dieu ; et dans cette communion avec ce Dieu présent, la vie est mise en valeur et toutes les barrières humaines deviennent insignifiantes. Plus loin dans l'évangile, Jésus affirme : « Celui qui m'a vu a vu le Père » (Jn 14,9).

Le non-Juif trouve dans le Jésus juif l'accès à la vie, à de nouvelles facettes de notre humanité commune. Il croit, ce qui le rend capable d'entrer dans une nouvelle dimension de vie. C'est cette réalité que l'auteur de l'évangile voit s'ouvrir dans et à travers la personne de Jésus de Nazareth. Rien à voir avec la religion mais tout à voir avec la vie et l'être.

Jean va continuer à raconter son histoire de Jésus avec des personnages de sa création. C'est pourquoi il a ouvert son évangile par un poème qui embrasse sa vision de la « Parole », qui opère par l'intermédiaire de ce qu'il appelle la chair, sans toutefois y être limité. En Jésus, la parole a été faite chair et nous avons contemplé la grandeur de Dieu. Comme Irénée l'a dit : « La gloire de Dieu c'est l'homme (et la femme) pleinement vivant ». Être pleinement vivant c'est se passer de barrières. Voilà ce qui est révélé lorsque le haut fonctionnaire, un non-Juif, vient vers Jésus, un Juif.

12

L'homme paralysé depuis trente-huit ans

Comme précédemment mentionné, je pense que l'ordre originel chez Jean était le chapitre 4 suivi du chapitre 6, puis le chapitre 5. Le texte a ainsi davantage de sens du point de vue géographique : il est plus convaincant pour de nombreux exégètes. Exact ou non, cela ne change pas vraiment l'impact de la narration ni l'élaboration des personnages johanniques ; je vais donc suivre l'ordre tel que nous l'avons et j'insisterai sur le caractère mythologique de l'homme paralysé (Jn 5,1ss). L'auteur plante le décor de cet épisode avec grand soin, et avec des détails explicites.

Jésus monte à Jérusalem. Dans cet évangile, à la différence des synoptiques, Jésus y va en plusieurs occasions. Ce qui l'y conduit cette fois est une fête juive qui, depuis les réformes deutéronomiques du septième siècle avant notre ère, comportait une célébration seulement à Jérusalem. Il n'est pas dit de quelle fête il s'agit, probablement parce que l'auteur amalgame deux célébrations et se contente de la mentionner en guise d'arrière-plan. Jusque-là cet évangile a fait des allusions évidentes au conflit entre la synagogue et la communauté johannique ; mais ce conflit éclate avec une intensité nouvelle dans cet épisode ; le dessein ultime dans l'esprit de l'auteur commence à poindre, à savoir comprendre la mort de Jésus. Elle sera interprétée par cet évangile comme l'extinction de la lumière par l'obscurité dans un monde où Dieu a été réduit au statut de prescripteur de règles religieuses, au lieu de quelqu'un qui appelle à une humanité totale. Pour Jean, le religieux ne peut s'empêcher de diminuer et même de détruire la vie, un besoin permanent dans l'histoire religieuse. Ce n'est rien de plus qu'une attaque contre Dieu source de vie. Nous avons découvert la méthode de Jean qui consiste à avancer son idée par l'entremise de personnages et de circonstances mythologiques ; rien de surprenant alors dans sa présentation d'un autre de ses personnages uniques, un homme paralysé non identifié qui illustre la lutte humaine pour entrer dans une conscience nouvelle.

Jésus est à Jérusalem et se rend dans un endroit fréquenté par les gens en quête de guérison. Près de la Porte des Brebis se situe une piscine appelée en hébreu Bethzatha. Dans ses cinq galeries à colonnes sont allongés de très nombreux invalides, aveugles, boiteux, paralysés ; des échantillons de vies humaines qui aspirent à la guérison.

Du folklore issu de la mythologie juive s'était apparemment développé autour de cette piscine. Il était dit que ses eaux faisaient miraculeusement des remous à certains moments et avaient alors des vertus thérapeutiques ; le premier malade qui descendrait dans l'eau agitée serait guéri. La fascination pour les miracles de guérison constitue toute une histoire dans l'expérience humaine, illustrée par des sanctuaires tels Lourdes et Fatima, et comme l'atteste le grand nombre de guérisseurs par la foi. C'est le souhait qui, je le crains, crée souvent la réalité. La piscine de Bethzatha avait cette réputation dans le peuple.

Dans ce cadre, l'auteur de l'évangile place au centre de la scène l'un de ces invalides, un homme incapable de se mouvoir. Une précision interroge, à savoir sa paralysie depuis trente-huit ans. Souvenir historique ou annotation symbolique ? Je suis convaincu que c'est de l'ordre du symbole. Mais son sens a été perdu dans les brumes du temps. Peut-être est-elle relative au nombre d'années correspondant aux tensions croissantes entre les adeptes de Jésus et les autorités de la synagogue, qui aboutirent à l'expulsion des chrétiens, autour de l'année 88 ; mais on ne peut s'appuyer sur aucun événement survenu en 50 comme point de départ. Le récit peut cependant faire allusion à une période significative durant laquelle les adeptes de Jésus ont enduré les souffrances de la persécution et la paralysie de leur vie de la part des autorités religieuses, alors qu'ils se débattaient désespérément pour la guérison de cette fracture. Quelques autres détails de cette histoire semblent en faveur de cette hypothèse, mais je ne pense pas qu'elle puisse être poussée trop loin. Gardez-là simplement à l'esprit.

Jésus se voit une fois encore attribué par l'auteur la clairvoyance. Il sait que cet homme est en attente depuis très, très longtemps (Jn 5,6). Il s'adresse directement à l'homme : « Veux-tu être guéri ? ». Le paralysé semble s'excuser : « Maître, je n'ai personne pour me plonger dans la piscine quand l'eau est agitée ; pendant que j'essaie d'y aller, un autre y descend avant moi ». L'indécision reporte toujours la faute sur l'autre. Sortir des formes religieuses familières d'hier pour entrer dans la liberté post-religieuse de demain n'est jamais chose aisée. Du courage est nécessaire ainsi que la volonté de penser en dehors des normes religieuses. Or, on n'admet pas facilement soit un manque de courage soit le péché de l'indécision.

Jésus tranche à vif et de manière très directe dans la peur qui paralyse : « Lève-toi, prends ton brancard et marche » (Jn 5,8). L'ordre redresse l'homme sur-le-champ, le rend capable de prendre son brancard et de marcher. Jean remarque alors que « cela était le jour du sabbat » (Jn 5,9). L'enjeu du conflit est alors tout tracé : une nouvelle vie et un nouvel équilibre défiant les règles religieuses du passé. C'est le sort de ce paralysé, désormais restauré dans son intégrité. L'expérience de ce nouvel équilibre le fait trembler, il ne peut plus s'abriter de ses peurs avec des excuses de son passé. Qui n'a pas tremblé de sa propre audace, après quelque tentative téméraire ?

Les chefs de la synagogue remarquent que cet homme transporte son brancard le jour du sabbat, une activité définie comme du travail et donc contraire aux lois du sabbat. Apparaissent immédiatement les soi-disant arbitres du permis et du défendu. Ils s'adressent à l'ex-paralysé : « C'est le sabbat, tu n'as donc pas le droit de porter ton brancard ». Il répond : « Celui qui m'a guéri m'a dit : prends ton brancard et marche » (Jn 5,11). C'est une réaction molle mais familière : je ne suis pas responsable ; je ne fais que suivre les ordres. Excuse maintes fois utilisée dans l'histoire humaine. C'est toujours la position de quelqu'un qui a de la difficulté à empoigner la vie et la responsabilité qui est la nôtre de prendre à bras-le-corps les réalités de la vie.

« Qui est cet homme [qui t'a guéri] ? » lui demandent les autorités de la synagogue, subodorant une cible plus importante. Peut-être ne veux-tu pas endosser la responsabilité de ton comportement, mais nous allons chercher celui qui t'a fait violer la loi. « Je ne sais pas », réplique l'homme guéri. L'histoire montre qu'il dit vrai. Il ne connaît pas la source de cette extase de nouvelle liberté. Jésus est en effet parti, glisse l'auteur de l'évangile.

Plus tard, dit Jean, Jésus rencontre cet homme dans le Temple et lui donne une occasion de plus de choisir la foi plutôt que la peur, la vie plutôt que la religion. « Te voilà guéri maintenant », dit Jésus. Ne retombe pas dans la peur et dans ton attitude passée. Ceux qui ne savent quoi faire de la plénitude de vie, qui se recroquevillent sur la sécurité que procurent leurs douces faiblesses, manquent souvent du courage nécessaire pour chercher une seconde chance.

L'ex-paralysé va aussitôt trouver les chefs de la synagogue pour leur dire que c'est Jésus l'auteur de sa guérison ; et ce signalement entraîne une nouvelle persécution de Jésus. La guérison, affirmaient les autorités religieuses de cette époque, ne peut pas être obtenue au mépris des règles religieuses. La controverse s'échauffe alors. Le jour du sabbat, une œuvre de Dieu même bonne n'est pas autorisée ! Prescription stupéfiante ! Jésus réagit par une affirmation non moins étonnante mais à l'opposé : « Mon Père est continuellement à l'œuvre » ; la guérison du paralysé signifie donc que Dieu ne cesse de susciter la vie et la plénitude, y compris le jour du sabbat. L'implication évidente est que Dieu agit à travers Jésus. Cette prétention audacieuse de Jésus est confirmée quand il ajoute que, comme Dieu, « moi aussi je suis à l'œuvre » (Jn 5,17) même le jour du sabbat.

Les chefs religieux disposent maintenant de deux motifs d'accusation. Cet homme Jésus non seulement a agi contre la loi du sabbat, mais en plus il s'est identifié à Dieu. Il s'est fait « l'égal de Dieu ». La question de l'identité entre Jésus et Dieu surgit au premier plan. Jésus fait partie de ce qu'est Dieu. La communauté johannique le proclamera de nombreuses manières et avec des symboles de plus en plus forts qui iront jusqu'à une sorte de communion mystique entre Jésus et Dieu. Les autorités de la synagogue appelleront alors cette proclamation un blasphème et affirmeront que Dieu ne peut agir qu'à travers les canaux religieux reconnus et en accord avec les règles religieuses établies. Progressivement, les adeptes de Jésus de la communauté johannique en arriveront à la conviction que Dieu ne peut pas être contenu dans des normes créées par des mains humaines. La déclaration de Jésus prétendant que Dieu agit à travers lui choque les autorités de la synagogue. Le sentiment qu'a Jésus de son intimité avec Dieu est plus qu'elles ne peuvent le supporter. Jésus dit que l'amour du Père pour le fils est révélé quand le Père accomplit le dessein divin à travers le fils.

Puis la conversation se tourne vers la mort. Le Père relève les morts en leur donnant la vie, dit Jésus. C'est aussi ce que fait le fils. Le fils est la source de complétude à la fois de cette vie et au-delà de cette vie. Celui qui y croit n'est pas sous le coup de jugement, mais il passe de la mort à la vie, d'une conscience limitée à une participation à la conscience universelle qui transcende toute limite humaine et toute barrière, même celle qui sépare cette vie de la vie éternelle. C'est là un dialogue des plus provocateurs.

Puis l'auteur met dans la bouche de Jésus une allusion oblique au récit final dans le Livre des Signes, la résurrection de Lazare. « Le moment vient, dit Jésus, où les morts entendront la voix du Fils de Dieu et ceux qui l'auront entendue vivront » (Jn 5,25). Dans l'histoire de Lazare, Jésus appellera le mort : « Lazare, sors de là », et Lazare sortira de sa tombe et se délivrera de ses linceuls. Dans ce récit, la décision sera prise par les autorités religieuses de mettre Jésus à mort. Nous examinerons cette histoire en détail plus tard, mais ici, nous en avons un présage et une introduction. L'affirmation d'une identité est exprimée : « Le Père est la source de vie », de même « il a accordé au Fils d'être source de vie » (Jn 5,26).

J'existe, fait affirmer Jean à Jésus, au cœur de la volonté de celui qui m'a envoyé. Certains, comme Jean le Baptiste, l'ont vu, c'était son témoignage. Jésus dit de façon très directe que ses œuvres en témoignent. Et il se fait insistant : « Vous, les autorités religieuses, vous étudiez avec soin les écritures parce que vous pensez trouver en elles la vie éternelle ; ce sont justement elles qui témoignent de moi. Pourtant vous ne voulez pas venir à moi pour avoir la vraie vie... C'est Moïse qui vous accusera, lui (c'est-à-dire la Torah) en qui vous avez mis votre espérance ».

On se demande si, dans l'esprit de l'auteur, le paralysé guéri est placé là pour entendre ce dialogue. Peu importe, puisqu'il est toujours la vedette de cette scène. Il a expérimenté une nouvelle plénitude de vie, mais à l'évidence il n'a pas tout réalisé. Il a du mal à embrasser cette nouvelle vie, cette liberté nouvelle, ce que Paul a appelé « la glorieuse liberté des enfants de Dieu » (Rm 8,21). Il choisit plutôt de rechercher la faveur des autorités de la synagogue, de s'en tenir à la sécurité des règles religieuses. Il tremble au seuil d'une nouvelle conscience et puis retombe dans ce qu'il croit être les certitudes du passé.

C'est ainsi que le quatrième évangile voit le conflit entre d'une part la synagogue et d'autre part la communauté johannique désormais exclue. Beaucoup de membres de cette communauté ne peuvent finalement pas supporter cette cassure. Impossible d'imaginer survivre sans se cramponner au passé, pensent-ils. Il leur faut adorer à Jérusalem plutôt qu'« en esprit et en vérité ». Tous les disciples de Jésus ne peuvent s'avancer sur le chemin de la conscience nouvelle que Jean dessine. Impossible pour eux de voir la croix comme l'endroit où se révèle la grandeur de Dieu. Ils ne peuvent embrasser cette réalité nouvelle. Impossible pour eux de supporter l'anxiété de l'incertitude qu'implique toujours la maturité. Ils veulent des règles, des écritures comme autorités, des traditions sacrées bien établies et fixes. En fait, ils se réfugient dans quelque chose de moindre que la vie. Ils ne peuvent faire la transition que la suite de Jésus exige.

Voilà ce que symbolise cet homme paralysé qui rencontre la plénitude de vie en Jésus. Malgré son expérience de vie nouvelle, il n'est pas en mesure de vivre avec cette plénitude ; il retourne aux symboles d'un passé paralytique. Jean voit tout à fait différemment ce que Jésus offre. Choisir la vie est une décision qui coûte, mais au bout du compte c'est ce que doivent faire les disciples de Jésus. Choisir la vie, saisir la vie, entrer dans la vie et l'affirmer. Cela nécessite d'acquérir une vision nouvelle, de naître de l'esprit, d'échapper aux débats sur quelle religion est la meilleure, ou sur le lieu ou la forme d'adoration de Dieu. Son affirmation ouvre des dimensions formidablement nouvelles sur ce qu'est être humain. Le Jésus de l'évangile de Jean le vivra. Dans cet épisode et à travers le personnage de celui qui a été un paralysé pendant trente-huit ans, Jean souligne le contraste. Quand la plénitude de vie est offerte, certains trouveront toujours trop effrayant de continuer la quête, si bien qu'ils retomberont dans les schémas du passé.

Jean dessine la naissance d'une vie nouvelle. Son sujet n'est pas la théologie ou la religion ; il crée une vision d'une vie plus large, d'une identité nouvelle et d'une conscience universelle. Cet évangile traite de l'évolution d'une compréhension de Dieu juive, antique et liée à une époque, vers une expérience mystique de la vie, libérée de la peur et des besoins de sécurité religieuse. Tous ne peuvent supporter cette vision, mais ceux qui le peuvent, suggère Jésus, entreront dans une nouvelle dimension de vie qui est éternelle.

Le récit de Jean se poursuit. Les membres de sa communauté, surtout les adeptes juifs de Jésus, ayant été expulsés de la vie religieuse des Juifs, sont maintenant obligés de redéfinir leur expérience sans faire appel à leur vie précédente liée à la synagogue. La religion a été transcendée, et pourtant l'histoire chrétienne révélera que le christianisme sera toujours victime de la religion ; et cette bataille, dont témoigne le quatrième évangile dans cet épisode, n'aura pas de cesse.

13

André et Philippe : la mer Rouge et la manne

Le premier signe dans le Livre des Signes est la transformation de l'eau en vin ; le second, la guérison du fils du haut fonctionnaire, un non-Juif ; le troisième, l'offre d'une nouvelle vie à l'homme paralysé depuis trente-huit ans. Nous arrivons maintenant aux quatrième et cinquième signes, étroitement liés dans cet évangile ; histoires connues pour les lecteurs des évangiles précédents. Ces deux épisodes semblent en effet avoir été d'une importance significative dans les diverses communautés chrétiennes primitives. Chaque évangile contient au moins un récit de nourriture distribuée à la foule dans un endroit désert ; et deux des évangiles, Marc et Matthieu, en ont chacun deux versions ; l'une a lieu sur le côté juif du lac (avec cinq pains et deux poissons), après quoi sont remplis douze paniers de restes ; la seconde du côté non juif du lac (avec sept pains et quelques poissons), après quoi sont remplis sept paniers de restes. En lien avec ces histoires de nourriture, dans chacun des quatre évangiles est raconté un second événement miraculeux, la marche de Jésus sur l'eau.

La trame de Jean relie ces deux récits : dans son Livre des Signes la nourriture distribuée à la multitude est le quatrième, et Jésus marchant sur l'eau, le cinquième. Pour les comprendre, il est indispensable de voir le lien entre les deux.

Typique de l'auteur du quatrième évangile, sa narration est très différente des évangiles précédents ; il utilise le nom de deux disciples, de *simples* noms dans les traditions précédentes, pour les revêtir de personnalités distinctes et servir d'intermédiaires pour développer et relier ces deux signes. Laissez-moi extraire d'abord de la tradition synoptique ces deux disciples, André et Philippe, puis montrer comment Jean les construit pour servir ses desseins littéraires et théologiques.

Trente ans plus tôt, Marc avait introduit André comme frère de Simon-Pierre. Dans cet évangile, André et Philippe sont des pêcheurs. D'après Marc, ils ont été les premiers disciples choisis par Jésus, et l'invitation qui leur est faite est de quitter leur entreprise de pêche et de devenir ses disciples (Mc 1,17). Voilà les seuls éléments biographiques disponibles concernant André jusqu'à l'écriture du quatrième évangile.

Nous en savons encore moins sur Philippe dans les premiers évangiles. Il n'est qu'un nom sur la liste des « douze » dans Marc (3,13-19), Matthieu (10,1-6) et Luc (6,12-16). Dans chacune de ces trois listes, il se trouve en cinquième position après Pierre, Jacques, Jean et André. À part ce nom, pas la moindre note biographique sur Philippe dans la tradition primitive, ce qui laisse le champ ouvert à la riche imagination de l'auteur du quatrième évangile.

Jean présente d'abord André et Philippe sur fond de liturgie de la synagogue. Ces deux signes, la nourriture distribuée à la multitude et la marche de Jésus sur l'eau, vont être construits autour de la célébration de Pâques.

André joue clairement le rôle majeur, Philippe est juste le comparse. Le fait qu'André et Philippe sont les deux disciples avec des noms grecs (et non hébreux) pourrait nous fournir quelque indication sur les motifs de Jean pour développer son histoire comme il le fait, hypothèse tentante ; mais en l'absence de certitude, je la retiens comme simple possibilité.

Le chapitre 6 s'ouvre avec Jésus sur le côté oriental de la mer de Galilée, un endroit désert. Une grande foule, attirée par les signes précédemment décrits, l'a suivi. Jésus et ses disciples gravissent les collines. Ils s'y installent et regardent la multitude qui vient vers lui. Jésus se tourne vers Philippe et lui demande : « Comment pouvons-nous acheter du pain pour que tous ces gens puissent manger ? ». Curieuse demande. Apparemment, Jésus se sent responsable de nourrir les gens. Ce ne peut pas être pris au sens littéral, mais la scène est prête pour la narration de Jean. Philippe comprend l'absurdité de cette demande, et sa réaction est semblable à celles déjà vues dans cet évangile, venant de gens à l'esprit littéral. La question prise au pied de la lettre appelle une réponse littérale. La question est un test, destinée à mesurer le niveau de compréhension de Philippe, car Jésus (nous est-il dit), se voyant comme le « pain de vie », sait évidemment ce qu'il va faire. Philippe, qui ne saisit pas, réagit de manière littérale : « Même avec deux cents pièces d'argent, nous n'aurions pas de quoi acheter assez de pain pour que chacun d'eux en reçoive un petit morceau ».

André arrive alors au centre de la scène avec un renseignement qui semble tout aussi déplacé. « Il y a ici un garçon qui a cinq pains d'orge et deux poissons » (Jn 6,9). C'est dérisoire, une bagatelle face aux immenses besoins devant eux. Jésus, néanmoins, prend ce cadeau apparemment insignifiant et invite les gens, des milliers est-il écrit, à s'asseoir sur l'herbe. Après avoir remercié Dieu, il se met à distribuer le pain et le poisson. Les gens mangent « à volonté » (Jn 6,11). Puis, Jésus demande à ses disciples de « ramasser les morceaux qui restent, afin que rien ne soit perdu » (Jn 6,12). Ils remplissent douze corbeilles de morceaux. Après cela, les gens disent : « Cet homme est vraiment le Prophète qui doit venir dans le monde ! » (Jn 6,14), référence johannique à une promesse de Moïse. Puis le texte dit que Jésus, se rendant compte « qu'ils vont venir l'enlever de force pour le faire roi » (Jn 6,15), se retire sur la colline, tout seul. Ce retrait prépare la scène de son retour plus tard ce soir-là vers ses disciples en marchant sur l'eau.

Ce n'est assurément pas une description littérale d'un événement qui est arrivé réellement à un moment donné. Lire ce récit mot à mot, c'est se méprendre totalement sur les intentions de Jean. Je crois qu'il en est de même pour les synoptiques et l'intention de leurs auteurs, bien que leur langage ne soit pas aussi clair. Permettez-moi d'être plus précis. Je suis tout à fait certain qu'il n'y a jamais eu un moment où Jésus a multiplié la nourriture et nourri des foules affamées, pas plus qu'il n'a marché sur l'eau de manière surnaturelle ! Nous pénétrons le sens de cet épisode en examinant d'abord la signification attribuée au disciple André, puis celle attribuée à Philippe, et finalement le sens de ces histoires dans la tradition hébraïque qui a donné aux disciples de Jésus les oreilles pour entendre ce que veulent communiquer les évangélistes.

André, dépeint par Jean, a une identité seulement en référence à quelqu'un d'autre. Rappelez-vous la manière dont cet évangile introduit André et Philippe. André, nous est-il dit, était un disciple de Jean le Baptiste ; entendant le témoignage de celui-ci, il se met à la suite de Jésus, qui se retourne vers lui : « Que cherches-tu ? ». André répond : « Maître, où demeures-tu ? Et Jésus dit : « Viens voir ». André y va, il voit et il reste avec Jésus ce jour-là. La visite terminée, André va tout de suite trouver son frère Simon et lui annonce : « Nous avons trouvé le Messie ». Simon arrive, Jésus le regarde et lui donne immédiatement le surnom Pierre, qui signifie « Roc » (Jn 1,42).

Philippe est présenté le jour suivant. Jésus l'invite aussi à devenir un disciple. Tout ce qui nous est dit sur Philippe dans cet épisode est qu'il vient de Bethsaïda, comme André et Pierre. Philippe va alors trouver celui qui est appelé Nathanaël et lui répète ce qui a déjà été dit sur Jésus, un point sur lequel Jean insiste : Jésus est celui dont Moïse a parlé dans la Loi, et celui indiqué par les prophètes. Philippe parle de lui plus personnellement comme « Jésus de Nazareth, le fils de Joseph » (1,45). Une façon frappante de l'identifier parce que cet évangile ne comporte aucun récit de naissance miraculeuse. Jésus est considéré comme l'enfant de Joseph.

Ainsi Jean peint André et Philippe comme des missionnaires qui répondent aux invitations à suivre Jésus en amenant une autre personne à devenir disciple. André, néanmoins, est toujours déférent, se contentant de jouer le rôle du modeste. André est le portier qui ouvre aux autres et permet à de grandes choses d'arriver. Il semble n'avoir aucun besoin de statut, aucun besoin d'être reconnu. Je pense à lui comme le saint patron des gens ordinaires.

Ce thème opère également quand, d'après Jean, André amène à Jésus le garçon avec les cinq pains et les deux poissons. Une multitude affamée est là et face à elle il n'y a que le panier-repas d'un garçon ! Dans l'esprit de cet homme effacé, aucun don n'est cependant trop insignifiant, il peut être utilisé et même valorisé. Maintenant que Jésus a ce don venant du garçon, André, ayant facilité le lien, se met de côté et regarde le déroulement des événements et la multitude rassasiée.

Derrière cette histoire se dessine clairement la figure de Moïse. C'est pourquoi Jean désigne si souvent Jésus comme le prophète promis par Moïse. S'il doit jouer ce rôle, alors les histoires de Moïse doivent l'envelopper. Les deux plus marquantes ont été, à n'en pas douter, le pouvoir de rassasier les multitudes affamées dans le désert grâce au pain du ciel appelé la manne, et le pouvoir d'entrouvrir la mer Rouge. Ce sont deux histoires de survie. Par l'intermédiaire de Moïse, Dieu avait sauvé les enfants d'Israël qui seraient morts de faim, en leur procurant une nourriture céleste ; et par l'intermédiaire de Moïse, Dieu les avait sauvés d'une mort inéluctable aux mains des Égyptiens, en leur permettant de franchir la mer. Dans les écritures hébraïques vient d'abord la séquence de la mer Rouge, suivie de l'histoire de la manne dans le désert, mais dans ces écritures la Pâque, la nuit de l'exode, précède la mer Rouge. Puisque Jean décrit le repas pour la multitude comme un repas de la Pâque, il place cette histoire avant celle de Jésus et de son pouvoir sur l'eau, lorsque Jésus n'ouvre pas les eaux du lac pour passer à pieds secs, mais marche sur les eaux pour rejoindre ses disciples et les ramener sains et saufs. Les histoires de repas pour la multitude et de Jésus marchant sur l'eau sont toujours liées, parce que ce sont deux histoires de Moïse qui sont jointes dans l'histoire de l'Exode.

Jésus, le prophète attendu par Moïse, possède le pouvoir qu'avait le Dieu de Moïse. Il peut nourrir de pain une multitude affamée dans un endroit désert. Il peut transcender l'obstacle de l'eau à franchir. Jean développe ces images à sa manière très particulière.

Le Jésus de Jean proclamera qu'il est lui-même le « pain de vie » qui comble la faim la plus profonde de l'âme humaine ; de plus, en plaçant cet épisode au temps de la Pâque, Jean consciemment identifie Jésus à l'agneau pascal. Il fera cette identification plus tard en refusant de voir le Dernier Repas comme le repas de la Pâque, en désaccord avec les évangiles précédents. Il choisit plutôt de situer la crucifixion le jour de la préparation de la Pâque, de sorte que Jésus sera crucifié au moment précis où est sacrifié l'agneau pascal. Rappelez-vous que Jean le Baptiste a déjà nommé Jésus, plus tôt dans l'évangile, « l'agneau de Dieu ».

Dans ces deux épisodes, Jean attribue à Jésus le nom de Dieu « Je suis », qui établit le lien une fois de plus avec Moïse (Ex 3,1-14). Jean fait aussi de ces deux histoires une narration en continu.

Une fois la multitude rassasiée, Jésus se met à les enseigner sur le sens de la nourriture qu'ils ont mangée. La nourriture qu'apporte Jésus n'est pas à confondre avec celle qui satisfait une faim temporaire. Elle est, dit-il, la nourriture qui « dure et qui est source de vie éternelle ». Afin de s'assurer que ses lecteurs saisissent bien cette histoire, Jean met dans la bouche de Jésus une allusion directe à Moïse et au désert, mais il l'élève à un autre niveau. Quand on mange, dit-il, pour satisfaire une faim physique, la satisfaction n'est jamais permanente : on a faim à nouveau. Seul le pain de Dieu qui donne vie au monde peut satisfaire la faim humaine la plus profonde. Les disciples écoutent, interloqués. Puis Jésus prononce une des choses les plus provocatrices que Jean lui ait jamais fait dire : « Vous devez manger ma chair, et boire mon sang ».

La compréhension au pied de la lettre est comme un mur qui se dresse dans leur esprit. Manger de la chair et boire du sang ne sont pas des images agréables ; plutôt repoussantes. Il leur faut réaliser qu'ils doivent prendre la vie de Jésus dans leur vie ; manger sa chair est l'expression choisie par Jésus.

Soudain, Jean nous dit que toutes ces paroles, manger la chair de Jésus et boire son sang, sont prononcées « dans la synagogue de Capharnaüm » (Jn 6,59). Nous pensions, nous lecteurs, que c'était dans un endroit désert ou sur le flanc d'une colline, mais notez bien que c'est « dans la synagogue ».

À l'époque où Jean écrit, les disciples de Jésus ont été expulsés de la synagogue. Aussi Jean leur dit que Jésus doit être pour eux à la fois un nouveau Moïse et une nouvelle porte pour pénétrer le sens de Dieu. Ce que Jésus est pour eux n'est pas simplement une autre (quoique différente) voie. Ils sont maintenant pour de bon hors de la synagogue, mais ce que Jésus leur offre ne nécessite pas une synagogue ou la Torah. Il leur faut voir Jésus, nous dit Jean, comme une part de ce qu'est Dieu, « montant là où il était auparavant » (Jn 6,62). C'est là où les Douze renâclent, et certains choisissent de ne plus le suivre. Les adeptes de Jésus semblent préférer la sécurité religieuse dont ils ont été exclus à l'angoisse de prendre en esprit un autre itinéraire.

C'est pourquoi, lorsque les disciples s'en vont et prennent leurs bateaux pour traverser la mer de Capharnaüm, appelée aussi la mer de Galilée, Jean mentionne qu'il faisait « nuit ». L'obscurité, pour cet évangéliste, est toujours une métaphore pour dire être éloigné du Christ. Les disciples sont seuls sur la mer, un vent fort se lève, la mer est agitée, il est difficile de ramer. C'est alors que Jésus vient à eux en « marchant sur la mer ». Ils sont saisis de peur lorsqu'il s'approche, mais il leur dit « Je suis ». Ce n'est pas ainsi que le texte est traduit, les traducteurs eux-mêmes n'ayant pas compris le sens de ces mots. Ils font dire à Jésus : « C'est moi », comme si tous les disciples avaient besoin de cela pour le reconnaître ; mais les mots grecs dans le texte original sont *ego eimi*, « Je suis ». Jésus utilise le nom de Dieu. Je suis la vie de Dieu, dit-il, et je vous appelle à quelque chose de nouveau, quelque chose de formidable et de risqué. Je suis l'amour de Dieu qui vous appelle à dépasser vos barrières de sécurité et vos murs défensifs pour entrer dans une compréhension nouvelle de ce qu'est être humain. Mangez ma chair, prenez ma vie en vous. Buvez mon sang, ouvrez votre esprit à mon esprit. Embarquez-moi dans votre bateau.

Les signes de Moïse, la manne et la mer Rouge, sont appliqués à Jésus et sont transcendés en lui. De nouvelles portes s'ouvrent. La communauté johannique commence à voir l'écart profond entre la lumière et l'obscurité, le repli sur soi et la conscience universelle, la vie humaine et la vie éternelle. Le drame atteint son apogée, la douleur du choix et de la division est intense. Ces deux signes sont maintenant accomplis et l'histoire de Jean passe à autre chose. Ce qui va être ensuite au centre de la scène, ce sont des questions non pas sur le destin de Jésus mais sur ses origines.

14

Les frères de Jésus : un débat sur les origines

Le débat sur l'identité se poursuit mais l'arrière-plan change, passant de la Pâque à la fête juive appelée Sukkoth, fête des Tabernacles ou des Huttes, la fête de la moisson. L'histoire a maintenant pour cadre Jérusalem.

Certains traits sont caractéristiques de la célébration de Sukkoth. Les prières sont un élément essentiel, avant tout des prières d'action de grâce, puis de demande pour une abondance d'eau, ce don pour les produits de la terre qui littéralement tombe du ciel. Un second trait de Sukkoth est la construction d'une habitation provisoire, une hutte destinée à rappeler au peuple juif les années d'errance dans le désert. Une procession se déroule également autour du Temple, au cours de laquelle les fidèles brandissent dans leur main droite des branches feuillues appelées un *lulab*, composé de myrte, de saule et de palme. Durant la procession, ils récitent ou entendent les paroles du psaume 118 qui contient ces mots devenus familiers pour les chrétiens dans un contexte différent : « Viens à notre aide [du mot hébreu *hosanna*], nous te supplions, Seigneur » (Ps 118,25), et « Que Dieu bénisse celui qui entre ici au nom du Seigneur » (Ps 118,26). Dans leur main gauche, les fidèles portent des épices odorantes, habituellement les feuilles, fruits et zestes du citronnier, ce qui est appelé dans la liturgie de Sukkoth un *ethrog* ou *etrog* qui va être placé dans leur hutte, où la tradition est de prendre un repas.

Le psaume 118 est à l'évidence un psaume de prédilection pour les premiers disciples de Jésus, eux qui scrutent dans les écritures juives ce qui peut éclairer l'histoire de Jésus ; ils en entourent alors sa mémoire au point que certains pensent que Jésus lui-même a utilisé ce texte ou l'a réalisé. Le psaume 118 contient le verset : « La pierre dont les maçons ne voulaient pas est maintenant la pierre d'angle » (Ps 118,22). Ceci a été interprété comme désignant Jésus par l'auteur même des Éphésiens (Éph 2,20). Longtemps avant que Jean écrive son évangile, différents extraits du psaume 118 avaient déjà été incorporés à la prédication chrétienne. Dans la célébration chrétienne des Rameaux, le rite des rameaux que l'on agitait était associé à la marche triomphale de Jésus, du mont des Oliviers à Jérusalem. Quelques exégètes voient dans l'habitation provisoire de la célébration de Sukkoth les germes de l'histoire du tombeau temporaire dans lequel Jésus est supposé avoir reposé entre son inhumation le soir du Vendredi Saint et sa résurrection à l'aube du jour de Pâques. Ils suggèrent également que le zeste et le fruit du citronnier portés comme *ethrog* ont inspiré l'histoire des femmes qui apportent des aromates à la tombe de Jésus au matin du premier jour de la semaine. Enfin, quelques exégètes pensent que l'habitation temporaire à laquelle il est fait allusion chez Luc dans son histoire de résurrection, de la part de Cléopas et de son ami sur la route d'Emmaüs le soir du premier jour de la semaine, est également empruntée à la liturgie de Sukkoth (Lc 24,13-35). Dans ce récit de résurrection, le repas partagé entre Jésus, Cléopas et son ami pourrait être en rapport avec le repas de cérémonie de Sukkoth.

Ce que je veux démontrer ainsi au début de ce chapitre est que la liturgie de Sukkoth a été transformée dès les premiers temps par les disciples de Jésus en un cadre « messianique » permettant de comprendre Jésus. Il est par conséquent vraisemblable que Jean utilise les symboles de Sukkoth pour développer son portrait non littéral de Jésus. Le chapitre 7 n'est pas davantage de l'histoire que la multiplication des pains ou la marche de Jésus sur l'eau.

À nouveau, Jean ouvre la narration en introduisant des personnages autour desquels il va créer son scénario. Dans cet épisode, ce sont les frères de Jésus qui sont en scène. Les premiers documents chrétiens affirment très clairement que Jésus avait des frères, connus des disciples. Mention en est faite dans des textes tels que Galates (1,19 ; 2,1-21), Marc (3,31-35 ; 6,1-4) et les Actes (15,13)[1]. Dans l'évangile de Jean, ces frères sont appelés à jouer un rôle particulier dans le développement du récit, histoire ni factuelle ni historique. Il y a aussi une similitude évidente entre le rôle assigné à la mère de Jésus plus tôt dans cet évangile et le rôle assigné ici aux frères de Jésus.

1. Le texte des Actes dit seulement Jacques. L'accord est général pour dire que ce Jacques est « le frère de Jésus ». À l'appui de cette conclusion est le fait que Paul, antérieurement, dans sa lettre aux Galates, avait fait référence aux « piliers » de l'Église nommément « Jacques, Céphas et Jean » (Gal 2,9). À partir des Galates, 1,19, il est clair que ce Jacques, le pilier de l'Église à Jérusalem, est Jacques le frère du Seigneur.

Au festin de mariage à Cana, la mère de Jésus essaie de lui forcer la main. Sur un ton de reproche, il lui dit que le temps n'est pas venu ; son « heure n'est pas venue ». Dans l'épisode du chapitre 7, les frères de Jésus tentent aussi de lui forcer la main. « Pars d'ici et va en Judée, afin que tes disciples, eux aussi, voient les œuvres que tu fais. Personne n'agit en cachette s'il désire être connu. Puisque tu fais de telles œuvres, agis en sorte que tout le monde te voie » (Jn 7,3-4). Jean ajoute une note éditoriale : « ses frères eux-mêmes ne croyaient pas en lui » (Jn 7,5). Jésus réagit à cette pression de ses frères de la même façon qu'il est dit avoir réagi à la pression de sa mère, en termes presque identiques : « Le moment n'est pas encore venu pour moi... Allez à la fête, vous. Moi je n'y vais pas... ». Il reste donc en Galilée (Jn 7,6-9).

Dans l'histoire des noces, nous remarquons que, après avoir contredit sa mère, Jésus fait exactement ce qu'elle a demandé. Même chose dans cette histoire : alors que publiquement il refuse de faire ce que demandent ses frères, par la suite il monte à Jérusalem, et là l'histoire de Jean se déploie.

Jésus se rend à Jérusalem « en secret ». Jean montre l'attente et la ferveur messianique des gens qui se demandent si Jésus va se montrer. En plein milieu de la fête de Sukkoth qui dure huit jours, Jean dit que Jésus soudain sort de sa cachette, va au Temple et se met à enseigner. Les gens s'étonnent de son savoir. Jésus leur dit que son enseignement ne vient pas de lui ; il est la voix de « celui qui m'a envoyé ». Il ne parle pas de sa propre autorité et il ne cherche pas la gloire pour lui-même. Il cherche seulement « la gloire de Dieu ».

Dans la foule se trouvent des membres de la synagogue, qui essaient de l'écarter, lui et son message : ils affirment que la loi et Moïse qui a donné la loi sont de leur domaine. Jésus les défie : « Vous n'observez pas la loi ». La loi dit que vous ne devez pas tuer, or « vous cherchez à me tuer ». Et la rhétorique s'enflamme. « Tu es possédé d'un esprit mauvais, disent-ils ; qui cherche à te faire mourir ? ». Puis, comme un rappel de l'histoire de Jean dans le chapitre 5, où Jésus guérit le paralytique un jour de sabbat, encourant de ce fait la colère des autorités de la synagogue, Jésus les met à nouveau face à leurs priorités religieuses mal placées. « Si vous pouvez circoncire un garçon le jour du sabbat, pourquoi alors êtes-vous irrités contre moi parce que j'ai guéri un homme tout entier le jour du sabbat ? ». Ils ne comprennent pas encore que ce qu'il dit n'est guère une question de religion ; c'est de vie qu'il s'agit.

Incapables de le comprendre, les membres de la synagogue font dévier le débat vers les revendications religieuses qu'ils perçoivent dans le discours de Jésus. Est-il le messie, le Christ ? Il parle en public, et pourtant les autorités ne cherchent pas à l'arrêter. Par peur ? Ou reconnaissent-elles secrètement qu'il *est* le Christ ? Elles se consolent même en suggérant que selon les écritures il n'a pas la qualité de messie. Les écritures nous racontent, disent ces autorités, que personne ne saura d'où il vient, or nous connaissons les origines de cet homme. Jésus le conteste, proclamant qu'il a été envoyé, qu'il n'est pas venu de lui-même. Il ajoute encore qu'il connaît celui qui l'a envoyé. Certains veulent l'arrêter sur-le-champ, mais, écrit Jean, ils ne le font pas parce que « son heure n'est pas encore venue ». Pour clore ce genre de discussion, les chefs des prêtres et les Pharisiens envoient des gardes pour arrêter Jésus, mais là encore il n'est pas arrêté. Jésus proclame alors qu'il sera avec eux « pour un peu de temps encore » et que là où il va, personne ne pourra le suivre. Cette affirmation est à nouveau comprise littéralement par la foule, et les ennemis de Jésus commencent à spéculer sur l'endroit où il pourrait aller sans que eux ne puissent y aller. Ils n'ont aucune idée de ce que signifient les phrases de Jésus, mais ils imaginent qu'il pourrait aller au-delà des limites juives. Est-ce le moment où il commence à accomplir son dessein de briser toutes barrières qui séparent les humains les uns des autres ? Cette idée-là est semée, et le sens de l'évangile de Jean apparaît plus clairement.

Puis l'auteur annonce : « Le dernier jour de la fête, Jésus se leva, se proclamant la source de l'eau vive ». Que signifie ce message ? Deux concepts viennent à l'esprit. D'abord, dans la pensée juive, l'eau est habituellement un synonyme pour l'Esprit Saint. Deuxième concept, les mots traduits dans ce passage par « se leva » sont les mêmes traduits plus tard pour désigner la résurrection. Le mot « résurrection » a pour racine le verbe se lever ! Pour certains, ces éléments suffisent pour proclamer Jésus « le prophète » dont Moïse a parlé. D'autres le déclarent « messie ». Pourtant, dans la foule, pour les esprits attachés au mot à mot, il ne faut pas en rajouter, Jésus est de Galilée. Or le Christ ne peut venir de Galilée. Il doit être descendant de David et être originaire de Bethléem. La discussion va bon train, et pendant ce temps Jésus n'est pas encore arrêté. Pourquoi ? Les autorités répondent à leur propre question : « parce que personne n'a jamais parlé comme cet homme » (Jn 7,46). Une intention de lynchage flotte pourtant dans l'air. C'est le contexte dans lequel Nicodème, clairement parmi les accusateurs de Jésus, fait brièvement sa seconde apparition ; son argument est que la loi interdit d'exécuter Jésus sans jugement. La foule rétorque à Nicodème : « Es-tu de Galilée toi aussi ? Examine les écritures et tu verras qu'aucun prophète n'est jamais venu de Galilée » (Jn 7,52).

Jésus, qui s'est auparavant proclamé à la fois la manne donnée par Dieu et la source de l'eau vive, dit à nouveau « Je suis ». « Je suis la lumière du monde » (Jn 8,12), et à la lumière l'obscurité disparaît. Vient ensuite une argumentation, reflet de la mémoire de la communauté johannique suite à leur excommunication de la synagogue. Elle est de nature plutôt juridique, et typique des arguments utilisés par les autorités de la synagogue pour virer les disciples de Jésus. Jésus dit à nouveau que là où il va, ils ne peuvent pas aller. Cette fois, les autorités spéculent qu'il pourrait se tuer (Jn 8,22). Jésus reprend alors l'idée d'opposition, utilisée dans le chapitre 3 avec Nicodème : « Je suis d'en-haut, dit-il, vous êtes d'en-bas ». Je ne suis pas de ce monde, vous êtes de ce monde. Je suis esprit, vous êtes chair. Ils sont en mode égocentré. Jésus est une ouverture vers une conscience universelle que personne ne peut connaître avant d'y entrer soi-même. Ce n'est que lorsque vous aurez élevé le fils de l'homme, dit Jésus en se référant à la crucifixion, que vous saurez qui est le messie et qui est Dieu, « alors vous connaîtrez "Je suis" » (Jn 8,28). Restez fidèles à mes paroles si vous voulez être mes disciples, ajoute-t-il. Ne vous écartez pas de la vérité. C'est la vérité qui vous rendra libres.

Les chefs religieux refusent de reconnaître qu'ils ne sont pas eux-mêmes déjà libres. Oubliant le temps d'esclavage en Égypte, ils déclarent n'avoir jamais été esclaves de quiconque. Ils sont les descendants d'Abraham. Tu ne peux pas nous donner la liberté, objectent-ils ; c'est notre droit de naissance. Et Jésus de répondre : je vous parle d'un autre genre d'esclavage, l'esclavage de l'égoïsme et du souci de sa seule survie, l'esclavage de l'insécurité et de la peur, l'esclavage de la lutte pour devenir quelqu'un, empêchant chacun de nous de vraiment être. Il les appelle à quitter l'esclavage qui consiste à penser que pour se construire, il faut rabaisser l'autre.

L'argument de Jésus est que leur souci de sécurité est enraciné non pas dans leur statut de descendants d'Abraham, mais dans leur refus de faire ce qu'Abraham a fait. Abraham a quitté le monde qu'il connaissait à Ur en Chaldée pour s'aventurer dans le monde inconnu et devenir ce qu'il pouvait être. Abraham s'est éloigné de la sécurité du connu ; il est sorti de la certitude de la religion afin d'entrer dans l'insécurité d'une foi plus large dans un monde redoutable. Vous ne pouvez pas m'entendre, conclut Jésus, parce que vous ne voulez pas faire ce qu'Abraham a fait ; c'est la seule façon de connaître le Dieu que je suis venu révéler.

Le débat s'abaisse, comme le font inévitablement tous les débats religieux, au niveau des injures, des déclarations et contre-déclarations sans accord possible. Ceux qui se croient les seuls détenteurs de « la vérité » se doivent de démolir quiconque menace leur sécurité religieuse. La riposte courante est l'attaque, et c'est la tactique des ennemis de Jésus. « Nous ne sommes pas des enfants illégitimes », disent-ils (Jn 8,41), une allusion évidente à la rumeur que lui l'est. « Tu es un Samaritain, un bâtard ! Tu es sous l'emprise d'un esprit mauvais ! Tu ne peux pas être de Dieu ! ». En réponse, Jésus laisse entendre que sa « parole » les élèvera au-dessus de toute limite humaine, même la limite de la mort. Ils renvoient la balle. Qui es-tu ? « Abraham est mort ; les prophètes sont morts ». Es-tu plus grand qu'eux, ta « parole » pourrait-elle nous délivrer de la mort ?

Vous ne comprenez pas, répond Jésus. La gloire n'est pas dans l'accumulation du pouvoir. La gloire vient de la liberté de donner votre vie et votre amour. Si au moins vous pouviez comprendre, alors vous sauriez que « votre père Abraham s'est réjoui à la pensée de voir mon jour » (Jn 8,56).

Voilà qui leur est intolérable. « Tu n'as pas encore cinquante ans et tu as vu Abraham ? ». À cela Jésus répond par l'ultime affirmation : « Avant qu'Abraham soit né, je suis ! ». Je fais partie de la vie de Dieu, de l'amour de Dieu, de l'être de Dieu. Ce Dieu n'a pour limites ni le temps ni l'espace, ni l'ethnie ni le clan, ni la religion ni le rituel. Dieu est au-delà de toute division humaine. Même les liens étroits de la famille et les lois de la parenté ne peuvent dresser une barrière face à la réalité de Dieu. La mère de Jésus avait fait surgir le premier acte de confiance en lui, d'après l'histoire de Cana, mais elle avait eu du mal à partager cette foi. Maintenant les frères de Jésus essaient de le forcer à une révélation qu'ils sont incapables de comprendre et d'adopter. Nicodème, représentant de l'ordre ancien, ne peut pas non plus effectuer la transition, en dépit de ses tentatives. Si Jésus a raison, le sens religieux de ces gens est en phase terminale. La menace est donc vive. Réaction typique de ses ennemis : « Ils prennent des pierres pour les lui jeter » (Jn 8,59). Jésus sort alors du Temple pour s'échapper.

Aucune forme religieuse, aucun lieu saint ne peut contenir ce qu'est Jésus, signifie Jean dans ce récit. Le sens de Jésus sera perçu seulement quand il sera « élevé », et quand ce temps viendra, il sera maître. Ce sera finalement dans le don total de soi que sera vue la grandeur de Dieu, le suprême « Je suis ».

15

L'aveugle de naissance : la rupture avec le judaïsme est totale

Le sixième signe présente un personnage qui est d'ordre mythologique, mais également une image de marque ; non pas un individu historique, mais un symbole représentatif. Il figure les membres de la communauté johannique, qui, après avoir vécu dans la nuit de la cécité, se sont vus transformés lorsque « la lumière du monde » a vaincu leur obscurité. Cette lumière leur a apporté une perspective nouvelle qui a relativisé tout ce qu'ils tenaient auparavant comme la « vérité ». En retour, est née chez eux une nouvelle inquiétude, car il leur faut choisir entre la lumière ou son rejet. Vont-ils écarter la menace, chercher à reconstruire leurs murs défensifs et se cantonner dans la routine de leur passé, ou s'avanceront-ils dans la lumière pour marcher avec courage vers l'inconnu, s'exposant aux réalités nouvelles que dévoile toujours la lumière ? Ce sont des choix qu'imposent cette lumière, cette intelligence et ces perceptions nouvelles.

Ce récit, quel qu'en soit le niveau de lecture, révèle qu'il n'a pas pour objet de décrire un événement réel de la vie de Jésus. C'est plutôt une description codée de ce que les membres de la communauté johannique ont enduré en réalisant qu'ils ne pouvaient plus vivre à l'intérieur de leur système traditionnel de foi. En même temps, les chefs de la synagogue étaient arrivés à la conclusion que la synagogue ne pouvait plus tolérer les idées de ces adeptes de Jésus ; l'expulsion s'imposait. Ce rejet en dehors de la vie de la synagogue ne se produisit qu'environ cinquante-huit ans après la crucifixion ! Ce récit évoque les sentiments des excommuniés comme si l'histoire était celle de « l'aveugle de naissance ». Y voir un miracle surnaturel attribué à Jésus, c'est se méprendre sur le sens de cet évangile. Regardez bien comment Jean lie le symbole et la compréhension, la mémoire et le temps.

L'histoire commence vraiment au chapitre 8, alors que Jésus est rejeté par ceux que l'auteur appelle simplement « les Juifs ». Dans ce contexte, notez bien encore une fois (je le répète car l'antisémitisme est ancré dans notre histoire) que ce n'est pas une expression d'antisémitisme. Jésus était juif, et ses disciples de même. Nous pouvons être sûrs que le caractère juif de Jésus était clair dans l'esprit de l'auteur ; il l'a souligné dans l'histoire de la Samaritaine au puits. Souvenez-vous qu'elle demande à Jésus : « Comment oses-tu, toi, un Juif, me demander à boire, à moi, une Samaritaine ? » (Jn 4,9). Un moment après, Jésus indique à cette femme la conviction des Juifs qu'il assume personnellement : « *Le salut*, dit-il, vient des Juifs ». Aussi, quel que soit le sens donné par Jean en appelant « Juifs » les ennemis de Jésus, il ne s'agit pas d'une définition ethnique mais théologique provenant de la séparation, disons de la *fracture*, qui a conduit les autorités de la synagogue à définir les disciples de Jésus comme non-Juifs ; ce qui a conduit ces disciples à se définir comme le « nouvel Israël », dans lequel toutes barrières sont transcendées. Les Juifs capables de voir le sens de Jésus sont certainement inclus dans cette communauté nouvelle ; ils sont en fait le cœur de ce mouvement. Les femmes en font partie, de même que les Samaritains et les non-Juifs.

Les Juifs croyaient que le « messie » allait être le vecteur de bénédiction pour toutes les nations. Le « messie » n'était pas nécessairement un individu. Au cours de presque toute l'histoire juive, le « messie » a été conçu comme le symbole de la nation. Lorsque la revendication messianique a été attachée à Jésus, et interprétée comme un appel à dépasser toute frontière ethnique, il est évident que des Juifs, peut-être la grande majorité, n'ont pas pu effectuer cette transition. Ils ne pouvaient pas abandonner ce qui les avait toujours définis. En conséquence, même quand la lumière est apparue, dit Jean, ils ont choisi de vivre dans les ténèbres. Quand, dans le chapitre précédent, Jésus est montré sortant du Temple (Jn 8,59), symbole suprême du judaïsme, pour s'éloigner de la foule de la synagogue, excitée et prête à le lapider, il sort du cadre qui lie au passé la foi de ses pères et mères. Rappelons-nous qu'à l'époque où fut écrit cet évangile, le Temple n'existait plus. Il avait été détruit par les Romains en l'an 70. Plus tôt, cet évangile avait identifié le corps de Jésus au Temple (Jn 2,13-22) : « Détruisez ce Temple, et en trois jours je le rebâtirai » (Jn 2,19). La fonction du Temple, soutient Jean, a maintenant été reprise par la vie de Jésus, que les défenseurs de la tradition religieuse du passé ont crucifié. Mais Dieu l'a exalté. C'est l'histoire remémorée sur fond de laquelle Jean va maintenant raconter l'histoire de l'homme né aveugle.

Cet épisode commence par une question. Les disciples demandent à Jésus : qui est à blâmer pour que cet homme soit né aveugle ? La raison théologique commune était alors que la maladie et la tragédie étaient des instruments de punition divine. La religion proclamait que, Dieu ayant un pouvoir surnaturel, il devait y avoir une explication pour la douleur et la tragédie humaines ; la justice de Dieu devait être sauve. La maladie était le signe que la personne subissait ce qu'elle méritait. Puisque la cécité avait atteint cet homme dès sa naissance, il n'était guère possible de lui attribuer quelque malice, cause de son sort ; aussi les disciples estiment que sa cécité a dû être la conséquence d'une punition à l'égard de ses parents. Cette idée avait été émise auparavant dans les écritures hébraïques. L'enfant né des relations adultérines entre David et Bethsabée était mort, nous dit le récit biblique, en punition du péché de ses parents (2 Sam.12,15ss). Apparemment, garantir la justice de Dieu était plus important que d'exposer son amour. Il fallait la crainte de la rétribution divine pour contrôler la conduite humaine. Mais le Dieu qui punirait les descendants pour les péchés de leurs parents ne serait-il pas un ogre qui ne sait pas pardonner, plutôt qu'une divinité que l'on appelle « Abba, Père », dont la nature est l'amour et dont le dessein est de promouvoir la vie ? Naître dans l'état de cécité était par conséquent identifier Dieu avec l'obscurité, avec l'incapacité à échapper à la notion humaine limitée de la justice.

Ce point de vue de rétribution-punition est ce que l'auteur du quatrième évangile attribue aux défenseurs de la religion juive traditionnelle. Jean met cette réponse dans la bouche de Jésus : ni l'homme né aveugle ni ses parents ne sont en faute, mais le malheur de cet homme est destiné à manifester une compréhension nouvelle de Dieu, une vision inédite de ce qu'est la vie humaine quand elle naît à une conscience nouvelle. Jésus est là pour être « la lumière du monde », voilà le sujet. Jésus utilise le nom « Je suis » et affirme son identité avec Dieu par les mots « je suis la lumière du monde » ; et il s'approche symboliquement de l'Israël ancien représenté par un homme né aveugle. Voilà sur quoi se focalise ce signe.

Certains détails rappellent le récit de guérison dans Marc où un aveugle de Bethsaïda recouvre la vue (Mc 8,22-26). Dans ces deux histoires, Jésus utilise de la salive. Dans l'histoire de Marc, il pose la salive sur les yeux de l'aveugle à deux reprises, et la vue revient progressivement, seulement après la deuxième application. Cette histoire de Marc était aussi probablement destinée par l'auteur à être comprise non pas comme la simple narration d'un miracle, mais comme une parabole sur la conversion de Pierre. Rappelez-vous que Pierre également était originaire de Bethsaïda et que ce n'est que par étapes qu'il est arrivé à comprendre la lumière de Jésus. Il est tout aussi important de remarquer la place de cette histoire dans l'évangile de Marc. Elle vient juste avant que Pierre reconnaisse Jésus comme messie à Césarée de Philippe, une reconnaissance indiquant que la compréhension de Pierre et donc son changement sont loin d'être complets.

Dans l'histoire de Jean, Jésus fait un mélange de salive et d'argile, en frotte les yeux de l'aveugle, puis l'envoie se laver dans la piscine de Siloë. Il se peut que cette histoire fasse écho à celle d'Élisée qui guérit Naaman des symptômes de la lèpre en l'envoyant se baigner dans les eaux du Jourdain (2 Rois 5,2-14). Dans la tradition juive du midrash, les détails des histoires de guérison sont souvent recyclés ; autre façon pour les auteurs bibliques de signaler qu'ils n'étaient pas dans le littéral, mais se faisaient les interprètes d'une nouvelle expérience de Dieu. L'histoire symbolique de Jean concernant cet aveugle-né est en droite ligne avec cette pratique juive. Cet homme vivait dans l'obscurité, ce qui pour Jean était la situation de ses ennemis et des ennemis de sa communauté, ceux qu'il appelait les « Juifs », c'est-à-dire ces descendants d'Abraham incapables de sortir des ténèbres et d'entrer dans la lumière transformatrice qu'il croyait que Jésus était et donnait.

Ayant recouvré la vue et trouvé la lumière, cet aveugle de naissance est l'objet d'une polémique autour de son identité, ce qui rappelle le précédent chapitre concernant les origines de Jésus.

Les autorités religieuses cherchent d'abord à déterminer s'il n'y a pas là un cas de fausse identité. Est-ce bien cet homme aveugle à mendier dans la ville, où est-ce quelqu'un qui lui ressemblerait ? Celui qui maintenant voit maintient son identité ; oui, c'est lui le mendiant aveugle. Une fois de plus, l'institution est choquée parce que cette guérison a eu lieu le jour du sabbat, ce qui, d'après elle, sape l'autorité de ses règles religieuses. Les Pharisiens procèdent à un interrogatoire vigoureux. Comment ce Jésus a-t-il accompli cette chose étonnante ? L'ancien aveugle relate les détails, explications une fois de plus rejetées. Cette action ne peut pas venir de Dieu, disent-ils, puisqu'elle viole la loi du sabbat ; Dieu ne peut pas et ne veut pas violer ses propres lois ! Donc Jésus n'est qu'un pécheur. D'autres entrent alors dans la discussion, attirés par ce que cet argument religieux a d'irrationnel. Si vous dites qu'il n'est pas de Dieu, expliquez-nous alors comment il peut accomplir cette merveille. Les Pharisiens repoussent ce raisonnement d'un revers de main et se retournent vers l'homme né aveugle. « Que dis-tu de ce Jésus ? ». Réponse spontanée de l'homme : « C'est un prophète ».

Cela ne suffit pas à ces gendarmes de la pureté religieuse. Certains qu'il n'a pas pu naître aveugle, ils convoquent ses parents pour interrogatoire. Une frustration supplémentaire en résulte, car cette tentative pour continuer à protéger les traditions religieuses est balayée par les parents.

« C'est notre fils, disent-ils, et il est né aveugle ». Voilà deux choses certaines, mais comment a-t-il recouvré la vue et qui l'a fait, ce sont des questions auxquelles lui seul est habilité à répondre.

Jean ajoute un commentaire : les parents répondent ainsi « par crainte », car ces chefs qui régissent la synagogue ont proclamé que quiconque professe Jésus comme Christ sera exclu de la synagogue. Cette narration de Jean évoque les tensions qui ont marqué l'excommunication dans les années 80 et 90 ; elles sont retransposées dans la lecture de la vie du Jésus de l'histoire.

Les autorités se remettent à questionner l'aveugle, et dans ce débat le passé et le présent se télescopent. D'abord les autorités soutiennent que Dieu seul peut accomplir de telles choses, non pas cet homme Jésus, qui en violant le sabbat montre qu'il est un pécheur. L'homme, qui maintenant voit, réplique : « Je ne sais pas s'il est pécheur ou non. Mais je sais une chose : j'étais aveugle et maintenant je vois » (Jn 9,25).

« Comment l'a-t-il fait ? » demandent les autorités, évidemment irritées par ce défi à leur compréhension de la « vérité ». L'homme désormais voyant rétorque : « Je vous l'ai déjà dit et vous n'avez pas cru. Pourquoi voulez-vous me l'entendre dire encore une fois ? ». Puis il passe de la défensive à l'offensive : « Voulez-vous devenir ses disciples ? ». Choqués, ils se mettent à l'injurier : « C'est toi qui est disciple de cet homme. Nous, nous sommes disciples de Moïse » (Jn 9,27-28). « Nous savons que Dieu a parlé à Moïse », c'est ce qu'affirment les textes sacrés, mais lui, nous ne savons même pas d'où il vient. À cet argument étrange, l'ancien aveugle répond : « Voilà bien ce qui est étonnant ! Vous ne savez pas d'où il vient et pourtant il m'a ouvert les yeux ». S'il n'était pas de Dieu, il n'aurait pas pu accomplir une telle merveille.

Les faits n'étant pas en faveur de leur point de vue traditionnel, les autorités se mettent en colère et se lancent dans la dénonciation, comme sont prompts à le faire les défenseurs religieux de la foi : « Tu es né tout entier dans le péché et tu veux nous faire la leçon ? ». Ils le chassent alors de la synagogue (Jn 9,34). Tu ne peux pas avoir raison, semblent-ils dire. Si tu as raison, alors notre religion est fausse. Chaque institution religieuse et chaque forme religieuse à un moment de l'histoire ont été sur cette ligne.

Jésus, apprenant que l'ancien aveugle a été exclu de la communauté de foi dans laquelle il a été élevé, s'en va le trouver. La conversation une fois de plus est destinée aux disciples de Jésus qui, à l'époque où cet évangile a été écrit, ont subi une expulsion similaire. Jean met le doigt sur le problème : « Crois-tu au fils de l'homme ? » demande Jésus, utilisant le plus populaire des titres messianiques. « Qui est-il, Maître, pour que je puisse croire en lui ? », répond l'homme (Jn 9,35-36). « Tu le vois, c'est lui qui te parle » reprend Jésus. « Je crois, Seigneur », dit l'homme, et il « adore » Jésus. L'adoration s'adresse à Dieu seul ; l'auteur de cet évangile affirme donc que Dieu a été rencontré, s'est trouvé engagé, est donc présent dans la vie de Jésus. Puis Jean met dans la bouche de Jésus une explication : « Je suis venu dans ce monde pour qu'un jugement ait lieu : pour que les aveugles voient et que ceux qui voient [ou prétendent voir] deviennent aveugles ». Alors les chefs religieux institués croient comprendre : ce sont *eux* les aveugles. *Eux* sont nés aveugles. En Jésus, Dieu leur a offert la lumière et la vue. S'ils étaient aveugles pour de vrai, ils ne seraient pas coupables. Leur culpabilité tient au fait qu'ils prétendent voir alors qu'ils ne voient pas.

Le conflit entre la communauté juive johannique et la synagogue était alors passionné. Il s'agissait de l'attitude à avoir envers le Jésus juif comme lumière du monde. Si les traditionalistes juifs ne peuvent pas s'arracher à leur passé et marcher dans la lumière apportée par Jésus, dit Jean, c'est qu'ils choisissent de vivre dans les ténèbres, de se réfugier dans la sécurité religieuse d'hier. C'est faire de la fermeture d'esprit une vertu, affirme Jean. C'est prétendre voir alors que l'on est encore aveugle. C'est agir comme si la vérité de Dieu était et pouvait être enfermée dans les formes religieuses du passé. C'est refuser d'entrer dans la vie nouvelle offerte, dans la conscience nouvelle qui invite le monde à une compréhension grande ouverte de ce qu'est la vie. C'est refuser d'aller au-delà des limites humaines vers une conscience universelle que Jésus ouvre pour tous. Il est donc nécessaire, dit Jean, de comprendre que Jésus est « la voie, la vérité et la vie ». C'est pourquoi Jésus peut se dire la porte vers l'éternité, le chemin qui conduit à Dieu. Jésus, pleinement humain, propose la seule voie qui mène à Dieu ; la voie vers la divinité se trouve seulement dans l'expansion et la transcendance des limites de l'humain.

16

Lazare : la destruction de l'ultime barrière

Le Livre des Signes s'achève ; après sept épisodes, sept signes, sept indicateurs d'un sens que le signe lui-même ne peut enfermer. Seuls les gens qui ne saisissent pas le dessein de l'auteur les appellent des miracles. Ce sont des récits qui conduisent à une nouvelle perspective, une nouvelle conscience. Ce ne sont pas des narrations littérales portant sur une divinité surnaturelle qui s'introduirait dans l'histoire humaine afin de la changer miraculeusement. Un signe est plutôt un filtre et une interprétation de la réalité.

Plusieurs personnages johanniques sont entrelacés avec ces signes, personnages pour la plupart déjà rencontrés. Nous arrivons maintenant au dernier, le plus complexe, Lazare. Plus qu'aucun autre personnage du quatrième évangile, Lazare porte le message qu'une lecture comme celle d'un compte-rendu historique littéral serait un total contre-sens.

Dans le chapitre 11, chaque symbole révèle que Lazare n'est pas une personne, mais un signe et un symbole. Notons d'abord que Lazare n'a été mentionné dans aucune source chrétienne antérieure à Jean. Un homme d'une importance si cruciale dans l'histoire de Jésus, tel que Jean l'élabore, aurait évidemment, s'il avait été une personne réelle, marqué quelqu'un d'autre dans les soixante-cinq à soixante-dix ans de l'histoire chrétienne avant l'écriture de l'évangile.

Deuxièmement, quand Lazare est finalement introduit dans cet évangile très tardif, il est identifié comme le frère de Marthe et Marie qui habitent Béthanie, à trois kilomètres environ de Jérusalem. Marthe et Marie sont bien connues dans des traditions antérieures, comme on le lit dans Luc (10,38-42). Dans cette source antérieure, nulle trace n'est faite cependant du frère de ces deux sœurs, apparemment très proches de Jésus.

Troisièmement, le scénario développé par Jean est très élaboré. Jean insiste sur le fait que Jésus, averti de la maladie de Lazare, refuse de se déplacer, non seulement avant qu'il soit mort, mais même dans la tombe. Lorsque Jésus arrive à Béthanie, Lazare est au tombeau depuis quatre jours ; Marthe et Marie ne manquent pas de lui reprocher son peu d'empressement. Du temps a passé, au point que Marthe ne veut pas que Jésus enlève la pierre du tombeau car « il doit sentir mauvais » (Jn 11,39).

Quatrièmement, il y a encore là une foule endeuillée, y compris ceux que l'auteur appelle les « Juifs de Jérusalem », un terme qui, chez Jean, signifie les ennemis de Jésus. Cet acte fort, relever quelqu'un de la mort, doit être vu, suggère Jean, et par l'ami et par l'ennemi. Dans un mode qui rappelle d'autres signes, la puissance décrite est largement amplifiée. Précédemment, nous avons lu que Jésus non seulement transforme de l'eau en vin ; il transforme environ 560 litres. Jésus ne guérit pas seulement un paralysé, mais quelqu'un dans cet état depuis trente-huit ans. Il ne redonne pas simplement la vue à un aveugle, mais à un « aveugle de naissance ». Maintenant il ne va pas simplement ramener quelqu'un à la vie ; il va relever un homme mort depuis quatre jours, enserré dans un linceul et dont le corps est déjà en décomposition.

Cinquièmement, aucun doute n'est laissé dans cette histoire sur la réalité de la mort. Dans les récits des synoptiques où Jésus relève de la mort la fille de Jaïre (Mc 5,22 et 35-43, Mt 9,18-26 et Lc 8,40-56), une petite touche pourrait laisser penser qu'elle n'est pas réellement morte, mais simplement endormie ; très peu de gens sont là pour constater sa mort, d'où une certaine ambiguïté. Dans le récit où Jésus ramène à la vie le fils unique d'une veuve dans le village de Naïn, récit présent seulement chez Luc (7,11-17), le jeune homme est porté en direction de la tombe, mais pas encore enterré. Nous avons tous entendu parler de constats erronés de décès, lorsqu'une personne présumée morte reprend conscience avant d'être inhumée, si bien qu'une légère incertitude peut subsister dans ce récit de Naïn. Mais concernant Lazare, aucun doute possible sur sa mort. Un signe puissant et spectaculaire va se dérouler dans un cadre largement public.

Sixièmement, le récit traîne en longueur après un laborieux préambule. Les émotions de Jésus sont décrites. « Jésus pleura » (Jn 11,35). Son amour pour Lazare et ses sœurs est plusieurs fois rappelé. Une longue discussion entre Jésus et Marthe sur le sens de la résurrection est rapportée. La « résurrection générale au dernier jour » est évoquée, faisant pendant au retour à la vie imminent de Lazare. Le cortège du public de la maison jusqu'au lieu d'inhumation de Lazare est décrit avec beaucoup plus de détails que nécessaire. Une fois de plus, Jésus a le temps de prononcer un autre « Je suis » : « Je suis la résurrection et la vie » (Jn 11,25), ajoutant que « celui [celle] qui croit en moi, même s'il [elle] meurt, vivra ; et celui [celle] qui vit et croit en moi ne mourra jamais » (Jn 11,26). Jésus demande alors à Marthe si elle y croit. Elle répond par une affirmation en trois parties : tu es le Christ, le fils de Dieu et « celui qui doit venir dans le monde ».

C'est seulement là que nous arrivons au moment le plus théâtral de ce récit. Jésus s'avance vers la tombe de Lazare et s'y arrête. La foule derrière lui est silencieuse. La grosse pierre est enlevée. La mort est mise au défi de manière très directe. D'une voix forte, celui qui a déclaré être la source de la vie appelle l'homme décédé prisonnier des entraves de la mortalité : « Lazare, sors ». Lazare obéit. Il sort, mais avec difficulté. Il est encore enserré dans les linceuls, mains fixées au corps et jambes liées ; un linge couvre son visage. Si nous prenons cette scène au sens littéral, alors elle est bien étrange, une momie émergeant de la tombe, avec la démarche d'un tout-petit aux jambes liées, sans bras libres pour tenir l'équilibre. Aucun guérisseur n'a jamais fait une telle chose. Jésus conclut cet épisode par un ordre : « Déliez-le, et laissez-le aller » (Jn 11,44).

Arrêtez-vous un moment sur les détails de cette histoire et sa puissance théâtrale. Imaginez la foule des amis et des ennemis, les soupirs d'émerveillement qui auraient accompagné un tel événement, s'il s'était réellement produit dans la vie du Jésus de l'histoire. Qui peut imaginer que cet événement n'ait été mentionné nulle part dans un quelconque document écrit pendant trois ou quatre générations, avant que Jean ne raconte l'histoire peu avant la fin du premier siècle ? Non, ceci n'est pas et n'était pas de l'histoire.

Regardez d'abord toutes les réactions que Jean décrit. « Beaucoup des Juifs de Jérusalem, qui étaient venus accompagner Marie et qui avaient vu ce que faisait Jésus, crurent désormais en lui ; mais certains allèrent trouver les Pharisiens pour leur raconter ce qu'avait fait Jésus » (Jn 11,45-46). Résultat, les chefs des prêtres et les Pharisiens réunissent le Conseil supérieur des Juifs pour le condamner. Finalement Caïphe, le grand-prêtre, se fait l'interprète de Jésus, sans s'en rendre compte mais de manière prophétique, quand lui sont attribués ces mots : « Il est de votre intérêt qu'un seul homme meure pour le peuple ». Si nous ne supprimons pas cet homme, tout le monde le suivra et les Romains détruiront notre nation ; un homme doit par conséquent mourir, de peur que la nation juive entière ne périsse. Jean note même que Caïphe ne parle pas de son propre chef, mais comme « *quelqu'un qui prophétisait que Jésus devait mourir pour la nation* » (Jn 11,51). Puis Jean glisse son propre message mystique. Ce n'est « pas seulement pour la nation, mais aussi pour rassembler en un seul corps les enfants de Dieu dispersés au loin » (Jn 11,52). Dans sa vie et par sa mort, Jésus apportera l'unité humaine. Jean le développera dans le récit de la passion ; mais en concluant le Livre des Signes, il montre clairement ce qu'il a découvert, à quoi sert la mort de Jésus : « Et moi, quand j'aurai été élevé de terre, j'attirerai à moi tous les humains » (Jn 12,32).

Dans cet épisode, chacun est destiné à jouer son rôle dans ce drame cosmique, car Jean nous dit que « dès ce jour-là, ils décidèrent de le faire mourir » (Jn 11,53). La scène finale est prête : « La fête juive de la Pâque était proche » (Jn 11,55).

Alors que l'histoire de Lazare ramené à la vie n'avait jamais été racontée avant l'écriture de cet évangile, nous pouvons néanmoins nous demander s'il existe quelque source connue que Jean aurait utilisée pour élaborer son personnage et son récit. Une recherche dans les évangiles antérieurs fournit un indice éventuel. C'est un personnage appelé Lazare mentionné dans une parabole racontée seulement par Luc, Lazare et l'homme riche (Lc 16,19-31). Dans cette parabole, Lazare est un mendiant à la porte d'un homme riche. Celui-ci a des yeux qui ne voient pas les pauvres, des personnes pour lui sans valeur.

Lazare et l'homme riche meurent. Lazare est porté dans ce qui est une version juive de « la vie éternelle ». Il repose dans l'intimité d'Abraham. Image intéressante. Je crois que si j'étais destiné à passer l'éternité dans l'intimité de quelqu'un, je préférerais quelqu'un d'autre qu'Abraham ! L'homme riche, de son côté, s'en va dans un lieu de tourments non spécifié. Dans cette parabole, il semble y avoir une communication possible entre les deux royaumes de l'au-delà de la vie, si bien que l'homme riche s'adresse à Abraham : « Père Abraham, aie pitié de moi ! ». Ce tourment, cette chaleur sont pour moi insupportables. J'ai besoin d'être soulagé. « Envoie donc Lazare tremper le bout de son doigt dans l'eau pour me rafraîchir la langue, car je souffre beaucoup dans ce feu » (Lc 16,24). L'homme riche regarde encore le pauvre Lazare comme quelqu'un dont la seule utilité est d'être à son service, un objet à utiliser, non une personne à valoriser. Abraham répond que justice est faite et le riche doit l'accepter. Tu as eu une belle vie et maintenant tu souffres. Lazare, lui, a eu beaucoup de malheurs et maintenant il est réconforté. Cette rhétorique, peu réelle dans l'expérience humaine, parle néanmoins aux aspirations les plus profondes, le désir de justice. Puis Abraham réplique à l'homme riche qu'il est impossible de passer de là où est Lazare à l'endroit où il est, lui ; un profond abîme que personne ne peut franchir a été établi.

Le riche s'y résout mais tire tout de même un autre bord. « Je t'en prie, Père Abraham, envoie donc Lazare dans la maison de mon père, où j'ai cinq frères. Qu'il aille les avertir, afin qu'ils ne viennent pas eux aussi dans ce lieu de souffrances » (Lc 16,27-28). Puis Luc, dans cette parabole saisissante, peint la scène qui fait le lien avec l'histoire de Jean sur le retour à la vie de Lazare. Abraham dit : « Ils ont Moïse et les prophètes pour les avertir : qu'ils les écoutent ». Le riche répond : « Cela ne suffit pas, Père Abraham ; mais si quelqu'un revient de chez les morts et va les trouver, alors ils changeront de comportement ». Demande sans issue, et Abraham souligne ce que l'histoire du retour à la vie de Lazare est destinée à montrer : « S'ils ne veulent pas écouter Moïse et les prophètes, ils ne se laisseront pas persuader même si quelqu'un se relevait d'entre les morts » (Lc 16,31).

L'écriture de Jean est ici à plusieurs niveaux. D'abord, il utilise cette histoire pour démontrer la vérité des paroles d'Abraham dans la parabole de Luc. Le résultat de ce signe final dans le Livre des Signes est que, même face au retour à la vie de Lazare mort depuis quatre jours, ce résultat n'en reste pas moins prédictible. Les autorités de la synagogue demeurent insensibles, incapables de s'ouvrir à des perspectives nouvelles. De leur point de vue, de telles perspectives sont effrayantes. Tout ce qui a tenu ensemble la nation juive dans son identité tribale serait relativisé si ce que Jean pense de Jésus est vrai. Tout ce qui maintient séparés les membres de la famille humaine disparaîtrait. Et pourtant, ce sont des choses qui ne font que limiter le potentiel de notre humanité. Jésus représente ainsi une menace ultime pour notre vie tribale et religieuse. L'idée que Luc développe dans la parabole de Lazare et l'homme riche est qu'« ils ne se laisseront pas persuader même si quelqu'un se relevait d'entre les morts » (Lc 16,31). Dans le quatrième évangile, cette parabole est racontée comme de l'histoire, afin d'en démontrer la vérité, pas simplement dans une parabole, mais dans la vie elle-même.

Le second niveau dans l'écriture de Jean est également clair. Soixante-cinq à soixante-dix années se sont écoulées depuis les derniers événements de la vie de Jésus. Il a été crucifié. La conviction de Jean et celle des disciples autour de lui est qu'au moment de Pâques, la barrière de la mort a été transcendée, la vie s'est ouverte à de nouvelles dimensions incroyables, et une unité nouvelle a été expérimentée ; des vies humaines ont transcendé le repli sur soi pour entrer dans la conscience universelle et dans la vie éternelle de Dieu. Ce moment de transformation de vie a-t-il produit de la foi ? C'est la question posée par Jean, et sa réponse est tellement claire. Non, dit-il, cela a entraîné la persécution et l'expulsion de la communauté hors de la synagogue. Ceux qui ont fait confiance à Moïse ne comprennent pas vers quoi oriente Moïse. Ils ne voient pas en Jésus le prophète que Moïse promettait que Dieu un jour susciterait. Ils voient la loi, « parole de Dieu » transmise par Moïse, mais sont incapables de voir la grâce et la vérité transmises par Jésus, ni d'entendre la « parole de Dieu » qui est en Jésus. C'est cette vision de résurrection qui finalement brise en deux la synagogue. Les ennemis de Jésus sont incapables de croire, même si quelqu'un « se relève de la mort », comme le suggère la parabole de Luc. Leur réaction face à Lazare est la même que leur réaction face à Jésus. Sur cette note s'achève le Livre des Signes.

Entre la fin du Livre des Signes et le début des Discours d'adieu, se trouve un chapitre de transition, le chapitre 12, un pivot de la narration. Je ne veux pas fermer les yeux sur ce chapitre, mais je ne m'y attarderai pas.

Il sert à préparer la scène. Les premiers mots sont : « six jours avant la Pâque », et à partir de ce moment la tension s'accroît. Il commence par l'histoire familière de Jésus qui reçoit une onction par une femme, en préparation éventuellement de sa mort et de son ensevelissement. Mais les détails sont significativement différents de ceux des récits de la tradition synoptique. La femme qui fait l'onction est très « sensuelle ». Elle oint les pieds de Jésus avec un nard de grand prix et les essuie avec ses cheveux. Cette femme n'est pas une inconnue ; c'est Marie, la sœur de Marthe, et cette onction a lieu chez elle en présence de sa famille et des disciples de Jésus.

Le texte passe ensuite au récit johannique de la procession des Rameaux, lorsque Jésus entame son dernier voyage. C'est dans ce chapitre que Jésus annonce que « l'heure est venue ». Quelques Grecs, (donc des non-Juifs) sont arrivés demandant à voir Jésus ; ils sont amenés en sa présence. La lumière du Christ doit être universelle : Juifs et Grecs ensemble la partageront.

Jésus apparaît alors comme acceptant sa mort. Il s'éloigne momentanément alors qu'est projetée sa mort. Ses disciples auront la lumière « pour peu de temps », mais ils ne resteront pas dans les ténèbres.

Puis commencent les Discours d'adieu.

TROISIÈME PARTIE

LES DISCOURS D'ADIEU ET LA GRANDE PRIÈRE SACERDOTALE

17

Pierre et le commandement d'aimer

À mesure que cet évangile progresse vers son apogée, une nouvelle atmosphère s'impose, à la fois sombre et éclairante. D'abord, Jésus s'éloigne des foules et se tourne vers ses disciples. C'est un cadre familier, déjà présenté dans chacun des évangiles synoptiques. Dans ceux-ci, le sommet de la phase galiléenne de la vie publique de Jésus est l'expérience appelée la Transfiguration. Dans cet épisode, Pierre parvient à comprendre partiellement, mais incomplètement, qui est Jésus. C'est alors que chez Marc, Matthieu et Luc, Jésus entame son voyage vers Jérusalem et se concentre désormais sur ses disciples. Il est dit que ce voyage se déroule sur plusieurs jours, durant lesquels il instruit ses disciples, question après question, épisode après épisode où sont détaillés les enseignements de Jésus. Au cours du voyage est ressentie de plus en plus une atmosphère prémonitoire. Se dessine la crucifixion inévitable ; est également présente l'idée que les disciples doivent fonctionner d'une manière nouvelle pour porter à son accomplissement le ministère de Jésus ; les disciples commencent à comprendre qu'ils doivent en quelque sorte réaliser le dessein du Christ sans lui.

L'enseignement de Jésus est assez différent dans le quatrième évangile. Jean ne montre jamais Jésus enseignant en paraboles ou en adages faciles à mémoriser. Chez Jean, aucune version du Sermon sur la Montagne comme chez Matthieu (Mt 5-7) ; aucun Sermon dans la Plaine au contenu dense, comme chez Luc (Lc 6,17-49). Dans le Livre des Signes, l'enseignement de Jésus se fait sous forme de dialogue autour de chaque signe. Souvenez-vous des conversations avec Nicodème, avec la femme samaritaine près du puits et avec l'homme né aveugle. Dans l'histoire de la résurrection de Lazare, nous avons l'enseignement de base de Jésus sur la vie éternelle dans un dialogue significatif avec Marthe

(Jn 11,17-27). Dans les chapitres 13 à 16, les dialogues deviennent monologues. C'est vrai, les disciples sont à l'arrière-plan, mais ils ne prennent guère part à ces conversations. Ce segment est appelé les Discours d'adieu, et *discours* ils le sont.

Plusieurs passages sont sérieusement répétitifs. Ils ne sont pas de lecture aisée et sont difficilement compréhensibles au premier abord. Ces textes sont supposés décrire Jésus préparant ses disciples à vivre sans lui, mais leur contenu vise, en fait, les problèmes auxquels la communauté johannique est confrontée au moment de la rédaction de cet évangile, quelque soixante-cinq à soixante-dix ans après la crucifixion. Cela signifie que, dans ces discours, les disciples eux-mêmes deviennent des symboles de la communauté johannique croyante. Ils sont dépeints aux prises avec la persécution. Ils expérimentent la douleur de la séparation, non seulement de Jésus à ce moment de l'histoire, mais peut-être encore plus sérieusement la séparation de la synagogue dont ils ont été récemment exclus.

Certains exégètes ont voulu réorganiser quelques-uns des éléments confus des chapitres 13 à 16 et proposer un ordre différent qu'ils pensent être l'ordre originel. Bien que fascinante, cette idée est assez complexe et finalement sans rapport avec la perspective de cet ouvrage[1].

Ces Discours d'adieu sont placés dans les jours précédant la célébration de la Pâque. Jésus est avec ses disciples. Jean lui donne une dernière occasion de préciser sa mission et d'interpréter l'amour divin qui, Jean en est certain, demeure en lui comme présence de Dieu. Cet amour est appelé *agape* chez Paul et défini comme l'amour sans limites (je dirai l'amour sans compter). C'est l'amour désintéressé, qui génère et met en valeur la vie. Le Jésus de Jean veut ouvrir le monde à cet amour et inviter ses disciples à une dimension nouvelle de la vie humaine. Cette humanité nouvelle, soutient Jean, se révèle dès que cet amour divin est saisi. Cet

---

1. Rudolp Bultmann, le plus connu et peut-être le plus grand exégète du Nouveau Testament au XXe siècle, qui a passé la plus grand partie de sa vie de professeur à l'Université de Marburg, a présenté sa version de ce nouvel ordre. Il soutient que les chapitres 15-17 sont vraiment johanniques mais ne semblent pas à leur place. Il suggère que si les chapitres 15-17 étaient attachés à Jean 13,35, cela constituerait un tout cohérent basé sur le commandement d'aimer dans Jean 13,34. Bultmann déplacerait alors le matériau du chapitre 13, du verset 36 jusqu'à la fin de ce chapitre, à un autre endroit, à la suite de Jean 16,33. Le chapitre 17, la grande prière sacerdotale, il la placerait après Jean 12,43 pour marquer un intervalle avant le début de la nouvelle action. Ce genre de reconstruction du texte n'est pas d'un grand intérêt pour mes lecteurs, mais qu'ils sachent que de telles spéculations ne sont pas inhabituelles dans l'étude du Nouveau Testament. Je suis fasciné par ces possibilités. Je limiterai mon travail aux thèmes qui ressortent du texte tel que nous l'avons, mais sans être opposé à l'ordre proposé par le professeur Bultmann.

amour démasque le scandale des divisions dans la communauté des adeptes de Jésus. Le Jésus de Jean est déterminé à montrer cet amour divin qui se révèle, d'abord dans sa passion, ensuite dans sa mort, et enfin dans l'expérience de Pâques. Jean place tous ces thèmes dans un repas partagé avec les disciples dans le village de Béthanie. Ce n'est pas le repas de la Pâque, comme dans les évangiles antérieurs ; c'est plutôt un repas convivial en attente de la Pâque qui est proche. Assez curieusement, Jean ne parle jamais du repas lui-même. Selon sa technique habituelle, il développe plutôt son enseignement autour d'un personnage.

Ce personnage central dans le premier discours est à la fois réel et important dans la mémoire de la communauté, tout en étant à l'évidence revêtu de mythologie. Central dans l'histoire de Jean, il revient sans cesse en divers contextes. Ce personnage n'est autre que Simon Pierre.

Pierre est toujours décrit dans les évangiles comme une œuvre en chantier. Ce récit particulier s'inscrit dans le contexte de la séparation finale. Le pouvoir satanique des ténèbres est déjà entré en Judas Iscariote. Jésus, qui en est conscient, se lève de table ; est-ce au début, au milieu ou à la fin du repas ? Ce n'est pas dit ; mais une allusion laisse penser qu'il est en cours, et Judas, donc, s'en va sans y participer. Jésus prend alors le rôle de serviteur.

Il dépose ses vêtements, qui par la suite, selon Jean, lui seront enlevés et seront partagés entre les soldats qui le crucifieront. Jésus attache autour de lui une serviette, comme plus tard il sera attaché sur la croix par des clous et des cordes. Il verse l'eau, qui nettoie, dans une bassine et se met à laver les pieds de ses disciples puis à les essuyer avec la serviette. Dans cette scène écrite de manière théâtrale, rapportée seulement par Jean, les tâches de la vie, les barrières qui délimitent le statut et le pouvoir, sont inversées ; toutes les barrières tombent. Mais Pierre est le seul qui semble avoir les yeux pour le voir, et il recule, avec un sentiment peut-être de peur, de vulnérabilité, en tous les cas avec une certaine hostilité.

« Seigneur, tu ne me laveras pas les pieds ». Pierre apparaît comme quelqu'un qui sait où est sa place. Il connaît les règles du jeu portant sur le statut et la défense de soi-même. Ne me force pas à me mettre là où je ne sais plus qui je suis, semble-t-il dire.

Jésus réagit, non pas avec les mots suivants mais le sens : Pierre, ne résiste pas au pouvoir libérateur de l'amour divin qui est un appel à une nouvelle dimension de vie. Ici, aucun statut n'importe. Ce genre de règles s'applique seulement dans le monde des aspirations humaines, du besoin de paraître. Je suis pour toi une porte vers l'être lui-même. Passe par moi et tu deviendras vraiment un homme. Je t'invite à une expérience qui te rendra complet. Si je ne te lave pas les pieds, tu ne peux pas être une part du Dieu que je révèle et de l'humanité que j'offre.

Pierre comprend ce geste gracieux et l'invitation implicite : alors, Seigneur, veux-tu me laver seulement les pieds, pourquoi pas moi tout entier ? Je ne veux pas seulement un accès partiel à la plénitude de l'être, alors lave-moi tout entier.

Jésus répond : Vous êtes déjà propres. J'ajoute seulement la dimension finale qui vous rendra parfaitement sains. Tous ne partageront pas cette révélation, car tous ne sont pas purs. Jean ajoute une note explicative : « Car il savait qui allait le trahir » (Jn 13,11). Judas Iscariote est remis en scène ; le clivage entre ses ténèbres et la lumière du Christ est net. Le mal ne peut supporter la lumière du Christ, et aucune obscurité ne peut l'éteindre. « La lumière brille dans les ténèbres et les ténèbres n'ont pas eu le dessus » (Jn 1,5) ; c'est ainsi que résonne ce thème dans le prologue de l'évangile.

Jésus conclut cette scène en demandant à ses disciples d'y réfléchir. Je vous ai servis, dit-il, j'ai pris le rôle du serviteur. Voilà ce que fait l'amour. Quand mon amour sera vivant en vous, vous servirez le monde. Vous donnerez votre amour et votre vie à d'autres. Les histoires de statut auxquelles sont attachés les humains ne servent plus à rien quand la conscience nouvelle est expérimentée ; pas question de relation maître-serviteur à l'intérieur de l'amour divin. Vous avez été invités à un ordre nouveau. Vous êtes bienvenus à manger à ma table comme des membres de ma famille. Tous ne sont pas capables d'effectuer ce changement. Sachez-le bien, afin de n'être pas surpris quand vous serez confrontés à cette transition.

Dans ce moment de communion intense, Jésus leur fait une annonce : « L'un de vous est un traître ». Les disciples se regardent les uns les autres : « Qui peut-il être ? ». C'est dans ce contexte que Jean introduit son dernier personnage mythologique, la figure que les événements ultimes de la vie de Jésus mettront en exergue. Un personnage sans nom, désigné « le disciple que Jésus aimait » ou « le disciple bien-aimé ». Lui, le seul de tous les disciples, sera présent près de la croix. Présent aussi le matin de Pâques, il se précipitera vers le tombeau vide, et en y entrant, il sera le premier à croire. Il fera sa dernière apparition dans l'épilogue, situé en Galilée bien après la résurrection. Là, dans le rôle qui lui est constamment assigné, il *reconnaîtra* Jésus. « C'est le Seigneur » dira-t-il à Pierre. Dans l'épilogue, on nous dit aussi qu'a lieu une discussion à propos de la mort de ce disciple bien-aimé. Nous examinerons plus en détail, dans les chapitres suivants de cet ouvrage, chacun des récits créés autour de ce personnage énigmatique. Pour l'instant, notez simplement comment il est introduit et émerge dans l'histoire de Jean. À mesure qu'il prend forme, continuez à vous demander ce que et qui représente ce personnage énigmatique et symbolique.

Lorsque Jean introduit « le disciple bien-aimé », nous remarquons que l'homme est (comme il le sera toujours) dans une proximité intime avec Jésus. Il nous est dit que dans le dernier repas il est « placé à côté de Jésus » (Jn 13,23). Ce qui signifie que Pierre doit passer par lui pour atteindre Jésus. Demande-lui, dit Pierre, de « nous dire de qui il parle » – autrement dit, qui est le traître. Le disciple se tourne donc et pose la question à Jésus : « Seigneur, qui est-ce ? » (Jn 13,25). Jésus répond que c'est « celui à qui je donnerai un morceau de pain trempé dans le plat ». Jésus, dans l'évangile de Jean seulement, trempe alors le pain dans le plat commun au milieu de la table et le tend à Judas. Est-ce l'expression d'une eucharistie que Judas va refuser ? Jésus offre-t-il le pain de la vie à Judas ? Dit-il que personne n'est à jamais exclu de l'invitation à la vie ? Proclame-t-il que la séparation de l'amour de Dieu ne vient jamais du côté de Dieu ? Chacune de ces possibilités s'accorderait certainement avec le portrait de Jésus interprété par le quatrième évangile. Gardez ce thème à l'esprit dans la suite de l'histoire.

Pour l'instant, Judas n'est pas en mesure de recevoir le pain. Jean fait alors dire à Jésus : « Ce que tu as à faire, fais-le vite ! » (Jn 13,27). Jean ajoute que « aucun de ceux qui étaient à table ne comprit pourquoi il disait cela » (Jn 13,28). Les disciples échafaudent des théories, mais la conclusion est que Judas a tourné le dos à la lumière. Il sort et, à ce moment, l'évangile dit qu'il faisait nuit (Jn 13,30).

Jean a déjà affirmé que le rôle imparti à Judas est « que l'Écriture se réalise » (Jn 13,18). À l'appui de cette phrase, Jean se réfère au Psaume 41,9, où un « meilleur ami », quelqu'un avec qui « je partageais mon pain », « s'est tourné contre moi ». Il fait référence à une histoire dans le recueil de David, où un certain Ahithopel, qui mangeait à la table du roi, devint un traître. Afin de mieux comprendre cette référence, il nous faut savoir que ce roi était « celui qui avait reçu l'onction du Seigneur », une autre manière de dire « le christ du Seigneur ».

Le départ de Judas marque la conclusion de ce discours initial. Puis Jean fait dire à Jésus : « Maintenant la gloire du Fils de l'homme est révélée et la gloire de Dieu se révèle en lui ; si la gloire de Dieu se révèle en lui, Dieu aussi manifestera en lui-même la gloire du Fils et il le fera bientôt » (Jn 13,31-32). Une phrase étrange, mais ce qu'elle dit est que lorsque Jésus va se donner totalement, les gens verront en lui la grandeur de Dieu et il deviendra part de ce qu'est Dieu et Dieu deviendra part de ce qu'il est. Dans l'humanité de Jésus, son humanité intégrale, la présence divine sera révélée. L'humain et le divin ne sont pas deux domaines séparés. Dieu n'est pas extérieur. Dieu n'entre pas dans le monde en provenance d'un autre royaume. Quand une vie humaine s'ouvre à tout ce que peut être l'humanité, l'humanité et la divinité circulent ensemble, et ne font qu'un. Ce fut et c'est une prise de conscience radicale, c'est la vocation du mystique.

Jésus conclut en parlant de son départ final. « Là où je vais, vous ne pouvez pas aller » dit-il de manière énigmatique. Les disciples pensent à un lieu. Pierre reprend la conversation : « Seigneur, où vas-tu ? ». Donne-nous l'adresse ! Jésus répond : tu n'es pas encore prêt, Pierre, un jour peut-être. Pierre, reste perplexe : pourquoi pas maintenant ? Ne sais-tu pas que « je suis prêt à donner ma vie pour toi ? » (Jn 13,37). Jésus répond : « Vraiment ? ». Tu prétendras d'abord ne pas me connaître. La route est encore longue pour toi, Pierre.

Dans cet échange avec Pierre, Jésus indique le chemin à parcourir si ses disciples veulent aller là où il va. Ce n'est pas une question de géographie. « Je vous donne un commandement nouveau : aimez-vous les uns les autres ; il faut que vous vous aimiez les uns les autres comme je vous ai aimés. Si vous vous aimez les uns les autres, alors tous sauront que vous êtes mes disciples » (Jn 13,34-35).

Dans la première épître de Jean qui, selon beaucoup d'exégètes, a des liens avec l'évangile du même nom, étant sans doute de la même plume qu'une partie de l'évangile, Dieu est défini comme amour. L'amour n'est pas une entité mais plutôt une expérience prégnante. « Dieu est amour » affirme l'épître. Cet auteur dirait-il aussi que « l'amour est Dieu » qui circule à travers la vie humaine ? L'amour est vu comme la capacité à être libéré d'une existence conditionnée par l'instinct de survie, à être libre pour donner sa vie. L'amour prend les gens tels qu'ils sont. L'amour n'est pas distinct de Dieu. Personne ne peut dire : « J'aime Dieu » s'il hait son frère ou sa sœur. Personne ne *crée* l'amour. On peut seulement le *recevoir* et, une fois reçu, il doit être immédiatement partagé. L'amour ne peut pas être emmagasiné, mis de côté, à utiliser plus tard comme des restes. L'amour qui n'est pas donné meurt. L'amour est ce qui nous lie à Dieu et les uns aux autres. L'amour est la signification de Jésus.

L'amour, dit le Christ johannique, n'est pas seulement mon commandement, mais aussi la marque de ma présence en mes disciples. Je demeure dans l'amour de Dieu ; vous demeurez dans mon amour. L'unité est accomplie dans notre volonté et notre capacité à nous aimer mutuellement. Dieu est expérimenté comme présent en nous, dans notre liberté à oublier nos propres besoins et à nous donner les uns aux autres.

Jean dévoile peu à peu que la croix sera la révélation tragique de l'amour de Dieu. Pierre se vante d'être prêt à mourir pour protéger Jésus, prêt à donner sa vie. Le temps montrera qu'il n'y est pas encore, qu'il ne voit pas encore vraiment qui est Jésus. Et l'intensité dramatique va aller s'amplifiant.

18

Non pas la rédemption, mais la gloire ! Jean clarifie la mort de Jésus

En abordant les Discours d'adieu, gardons à l'esprit que le Jésus de l'histoire n'a jamais prononcé aucune de ces paroles ni de ces enseignements.

Ces discours sont plutôt une interprétation du sens de la mort de Jésus, faite des années après l'époque de la crucifixion. Ils sont la production d'une communauté qui a subi deux fractures profondes : la séparation de la synagogue dont j'ai déjà parlé, et la scission à l'intérieur de la communauté johannique elle-même due à la manière de comprendre la relation entre Dieu et Jésus.

La seconde rupture fragilise certains des adeptes de Jésus au point qu'ils retournent vers la synagogue. Il leur est impossible de poursuivre le voyage qu'entreprend la communauté. Une fois cette séparation achevée, les membres restants sont libres d'adopter sans encombre une nouvelle compréhension de Jésus. C'est alors, je pense, que le débat christologique a commencé à prendre des connotations mystiques et universelles et que l'auteur de cet évangile a orienté son récit dans une direction très différente.

Chez Jean ne se trouve aucune allusion à ce qui plus tard a été appelé la « doctrine de la rédemption ». Cette doctrine imprègne les écrits de Paul, spécialement les premiers, et elle s'exprime dans la tradition synoptique, mais elle est absente dans le quatrième évangile. Paul est obsédé par le mal, se sentant lui-même prisonnier de son pouvoir. Pour comprendre l'interprétation toute différente de Jean, il nous faut examiner comment a été élaborée la doctrine de la rédemption.

Pour Paul, Jésus est celui qui a le pouvoir de délivrer la vie humaine de l'abîme du péché dont elle est captive. Paul évoque la crucifixion en ces termes : « Il est mort pour nos péchés comme l'avaient annoncé les Écritures ». Cette expression allait devenir un mantra chez les protestants et les évangéliques. Le même thème se retrouve chez les catholiques romains quand ils parlent de l'Eucharistie comme « le sacrifice de la messe », ce qui signifie que la messe est une reconstitution liturgique du moment où « Jésus est mort pour mes péchés ». Ces deux expressions traduisent que la mort de Jésus a été l'acte qui a apporté le salut ou la rédemption aux êtres humains pécheurs. En la personne de Jésus et spécialement par sa mort, Dieu a restauré la création dans la perfection à laquelle il la destinait. Jésus a restauré la vie humaine dans l'unité avec Dieu.

Tout d'abord, sous l'influence d'un évêque et théologien de la fin du IVe siècle, Augustin, suivi dans l'histoire par Anselme au XIIe siècle puis Luther et Calvin au XVIe, la théologie de la rédemption a dominé la pensée chrétienne. Ces figures historiques ne disposaient pas à cette époque des bases d'étude critique des écritures ; leur lecture de la Bible était très littérale. Pour eux, il s'agissait d'un volume unique, écrit sous l'inspiration divine et dès lors exempt de toute erreur. C'est ainsi qu'ils amalgamaient les deux histoires de création du début de la Genèse et y voyaient un récit en continu. Cet amalgame a formé la compréhension de la vie humaine qui à son tour a influencé leur vision de l'histoire de Jésus. Ils ignoraient que ces deux récits (Gn 1,1-2-2,4a et 2,4b-3,24) ont été écrits par deux auteurs différents séparés dans le temps par quatre cents ans. Le récit en ouverture (l'histoire de la création en sept jours) est relativement tardif, probablement écrit à la fin du VIe siècle avant notre ère, et avec un cachet plus moderne. Le deuxième, l'histoire de Adam, Ève, le Jardin d'Éden et le serpent, est une production du Xe siècle, un conte beaucoup plus primitif. Les deux narrations sont factuellement tout à fait contradictoires dans beaucoup de détails ; il est clair néanmoins qu'aucune des deux n'a été écrite pour être prise au pied de la lettre.

Dans l'histoire placée en tête dans la Bible, Dieu crée les « créatures vivantes » pour peupler la terre, le sixième jour. Ces créatures sont « les animaux domestiques, petites bêtes et animaux sauvages » (Gn 1,24). Vers la fin de ce sixième jour, Dieu crée la vie humaine, à la fois homme et femme, et tous les deux comme une image de lui-même. Dans son langage un peu guindé et manifestement patriarcal, le texte dit : « Dieu créa les êtres humains ; homme et femme il les créa ». Dieu les bénit et leur dit : « Ayez des enfants, devenez nombreux, peuplez la terre et dominez-la » (Gn 1,27-28). À la fin de cette histoire, Dieu déclare que tout ce qu'il a fait est « bon » ; et puisque le travail divin est estimé parfait et achevé, Dieu se repose de son œuvre et institue le sabbat, le septième jour, comme jour de repos pour toute la création (Gn 1,31 ; 2,1-3). De ce récit, Augustin et ses successeurs ont déduit l'idée de la perfection originelle de la création de Dieu, y compris celle des êtres humains.

Dans la seconde histoire, en réalité plus ancienne (Gn 2,4b-3,24), Dieu crée d'abord la terre et le ciel, mais il n'y a ni plantes ni herbes car Dieu n'a pas encore fait tomber la pluie et « il n'y avait pas d'êtres humains pour cultiver le sol » (Gn 2,5). Puis Dieu fait se lever une brume pour humidifier le sol et de cette terre humide ou boue il forme un homme seul et insuffle dans ses narines le souffle de vie. Dieu plante ensuite un jardin et il y place l'homme. Le jardin produit tout naturellement de la nourriture pour l'homme. À travers le jardin coulent quatre fleuves, dont deux portent le nom de Tigre et Euphrate, ce qui, dans une lecture littérale, situerait le Jardin d'Éden dans l'Irak actuel. L'homme, dit l'histoire, est seul, et Dieu décide qu'il n'est « pas bon que l'homme soit seul » (Gn 2,18) ; aussi Dieu crée chacun des animaux. Aucun d'eux cependant ne peut servir de vraie compagnie pour l'homme. Nous avons dans le monde d'aujourd'hui une telle variété de vie animale en taille, forme et espèce, parce que, à en croire le texte, Dieu avait tout essayé mais aucune créature ne semblait convenir pour l'homme. Finalement, dans un autre acte théâtral, Dieu fait tomber l'homme dans un profond sommeil, lui prélève une côte et en façonne la femme. Dans cette histoire donc, l'homme est créé d'abord, puis les animaux et finalement la femme. Il est impossible d'harmoniser ces deux histoires de création à moins d'une sérieuse distorsion des textes.

La seconde histoire raconte comment le mal est entré dans le monde parfait de Dieu et l'a corrompu. Il est arrivé par la désobéissance à un commandement divin donné aux deux êtres humains. Comme condition pour habiter le Jardin d'Éden, ils reçoivent l'ordre de ne pas manger les fruits de « l'arbre qui donne la connaissance de ce qui est bon ou mauvais », planté au milieu du jardin ; mais ils succombent à la tentation et mangent de ce fruit. Cet acte caractérisé de désobéissance a pour conséquence l'expulsion de l'homme et de la femme du Jardin d'Éden et donc de la proximité de Dieu. À partir de ce moment, la vie humaine est forcée de vivre dans le « péché », c'est le sens du texte. L'homme et la femme ne peuvent plus habiter Éden, même au figuré ; la vie humaine doit désormais demeurer *À l'est d'Éden*, pour reprendre le titre d'un roman de John Steinbeck publié en 1952.

C'est sur cette seconde histoire qu'Augustin et ses successeurs ont fondé leur compréhension de « la chute », et partant de là, de l'existence et des conséquences du péché ; elle leur a servi à définir la condition humaine. Augustin a mélangé ces deux récits, qu'ils s'accordent ou non. La compréhension qu'il en a tirée a servi de patron à la narration de l'histoire de Jésus dans le christianisme traditionnel. La bonté originelle, ainsi commence le récit bien connu, a été suivie d'une chute dans le péché, qui à son tour a nécessité un acte divin de rédemption : Dieu devait venir à notre secours. Ce scénario laisse entendre que le salut a été réalisé quand Dieu a envoyé son fils pour sauver le monde de la chute et arracher la vie humaine au péché. Ce sauvetage exigeait la mort du fils divin en « offrande pour le péché ». En d'autres termes, Jésus devait payer la rançon pour le péché. Voilà, dans ce genre de récit, le sens de la crucifixion.

Ce récit allait devenir le cadre de la compréhension traditionnelle du christianisme lui-même. Au sang versé de Jésus sur la croix a été attribué un grand pouvoir de purification. Certains fidèles voulaient se tremper dans ce sang jusqu'à ce que leur corps fût purgé du mal et leurs péchés recouverts ou lavés. D'autres voulaient boire le sang de Jésus, offert dans le « sacrifice de la messe », afin d'être purifiés intérieurement, non pas simplement des péchés du corps, mais également des péchés de l'esprit et de l'âme. Dans l'histoire, cette notion de la rédemption s'est infiltrée dans toutes les pensées et toutes les actions des chrétiens. En témoignent nos doctrines, nos dogmes, nos credo, nos hymnes, nos prières, nos sermons et jusqu'à notre conscience.

Est-ce vraiment ce que veut dire Paul dans cette phrase « Jésus est mort pour nos péchés comme l'ont annoncé les Écritures ? ». J'en doute sérieusement. Bien que certaines de ses phrases soient lues ainsi, je pense qu'il se référait plutôt à une pratique liturgique juive que je ne vais pas tarder à décrire. Cette notion de rédemption a pourtant été l'interprétation dans une Église à prédominance non juive, dont les membres étaient non seulement étrangers au sens des liturgies juives, mais en outre remplis de préjugés contre ce qui était juif.

Trois images juives traditionnelles comportent un agneau sacrifié ; elles constituent des sources pour Paul. Deux de ces images proviennent du culte de la synagogue qui requérait la mort d'un agneau, à la Pâque et à Yom Kippour ou Jour du Pardon. La troisième image juive très populaire est celle de l'agneau, extraite des écrits d'un prophète du sixième siècle avant notre ère appelé Ésaïe 2 (ainsi nommé parce que ses paroles avaient été ajoutées sur le parchemin d'Ésaïe, formant les chapitres 40 à 55). Le portrait dessiné par cet écrivain profondément juif dans son livre à grande influence a été désigné le « serviteur » ou « serviteur souffrant » ; son portrait est devenu celui d'un agneau, silencieux alors qu'il est conduit à la mort. Dès le début du mouvement chrétien, Jésus a été vu et interprété en termes de ces trois images de « l'agneau », familières aux disciples juifs.

L'agneau de la Pâque a été identifié à Jésus par Paul lui-même quand il écrit : « Le Christ, notre agneau pascal, a été sacrifié » (1 Cor 5,7). Dans la tradition juive, c'est le sacrifice de l'agneau pascal qui avait éloigné la mort chez le peuple juif, la nuit de leur fuite de l'Égypte et de l'esclavage. La mort de Jésus a été considérée comme ayant élevé la vie humaine au-dessus des limites imposées jusque-là par la mort. C'est parce que la mort de Jésus a été identifiée à la mise à mort de l'agneau de la Pâque que les évangélistes ont raconté l'histoire de la crucifixion sur la toile de fond de la célébration de la Pâque (c'est ma conviction). Ce n'est pas un lien historique, comme on nous l'a si longtemps enseigné, mais un lien interprétatif. Rappelez-vous que les évangiles ont été écrits au moins quarante ans après la crucifixion ; l'histoire interprétée a eu tout le temps de se déplacer vers l'époque de la Pâque, au point que la mise en relation de Jésus avec l'agneau pascal a été quasi inéluctable.

L'agneau de Yom Kippour est le deuxième symbole en toile de fond de l'image de Paul. Ce rite pénitentiel juif était observé une fois par an, le dixième jour du mois de Tishri. Deux animaux étaient généralement utilisés dans ce rite. Les deux devaient être physiquement parfaits, sans égratignures, sans taches ni os cassés. Avec le temps, ces animaux destinés au sacrifice avaient été considérés aussi comme moralement parfaits ; puisque les animaux n'ont pas la liberté qu'ont les humains, ils ne peuvent pas choisir de faire le mal. Il s'en suit que ces animaux sont devenus les représentations symboliques de l'aspiration humaine à la perfection. Dans la liturgie de Yom Kippour, l'une de ces créatures était mise à mort et offerte à Dieu en signe d'aspiration à l'unité avec Dieu. Le sang du sacrifice était ensuite répandu sur le trône de miséricorde de Dieu dans le « saint des saints » du Temple, l'endroit regardé comme la demeure de Dieu. Cette liturgie de Yom Kippour proclamait donc que les êtres humains même dans le péché pouvaient s'approcher de Dieu, au moins ce jour de l'année, car ils étaient passés par le sang purificateur du parfait agneau de Dieu. Leur identification avec l'agneau parfaitement sain couvrait leur sentiment de séparation et de désunion.

La deuxième créature de Yom Kippour était alors placée au milieu des participants, et sous la conduite du grand-prêtre, ils confessaient leurs péchés. L'idée de cette liturgie était que, par cette confession, leurs péchés étaient enlevés et retombaient sur la tête et le dos de cette créature qui « portait les péchés ». Puis, cette créature étant symboliquement chargée des péchés confessés de la communauté, le peuple réclamait sa mort : elle n'était plus digne de vivre. Elle n'était pas tuée cependant, elle était plutôt expédiée dans un lieu sauvage, emportant avec elle les péchés du peuple et laissant ainsi les gens purifiés, et capables, au moins pour un jour, d'être unis à Dieu. À cet animal fut donné le nom de « bouc émissaire ».

Dans maints endroits de la tradition évangélique, cette liturgie de Yom Kippour semble avoir forgé l'histoire de la mort de Jésus. Jean identifie ouvertement Jésus aux créatures de Yom Kippour. Ce n'est que dans le quatrième évangile qu'il nous est dit que les jambes des deux crucifiés avec Jésus sont brisées pour hâter leur mort ; mais Jésus, déjà mort, ne va avoir aucun de ses membres brisés. Le symbole de l'agneau reste intact (Jn 19,32-33). De plus, dans les histoires de la crucifixion chez les synoptiques comme chez Jean, Jésus est présenté à la foule et il entend les gens réclamant sa mort comme ils le faisaient pour l'animal chargé des péchés, dans la liturgie de Yom Kippour. Les cris de la foule « Crucifiez-le, crucifiez-le » sont une adaptation de Yom Kippour au récit de la crucifixion (Mc 15,13ss ; Mt 27,22ss ; Lc 23,21ss et Jn 19,6ss). En fin de compte, je suis convaincu qu'il est possible de lire l'histoire de Barabbas, intégrée dans les quatre évangiles à la crucifixion, comme un récit façonné par la liturgie de Yom Kippour. Barabbas est un nom formé de deux mots hébreux : *bar* qui signifie « fils » et *abba* qui signifie « père » ou « Dieu ». Ainsi, tous les récits évangéliques présentent deux fils de Dieu en jugement, de même qu'il y avait deux animaux dans la liturgie de Yom Kippour. L'un est mis à mort ; c'est l'histoire de la crucifixion. L'autre est relâché pour emporter les péchés du monde, rôle attribué à Barabbas.

En troisième lieu, il y a l'histoire du « serviteur » du second Ésaïe. Lui aussi est comparé à un agneau conduit à la mort, et silencieux face à ses accusateurs (Ès 53,7). Ce récit a été écrit quand les Juifs exilés à Babylone sont finalement autorisés à retourner dans leur pays d'origine après deux générations ou plus en captivité. Ils reviennent avec de grands espoirs de restaurer la grandeur passée de leur nation, de reconstruire les murs de Jérusalem et de relever de la poussière un Temple nouveau où Dieu pourrait à nouveau demeurer en leur sein. Pour nourrir leurs rêves grandioses, ils ont foi en ce qu'ils considèrent comme leur vocation en tant que peuple, vocation inspirée et imposée par Dieu. Comme nous l'avons déjà remarqué, ils s'estiment choisis pour être une « bénédiction » pour toutes les nations (Zach 8,13). Jusque-là, ils ont toujours présumé que cette vocation pourrait être vécue et qu'elle apporterait honneur et reconnaissance au peuple juif. Elle serait pour le peuple choisi le couronnement et inspirerait la reconnaissance du monde. Mais à leur retour d'exil, ces rêves se trouvent balayés par les réalités qu'ils découvrent. La ville de Jérusalem a été rasée. Le Temple n'est qu'un tas de ruines. Les gens qui se sont installés sur ce que les Juifs prétendent être *leur* terre sacrée ne se montrent guère accueillants. Les exilés de retour ne voient pas comment leur vocation nationale peut se réaliser. Ils n'envisagent aucune possibilité pour la nation juive de retrouver une importance significative parmi les peuples du monde. Ils commencent à réaliser qu'ils sont destinés à vivre dans la faiblesse, non dans la puissance, dans la douleur non dans la grandeur ; à vivre en victimes non en vainqueurs. Émotionnellement et rationnellement, le prophète inconnu que nous appelons Ésaïe 2 perçoit une nouvelle image de la façon dont les Juifs pourraient vivre leur dessein messianique, comment ils pourraient être encore une bénédiction pour les nations du monde. Il leur faut transformer leur défaite et leur faiblesse en une expression de leur projet, accepter d'être victimisés par un monde hostile et par là-même transformer cette hostilité en plénitude de vie. Ils assécheraient la colère du monde simplement en l'absorbant et la restitueraient en amour. Ils accepteraient leur statut de méprisés, de rejetés ; ils seraient un peuple affligé et familier de la douleur, blessés par les transgressions du monde, écorchés par ses iniquités, et à travers leur souffrance, leurs coups de fouet, le monde deviendrait plus sain. Le serviteur serait le symbole, la représentation sous un nouveau jour de cette vocation messianique du peuple juif. Au milieu de leurs souffrances, ils resteraient silencieux, ils n'ouvriraient pas la bouche pour protester. De cette façon, le serviteur, un autre agneau de Dieu, deviendrait « offrande pour le péché », et ainsi il serait dit des Juifs fidèles à cette vocation qu'ils pourraient être « reconnus comme de vrais justes » (És 53,11).

Il n'est pas difficile de comprendre pourquoi cette conception d'Israël comme « le serviteur souffrant » n'était pas une vocation susceptible de rallier la nation juive et à laquelle elle se sentirait appelée. Au premier siècle pourtant, la mort de Jésus est expérimentée et interprétée par les adeptes de Jésus comme cette vocation de « serviteur souffrant ». Jésus a étanché la colère, la douleur, l'hostilité et même la mort que d'autres ont fait tomber sur lui, et ce faisant, il a montré au monde le sens de l'amour et même la grandeur de Dieu. Paul penche plus lourdement pour les images de Yom Kippour tandis que Jean est à l'évidence attiré vers les images du serviteur d'Ésaïe 2.

Jean se rend certainement compte que cette compréhension de la mort de Jésus est une orientation très différente pour la communauté. Le messie est venu en Jésus, croient-ils, mais pour aboutir à quoi, puisqu'il a été crucifié. Pourtant, par sa capacité à endurer cette expérience sans résister, il a révélé ce qu'est une humanité accomplie. Le salut, perçu maintenant comme un appel à cet accomplissement humain, a été accompli, mais seulement chez ceux qui « croient », c'est-à-dire ceux qui, dépassant leur instinct de survie, ont acquis un nouveau sens de l'humain. Lorsque les évangiles synoptiques ont été écrits, après la destruction de Jérusalem et l'expérience de la répression romaine sur tout ce qui relevait du judaïsme, les disciples juifs de Jésus ont aussi été sujets à persécution. Ils s'en sont d'abord tenus à la promesse que cette persécution serait brève et que Jésus reviendrait sans tarder. Lors de son second avènement, il rétablirait le règne de Dieu.

Mais à l'époque de la rédaction du quatrième évangile, cet espoir a vacillé, voire disparu. Soixante-cinq à soixante-dix ans sont passés et Jésus n'est pas réapparu. La persécution ne s'est pas achevée. Le règne du mal n'a pas été brisé. C'est pourquoi Jean modifie le message et transforme l'histoire de Jésus. Il n'est pas mort pour payer le prix du péché. Il n'a pas promis de revenir bientôt pour établir le règne de Dieu. Ce genre de rédemption ne fait pas partie du vocabulaire de Jean. En revanche, Jean dit qu'il est mort pour ouvrir la vie humaine à un sens nouveau, à une définition nouvelle. Sa mort a été sa mise en valeur, le moment où Dieu s'est pleinement révélé en lui.

Dans les Discours d'adieu, Jean montre Jésus entraînant ses disciples vers cette nouvelle perspective. Au chapitre 14, il donne à trois des disciples le rôle d'interrogateurs qui permettront à Jésus d'ouvrir leur esprit à ce nouveau sens, cette nouvelle compréhension de sa mort.

Thomas est d'abord mis en scène et prend la parole. Jésus fait part de son départ imminent, disant à ses disciples de ne pas être inquiets, qu'il va leur préparer une place et qu'il reviendra. Il leur garantit qu'ils connaissent déjà le chemin. « Nous ne connaissons pas le chemin, rétorque Thomas, car nous ne savons pas où tu vas ». On ne peut pas connaître le chemin sans être au courant de la destination (Jn 14,5). Jésus reprend : tu ne comprends pas, Thomas, « Je suis le chemin, la vérité, la vie » (Jn 14,6). Ce n'est pas un voyage vers l'extérieur, mais un voyage intérieur. Dieu n'est pas là-haut, Dieu est ici. Le seul chemin vers le Dieu véritable est de vivre dans le sens de la vie du Christ, de découvrir la liberté de vous donner vous-mêmes. Voilà le seul chemin vers le Père.

Philippe entre alors dans la conversation : « Seigneur, montre-nous le Père et nous serons satisfaits » (Jn 14,8). Et Jésus de répondre : « Il y a si longtemps que je suis avec vous et tu ne me connais pas encore, Philippe ? » (Jn 14,9). Dieu n'est pas un être externe à localiser quelque part. Regarde-moi, Philippe ! Je suis dans le Père et le Père est en moi. Dieu est à l'œuvre en moi ; Dieu s'exprime à travers moi. C'est aussi vrai pour vous. Vous ferez même des actions plus grandes que celles que j'ai faites. Mais le secret est que vous gardiez le nouveau commandement. Vous devez aimer, non pas pour quelque profit, mais pour la joie d'aimer. Quand je serai parti, l'esprit de vérité viendra à vous. C'est Dieu qui vous habitera et vous qui habiterez Dieu. « Encore un peu de temps » (Jn 14,19), dit Jésus, phrase qui reviendra souvent ; c'est dans « peu de temps » que vous me reverrez et que ces choses se produiront.

Et voici que le troisième disciple prend la parole. C'est Jude (Jean s'empresse de nous dire qu'il ne s'agit pas de Judas Iscariote). « Seigneur, comment se fait-il que tu doives te montrer à nous et non au monde ? » (Jn 14,22). Jésus répond : comprenez que cette manifestation est intérieure, non extérieure. La révélation de Dieu vient avec la capacité à aimer au-delà de vos limites. Si vous m'aimez, vous garderez mon commandement de vous aimer les uns les autres et le Père vous aimera comme il m'a aimé. Alors le Père et le Fils viendront à vous et vous habiteront. Nous ferons en vous notre demeure. Telle est la synthèse de Jésus.

Jésus conclut cette partie du discours par ces mots : « Je vous ai dit cela pendant que je suis encore avec vous » (Jn 14,25). Il essaie donc de préparer ses disciples à son absence. Le Saint-Esprit viendra quand je serai parti, dit-il. Il vous enseignera tout et vous rappellera tout ce que je vous ai dit. Je vous laisse ma paix. Ce n'est pas le genre de paix que recherche le monde, mais la paix qui vous permettra d'affronter la réalité que vous aurez à endurer. Réjouissez-vous, car je vais au Père et ce n'est qu'après mon départ que l'esprit pourra venir à vous. Reconnaissez que le monde n'a aucun pouvoir sur moi. Le monde ne peut pas tuer qui je suis. Je fais partie de ce qu'est Dieu et il en sera de même pour vous. Je fais ce que commande le Père parce que j'aime le Père. Vous faites ce que je commande parce que vous m'aimez. Voilà le chemin pour comprendre.

Ainsi se termine le premier discours et Jésus redit la phrase déjà mentionnée : « Levez-vous, partons d'ici » (Jn 14,31). Des phrases similaires se trouvent dans la tradition synoptique quand Jésus, en prière dans le jardin et face à son destin, revient pour trouver ses disciples endormis. Il a accepté sa vocation de mourir. « Levez-vous, lui fait dire Marc, allons-y » (Mc 14,41-42). Jean le fait également avancer vers son destin, mais sous la plume de Jean, son destin va de plus devenir sa grandeur. C'est une perception nouvelle que nous allons entendre.

19

L'analogie de la vigne : Dieu est en nous, il n'est pas extérieur

À mesure que se déroulent les Discours d'adieu, il est clair que l'auteur met en cause la trame de la rédemption utilisée jusque-là dans sa génération. Cette trame suppose une division nette entre le domaine céleste et le domaine humain. L'esprit juif n'était pas encore totalement dualiste, mais les gens de cette époque croyaient que le lien entre les deux domaines étaient à la seule initiative de Dieu. Du ciel, Dieu avait demandé à Noé de construire l'arche qui sauverait l'humanité du déluge. Du ciel, Dieu avait appelé Abraham à quitter Ur en Chaldée pour donner naissance à un nouveau peuple (Gn 12,1-9). Du ciel, Dieu avait donné pour mission à Moïse au buisson ardent d'être le libérateur de son peuple choisi (Ex 3,1-22). À un moment (Ex 33,17-22), Moïse cherche à renverser l'ordre de l'initiative divine en demandant qu'il lui soit permis de voir Dieu face à face ; requête refusée. Sur l'insistance de Moïse, Dieu accepte un compromis. Moïse pourrait voir Dieu, mais seulement de dos lorsque Dieu disparaîtrait derrière une montagne. Je lis cela comme une indication qu'il a été donné aux êtres humains de voir seulement le passé et de découvrir où Dieu a été, jamais de voir l'avenir et où Dieu va. Ce Dieu externe appelait les prophètes à exprimer la parole divine dans des moments critiques de l'histoire des Hébreux (És 6,1-5 ; Jér 1,4-10 ; Éz 1,1-3 ; Os 1,1-5). Les premiers récits bibliques sont clairs ; il n'est pas donné à la vie humaine de discerner la réalité de Dieu à moins qu'elle ne soit révélée par Dieu même. Dieu pourrait venir vers la terre, mais aucun être humain ne pourrait s'élever jusqu'à Dieu.

Inévitablement, quand l'histoire de Jésus a commencé à prendre sa forme mythologique, ce modèle a été placé au centre. Il était dit que Dieu avait révélé la nature divine en la personne de Jésus, venu sur terre. À mesure que le christianisme est entré dans un monde grec, non juif, le dualisme a progressivement formaté le récit. Une fois acquise l'idée de cette « irruption divine », les croyants avaient à découvrir une raison méritant la venue de Dieu de manière personnelle dans l'histoire humaine. La solution : sauver les êtres humains de leurs péchés qui les ont séparés de Dieu. Le modèle allait bientôt prendre un tour bien singulier. Plus les autorités chrétiennes pouvaient montrer la dépravation de la vie humaine, plus grande était la grâce du salut de Dieu.

À mesure de son développement, ce modèle devait alors expliquer comment Dieu avait pu entrer dans la vie de Jésus et accomplir ainsi cet acte de salut. Comment le ciel et la terre s'étaient-ils rejoints ? Maintes interprétations apparaissent dans le Nouveau Testament lui-même. Tout à fait surprenantes, certaines entrent même dans la théologie ultérieure. D'abord, il y a la proclamation de ce que les disciples de Jésus croient avoir été une expérience tout à fait réelle : le Dieu saint a été rencontré dans l'homme Jésus. La première affirmation de cette expérience présentée par Paul tient en une simple phrase : « Par le Christ, Dieu agissait pour réconcilier tous les humains avec lui » (2 Cor 5,9). Lorsque quelques années plus tard, Paul essaie d'expliquer comment Dieu et l'homme Jésus se sont rejoints, il suggère que Dieu a « désigné » Jésus comme son fils selon l'esprit de sainteté « quand il fut ressuscité d'entre les morts » (Rm 1,1-4). Cette affirmation suggère que Dieu a fait entrer Jésus dans la divinité au moment de la résurrection, une conception qui, dans l'histoire ecclésiastique postérieure, allait être rejetée comme hérésie sous le nom d'Adoptionisme.

Au début des années 70, une nouvelle approche est développée quand Marc, qui écrit autour de l'année 72, fait le portrait d'un homme adulte, pleinement humain jusqu'au moment où il vient se faire baptiser. Alors que Jésus sort de l'eau, Marc dit : « Il vit le ciel s'ouvrir et l'Esprit Saint descendre sur lui comme une colombe ; et une voix se fit entendre du ciel “Tu es mon Fils bien-aimé ; je mets en toi toute ma joie” » (Mc 1,9-11). D'après Marc, Jésus est une vie humaine qui au baptême a été en quelque sorte « infusée par Dieu ».

L'étape suivante dans le développement de cette trame est venue avec l'évangile de Matthieu, écrit au début ou au milieu des années 80, et celui de Luc, écrit à la fin des années 80 ou peut-être même le début des années 90. Les deux développent la thèse originelle de Marc, mais l'Esprit Saint devient, non pas la présence de Dieu répandue du ciel sur Jésus lors du baptême, mais plutôt le père ou disons l'agent masculin de sa conception biologique. Ces évangiles laissent entendre que le divin et l'humain se sont rejoints, non pas à quelque moment de la vie de Jésus, mais à celui même de sa conception. C'est le contexte dans lequel l'histoire de la naissance virginale est entrée dans la tradition chrétienne ; une histoire, à mon avis, dont ni Paul ni Marc n'avaient jamais entendu l'écho ; une histoire que l'un comme l'autre auraient trouvé inconcevable !

Une fois cette irruption divine à travers Jésus intégrée dans la tradition en cours de formation, l'histoire de la croix a été de plus en plus racontée comme le point ultime où la présence de Dieu en Jésus a assumé la douleur et vaincu le mal de la nature humaine « déchue ». L'arrière-plan de cette idée d'une « offrande pour le péché » pour vaincre le mal est très primitive. Il prend racine dans le concept de sacrifice d'animaux. Dans l'histoire humaine primitive, des animaux étaient offerts à une divinité irritée pour la fléchir et éviter un châtiment.

De même, la croix en est venue à être considérée comme le lieu où le prix du péché a été payé, la justice faite, le pouvoir de la mort brisé et une nouvelle relation à Dieu inaugurée.

Pourtant, la mort de Jésus n'a pas apporté la fin attendue de l'histoire, ni inauguré le règne de Dieu sur terre. Les premiers chrétiens ont couvert cette déception en élargissant leur cadre d'interprétation mythologique, pour y inclure l'idée d'un retour de Jésus. Ils ont ainsi pensé qu'ils vivaient entre la première venue de Jésus ayant culminé dans la crucifixion, et sa seconde venue qu'ils attendaient. C'est pourquoi ils se sont mis à prier pour ce retour dans des mots maintenant familiers attribués à Jésus, « Que ton règne vienne », et ils décrivent à quoi ressemblerait ce règne dans la phrase suivante, « Que ta volonté soit faite sur la terre comme au ciel ».

Les années passant, la seconde venue de Jésus ne se matérialise pas. Les disciples de Jésus, qui littéralement attendent du ciel le retour du Christ, vieillissent et meurent ; un problème dont parle Paul dans 1 Thessaloniciens qui date du début des années 50. Plus tard, Luc suggère que le second avènement qu'ils attendent n'est peut-être pas le règne de Dieu, mais la naissance de l'Église, qui précéderait le retour de Jésus. Dans l'écriture des deux volumes de Luc, son évangile et les Actes, cet auteur décrit comment le mouvement de Jésus, commencé en Galilée, fait son chemin d'abord vers Jérusalem, centre du monde juif, puis vers Rome, le centre du monde connu.

L'auteur du quatrième évangile connaît ces aspects de l'histoire de Jésus. Mais, en tant que Juif de Palestine et mystique juif, il comprend Dieu autrement, si bien que son interprétation de la présence de Dieu en Jésus est bien différente. Cela constitue le cœur de la section suivante des Discours d'adieu.

Dans l'esprit de Jean, les représentations de l'espace et du temps paraissent s'évanouir. Jésus semble vivre dans un monde plus mystérieux, plus transcendant. Dieu n'est pas un être « extérieur » d'un royaume divin lointain. Dans la vision de Jean, quand Dieu au début de la création dit : « Que la lumière paraisse » (Gn 1,3), d'après le processus de création décrit par les écritures juives, ces paroles divines viennent de Dieu et englobent, comme le fait la lumière, tout ce qui existe. Ceux qui vivent dans cette lumière vivent en Dieu. D'après Jean, Jésus est la « parole de Dieu » qui apporte la lumière au monde. Rappelez-vous qu'il n'y a aucune histoire de naissance virginale dans le quatrième évangile. Jésus a été la vie à travers laquelle et dans laquelle Dieu s'est révélé. C'est pourquoi Jean peut parler de Jésus et Dieu comme un, et placer sans cesse le nom même de Dieu dans la bouche de Jésus. Pour Jean, il n'est pas question de chute dans le péché ni d'un temps où l'humain et le divin ont été séparés : l'un imprègne l'autre. Puisque dans l'esprit de Jean, Dieu n'est pas un être extérieur, il n'y a pas de séparation entre Dieu et la vie, du moins pas de division avec des connotations de morale, de temps ou d'espace. Jésus, par conséquent n'est pas « mort pour nos péchés ». Pas plus qu'il n'a été la victime que Dieu punit pour ne pas avoir à châtier les pécheurs qui le méritent, ni à remplacer le pécheur par l'animal sacrificiel. Ce sont des concepts étrangers à cet auteur.

Pour le mystique juif, Dieu était et est une présence immanente, non un être externe. La mort de Jésus n'a donc pas été un châtiment, ni le prix à payer pour le mal ; mais plutôt le moment ultime où la grandeur de Dieu a été révélée dans la capacité de Jésus à livrer sa vie dans l'amour. L'apogée de la vie de Jésus sur la croix est pour Jean la révélation ultime de la présence et du sens de Dieu.

Pour Jean, Dieu est lumière, illuminant tous ceux qui peuvent ouvrir les yeux. Dieu est vie, la même vie qui circule dans l'univers, mais parvenue à la conscience personnelle seulement dans les êtres humains, à vrai dire uniquement chez ceux qui veulent bien risquer d'entrer ou de naître dans une dimension humaine nouvelle. Dieu est amour, cette puissance génératrice de vie qui s'empare de tous ceux qui acceptent la vulnérabilité qu'apporte toujours l'amour. Cela signifie que, pour Jean, Jésus n'est pas quelqu'un qui est venu puis parti, et qui un jour reviendra. Jésus est plutôt une présence de Dieu qui invite tous les humains à entrer dans ce qu'il est, à renaître de l'esprit, à naître à des dimensions nouvelles de l'humain, et de ce fait à participer à l'éternité de Dieu. Il n'y a donc dans cet évangile aucune idée d'un retour de la personne de Jésus. Il s'agit plutôt d'un nouvel éveil à la vie, éveil qui rend ceux qui sont nés à cette nouvelle dimension capables de porter le sens du Christ et la puissance du Christ dans chaque génération. Le second avènement est ainsi ni plus ni moins que la prise de conscience de l'esprit qui ne cesse de nous saisir.

Dans les chapitres 15 et 16 des Discours, le dialogue sous forme de questions-réponses avec différents disciples fait place à de longs monologues de Jésus ; mais il ne cesse pas d'essayer de faire comprendre qui il est et quel est son lien avec Dieu. En outre, un sentiment d'urgence s'amplifie. Le temps presse et les paroles de Jésus doivent être entendues et reçues. Sinon, la tension à l'intérieur de la communauté johannique risque d'être fatale. La vision transformatrice de Jésus est le fardeau que la communauté a vocation à porter. Ils sont passés par des moments de douleur et de stress ; leur survie dépend donc de leur capacité à saisir ce nouveau sens de Jésus, et à faire leur cette réalité nouvelle. Maintenant Jean va dessiner cette relation au moyen d'images les plus mémorables.

Une des analogies antiques utilisée par les prophètes pour le peuple d'Israël était « la vigne de Dieu » (És 5,1-10 ; Jér 12,10 ; Éz 19,10). Jean emprunte cette image à son passé juif pour traduire son message d'unité mystique. Pensez à Dieu comme au vigneron, fait-il dire d'abord à Jésus. Dieu veut faire circuler dans la vigne la vie divine. Le vigneron soigne la vigne, la taille même pour qu'elle porte davantage de fruit. Pensez à moi, dit Jésus, comme à cette vigne. Les gens d'Israël se pensaient les tenants de la vocation de peuple messianique à travers lequel seraient bénies toutes les nations du monde ; maintenant ouvrez les yeux, continue-t-il, et regardez-moi comme le symbole de ce nouvel Israël, celui qui incarne maintenant cette vocation. Je suis le point d'ancrage de ce projet messianique. Je suis une vie humaine en qui la vie de Dieu est présente. Je suis celui à travers qui toutes les nations du monde seront bénies. Et regardez-vous comme les branches de cette vigne ; voyez comment nous sommes tous reliés dans ce projet divin. Dieu circule en moi. Je circule en vous. Votre vocation en tant que branches de la vigne est de rester fixés à la vigne ; c'est la condition pour porter du fruit. Vous ne pouvez pas remplir votre destinée seuls. Si vous demeurez en moi, je demeurerai en vous. De cette demeure mutuelle résultera une nouvelle unité. Si vous demeurez en moi, *mes paroles* vous habiteront ; vous deviendrez vous aussi « la parole de Dieu incarnée », et dans cette création nouvelle sera à nouveau manifestée la grandeur de Dieu. Le Père m'aime, et je vous aime. L'amour est la présence de Dieu. Demeurez dans cet amour. Dans l'amour, vous vous libérez des murs défensifs derrière lesquels s'abritent les humains pour leur sécurité. L'amour vous rend vulnérables et vous rend craintifs, mais vous donne aussi une nouvelle envergure, de nouvelles perspectives sur la vie. Ce n'est qu'en donnant votre vie par amour que vous pouvez vivre totalement. Je serai par conséquent pleinement vivant quand je serai crucifié. Dépasser mon simple souci de survie, c'est me libérer de mon égocentrisme. Nous possédons le plus parfaitement la vie quand nous sommes capables de donner notre vie par amour. C'est dans ce genre d'amour que vous devez demeurer, et si vous le faites, ma joie sera en vous et votre joie sera complète. Ces paroles de Jésus offrent une perspective mystique très forte sur le sens de la vie.

L'amour, continue Jésus, est le secret de la vie ; c'est pourquoi l'ordre que je vous donne est si simple : Vous vous aimerez comme je vous ai aimés. L'amour le plus grand consiste à être libre de donner sa vie. C'est aussi la porte vers une conscience nouvelle. Empruntez cette porte et vous ne serez plus disciples ou partisans ou serviteurs ; vous serez des amis. Nous partagerons la mission divine d'apporter la vie, une vie abondante pour tous.

L'amour dont je parle, dit Jésus, vous rendra libres de supporter la haine et le mépris. Ceux qui vivent dans les ténèbres n'apprécieront jamais votre volonté de marcher dans la lumière. Ils trouveront que votre vie juge la leur. Ils regarderont votre amour comme un jugement de leur insécurité et de leur instinct de défense. Vous serez donc incompris. Il faut vous y attendre. Chaque découverte d'une nouvelle prise de conscience suscite une persécution de la part de ceux qui ne peuvent pas faire ce pas. Beaucoup ne verront pas que ce que vous offrez est l'accomplissement de leurs propres attentes pourtant écrites dans leur loi. Ils chercheront presque inévitablement à orienter leur vie religieuse vers un nouveau système sécurisé.

Reconnaissez maintenant, continue Jésus, que malgré mon départ, le sens que je suis venu apporter ne disparaîtra pas. Ce que j'ai fait c'est de vous ouvrir une nouvelle approche de ce qu'est être humain. Confiance. Maintenant que cette voie est ouverte, pas question de la refermer. L'esprit de vérité, qui vient du Père, sera là où j'ai été. Cet esprit, appelé le Conseiller, me portera témoignage. Vous le reconnaîtrez et le comprendrez parce que vous avez été avec moi depuis le début. De même que je demeure en Dieu, vous devez demeurer en moi.

Ce que Jésus enseigne ici n'est pas la rédemption de déchus, mais la transformation. Notre unité ne sera pas brisée. Dieu fait partie de vous ; vous faites partie de Dieu. La même vie et le même amour qui circule de Dieu à travers la vigne du Christ irriguera les branches, c'est-à-dire ceux qui sont de Dieu. Il existe maintenant une communauté mystique qui générera une humanité nouvelle. Une communauté ne doit pas être entendue comme une relation autorité-sujet, maître-esclave ou même sauveur-pécheur. C'est plutôt une manière toute nouvelle de comprendre le divin. Nous avons abandonné le Dieu de là-haut dans le ciel. Ce Dieu est maintenant entré dans la vie. Nous avons rencontré ce Dieu d'abord en Jésus, et maintenant le monde verra ce Dieu en ceux qui se désignent eux-mêmes comme le « corps du Christ ».

Maintenant dans les Discours d'adieu, après l'adresse à ses disciples avant sa mort, Jésus semble parler à la communauté johannique dans son époque, celle où cet évangile a été écrit et où la communauté johannique vit dans la crainte, en butte à la persécution. L'auteur de cet évangile veut faire entendre à la communauté une parole de Jésus qui situerait leurs souffrances du moment dans le contexte de cette nouvelle compréhension de Dieu et de la vie de Jésus qu'il est en train d'élaborer. Il veut placer leurs épreuves dans ce sens de communion mystique.

En écoutant ces paroles, il est facile d'imaginer quelque chose de la souffrance de cette communauté. « Ils vous chasseront des synagogues », dit Jésus, d'après Jean ; ce qui est arrivé en réalité. Le temps viendra, poursuit Jésus, où ceux qui vous tueront penseront rendre service à Dieu (Jn 16,2). Cela aussi s'est produit. Ne vous accrochez pas à moi, réitère Jésus, mais rappelez-vous ce que je vous ai dit. Vous ne devez pas être dépendants de moi, élevez-vous plutôt à une nouvelle responsabilité, avec une nouvelle maturité. C'est à votre avantage que je m'en aille. Dieu ne peut pas être limité à un seul médiateur.

Vous êtes chacun une vie en qui et à travers qui Dieu peut vivre et agir. J'ai été la porte d'entrée sur cette expérience nouvelle, mais cette porte franchie, vous savez qu'au-delà il y a un esprit sans limites à mettre en action. (Jean appelle ce nouveau visage de Dieu l'Avocat, ou le Paraclet.) Cet esprit ouvrira de nouvelles portes et vous conduira à la vérité. Vous n'avez nul besoin de questionner quiconque. Ayez confiance en ce que vous savez, ayez confiance en vous ; vivez votre être nouveau. Tout ce qu'a le Père est à moi. Tout ce qu'est Dieu, je le suis. Maintenant je vous le donne. Vous pouvez être désormais le chemin et la vérité. Vous pouvez être la porte. Vous pouvez être le pain de vie, l'eau vive, un bon berger et même une source de résurrection. Accueillez l'esprit et partagez-le. Soyez qui vous êtes et en même temps rendez les autres libres d'être qui ils sont. Ne vous en tenez pas aux limitations humaines. Ne vous souciez pas des aléas de votre vie, si amers qu'ils puissent être. De même que je trouverai ma grandeur en étant élevé sur la croix, vous aussi trouverez votre grandeur dans votre capacité à transmettre le sens de ma vie au monde, non pas en dépit mais à cause de vos souffrances.

Il nous faut reconnaître que ce sont des paroles que l'auteur du quatrième évangile adresse à ceux qui vivaient vers la fin du premier siècle. Ceci étant, Jean ajoute un paragraphe éloquent contenant des répétitions appuyées et même ennuyeuses. Jésus dit : « *D'ici peu de temps* vous ne me verrez plus ; *puis peu de temps après* vous me reverrez » (Jn 16,16). L'expression « *peu de temps* » est répétée sept fois ! Dans quel but ? Quelle est la signification de ce *peu de temps* ? La période entre la crucifixion et le second avènement n'est plus « *peu de temps* » ; soixante-cinq à soixante-dix années se sont écoulées. Si l'on compte vingt ans pour une génération, ce laps de temps fait plus de trois générations. Comme nous l'avons vu précédemment, le second avènement était attendu et espéré au cours de la vie de ceux qui avaient entendu Jésus de vive voix. La plupart d'entre eux étaient maintenant morts. L'expression « *peu de temps* » doit donc se référer à quelque chose d'autre.

Les disciples demandent : Que veux-tu dire par « peu de temps » ? Qu'est-ce que « peu de temps » ? Ils répètent l'expression comme s'ils la ruminaient intérieurement. Cette expression est alors reliée à Jésus qui s'en va vers le Père (Jn 16,17). « Que veux-tu dire ? » demandent-ils. Nous ne savons pas ce que « peu de temps » signifie. Ils apprendront bientôt que selon Jean le second avènement n'est pas la fin du monde. C'est quelque chose qui se produira seulement « peu de temps » après la crucifixion. Nous découvrirons de quoi il s'agit au moment où l'évangile arrivera à son apogée.

Finalement, Jésus entre dans cette conversation circulaire et décrit ce qu'ils savent déjà par expérience : « Vous pleurerez et vous vous lamenterez tandis que le monde se réjouira ; vous serez dans la peine mais votre peine se changera en joie » (Jn 16,20). Puis il utilise l'analogie de l'accouchement. Ce moment est pénible et stressant, mais quand le « travail » de la mise au monde est terminé, la femme est délivrée, puis elle oublie ses souffrances tant elle a de joie qu'une vie nouvelle soit entrée dans le monde. Supportez donc le présent, dit-il, sachez que l'avenir sera plus sûr.

Le thème de l'évangile est donc réitéré : « Je suis venu du Père comme la parole qui révèle, et je suis arrivé dans le monde ; je quitte maintenant le monde et je retourne au Père » (Jn 16,28). N'est-ce pas clair ? Ils devraient comprendre.

Les disciples ont la réplique toute prête : « Ah ! voilà que tu parles clairement. Maintenant nous savons que tu connais tout et que tu n'as pas besoin d'attendre qu'on t'interroge. C'est pourquoi nous croyons que tu es venu de Dieu » (Jn 16,29-30). « Vous croyez *maintenant* ? » demande Jésus, rappelant leur honte et leur déception. Alors pourquoi vous êtes-vous dispersés quand j'ai été arrêté, m'avez-vous laissé seul et vous êtes-vous enfuis chez vous ? Pourquoi avez-vous renié ? Rien de tout cela n'importe, assure-t-il ; si Dieu est en moi, alors je ne suis jamais seul. Voilà ce que vous devez apprendre. Dieu est reconnu quand ceux qui peuvent ouvrir les yeux le font et quand ceux qui ont le courage de vivre cette nouvelle expérience, ce nouveau sens de la liberté, peuvent aller de l'avant. Alors vous saurez que rien ne peut vous détruire. Jésus conclut : « Dans ce monde, vous aurez à souffrir, Mais courage ! J'ai vaincu le monde ! ». Comme l'a dit mon mentor théologique, Paul Tillich, vous devez avoir le « courage d'être » ; cela vient quand vous savez que votre être est enraciné dans le Fondement de l'Être.

C'est la fin des Discours d'adieu. L'apogée est imminente.

20

La prière de Jésus : Gethsémani transformé

Le Jésus de Jean formule maintenant une prière avant le point culminant de sa vie. Dans les Discours d'adieu, Jésus tentait de communiquer par des paroles. Dans le récit de la passion, ce sera par l'exemple de sa vie. Cette prière est une transition entre les discours et le récit de la passion. Et, comme presque tout dans le quatrième évangile, les paroles et les images dans cette prière sont sensiblement différentes de celles des synoptiques.

Dans les premiers évangiles, Jésus, avant son arrestation, est dit avoir prié dans un endroit appelé Gethsémani, un nom qui en hébreu évoque un « pressoir à huile d'olive ». Les mots de la prière varient légèrement dans ces premiers évangiles, mais le message est essentiellement le même. Marc emploie ces mots : « Abba, ô mon Père, tout t'est possible ; éloigne de moi cette coupe de douleur ; toutefois, non pas ce que je veux, mais ce que tu veux » (Mc 14,36). Matthieu n'apporte aucun changement significatif. Luc ajoute (dans quelques manuscrits anciens mais pas tous) quelques nouveaux détails, telle l'apparition d'un ange venu du ciel pour le réconforter (Lc 22,43), et une description qui souligne la douleur intense de Jésus : Luc nous dit qu'au cours de sa prière ardente « sa sueur devint comme des gouttes de sang qui tombaient à terre » (Lc 22,43).

Jean écarte les prières de Gethsémani des évangiles précédents. Ces paroles tout simplement ne cadrent pas avec la compréhension de Jean concernant Jésus, sa passion ou sa mort. Dira-t-il : « Éloigne de moi cette coupe de douleur ? ». Non, Jean fait dire à Jésus : « C'est pour cela que je suis né. Quand j'aurai été élevé de la terre, j'attirerai à moi tous les humains » (Jn 12,32). Jean ajoute une explication à cette interprétation : « Par ces mots, Jésus indiquait de quel genre de mort il allait mourir » (Jn 12,33). La croix va être le trône emblématique de Jésus !

Avec ce préambule à la crucifixion et cette manière de comprendre la mort de Jésus, il est tout à fait évident que la prière de Jésus chez Jean sera très différente de l'approche des évangiles synoptiques. Au moins un exégète de Jean pense que cette prière est la clé pour comprendre l'évangile tout entier[1], et cela est vrai.

Regardez d'abord comment la prière est introduite : elle commence par l'annonce de Jésus : « l'heure est venue » (Jn 17,1), une expression familière chez Jean qui évoque un destin inexorable pour Jésus et la signification que révélera « son heure ». Le temps est arrivé pour lequel « la parole de Dieu » est venue en ce monde. La croix apparaît, non pas comme lieu d'exécution, mais comme le trône sur lequel Jésus sera élevé de terre pour devenir le sens ultime de la révélation divine. « Père, l'heure est venue. Manifeste la gloire de ton Fils, afin que le Fils manifeste aussi ta gloire » (Jn 17,1).

La « grande prière sacerdotale » se divise en trois parties. La première est une prière que Jésus prononce pour lui-même, la seconde est une prière pour ses disciples et la troisième une prière offerte pour ceux qui au cours de l'histoire croiront à cause du témoignage des disciples. La demande fondamentale dans cette prière est l'unité parmi les croyants. Le résultat souhaité n'est pas au demeurant l'unité *ecclésiastique*, conclusion fréquente. Un tel usage est toujours au service du pouvoir institutionnel. Ce n'est pas non plus l'unité *doctrinale*, ce que divers conciles de l'Église ont souvent compris et cherché à imposer. Ce n'est pas une unité prescrite au service de quelque stratégie. Non, l'unité dont il s'agit dans cette prière est l'harmonie entre l'humain et le divin, le thème constant de cet évangile. C'est l'union de la vigne et des branches. Cette union est atteinte lorsque Dieu est compris, non pas comme un être extérieur, mais comme l'essence de la vie. Dans le récit de Jean, Jésus s'attribue même le nom et le titre à la troisième personne afin que ceci soit bien clair : l'unité est réalisée quand vous connaissez le « seul véritable Dieu et Jésus-Christ que tu as envoyé » (Jn 17,3). La parole de Dieu vient de Dieu, révèle le sens de Dieu et retourne à Dieu. C'est une expérience mystique d'harmonie, non pas une harmonie qui fait disparaître l'individualité, mais au contraire dans laquelle l'individualité est affirmée, et un nouvel être promu.

Jésus oriente ensuite sa prière vers ses disciples. Il rappelle d'abord des moments partagés avec eux au cours de sa vie. « J'ai manifesté ton nom à ceux que tu m'as donnés », dit-il à Dieu. Dans le langage du monde hébreu, le « nom » de Dieu équivaut à l'essence de Dieu, comme nous

1. Je fais référence à Ernst Kasemann dont le livre *The Testament of Jesus* a pour sous-titre *Study of the Gospel of John in the Light of Chapter 17* (*Étude de l'évangile de Jean à la lumière du chapitre 17*).

l'avons vu précédemment dans le débat sur « Je suis ». C'est ainsi que nous disons « Que ton nom soit sanctifié ». Ce que dit le Jésus de Jean est ceci : j'ai fait connaître l'être divin ; j'ai donné à mes disciples « la parole », la révélation de ce qu'est Dieu, la révélation que toi, Dieu, tu m'as donnée. Les disciples devraient comprendre que la parole de Dieu est la révélation de l'être de Dieu. L'appel de Jésus est à un être nouveau, avec une nouvelle dimension de vie qui fait expérimenter une union transcendante.

« Maintenant je ne suis plus dans ce monde », phrase attribuée à Jésus par Jean, ce qui montre que ces paroles n'ont pas été prononcées dans la période avant la crucifixion, mais écrites pour le temps où ce livre a été écrit. Dans cette époque plus tardive, la communauté johannique est au milieu du monde. C'est pourquoi il prie pour eux : « Père saint, garde-les en ton divin pouvoir » (Jn 17,11). J'ai ouvert pour eux une porte vers l'essence de Dieu, dit-il. Garde-les dans cette essence. Cela a été mon rôle tant que j'étais avec eux et leur joie a besoin de s'épanouir dans leur nouvelle vie à eux. Ils ont été élevés au-dessus des barrières derrière lesquelles s'abritent les humains en mode survie. Ils ont maintenant un regard neuf, ils aiment avec un cœur nouveau et ils ont un sens nouveau de l'humain. Ils sont donc différents, et le monde haïra toujours ce qu'il juge différent. La lumière fait peur à ceux qui se cachent dans l'obscurité. L'amour est une menace pour ceux dont les défenses sont impénétrables.

Jésus poursuit : « Je ne te prie pas de les retirer du monde, mais de les garder du Mauvais » (Jn 17,15). Croire, tente d'expliquer Jésus, ne signifie pas l'exemption de la souffrance et du danger, mais la force d'être pour traverser cette souffrance et ce danger sans se laisser briser. Cela signifie que rien d'extérieur à nous ne peut finalement nous détruire. Nous sommes reliés à ce qui est l'ultime réalité et l'ultime éternité.

« Fais qu'ils soient entièrement à toi », continue Jésus, rends-les saints, rends-les sains (Jn 17,17). Rends-les libres pour devenir tout ce qu'ils peuvent être. C'est ainsi qu'ils connaîtront la révélation de Dieu, la vérité de la « parole » et l'essence de la vie de Jésus. Dieu m'a envoyé dans le monde comme porteur de cette « parole de Dieu », dit-il. Et comme j'ai été envoyé, c'est à mon tour de les envoyer. J'ai été consacré, j'ai été rempli de vie et de sainteté et rendu libre de donner ma vie. Je prie pour que eux aussi soient consacrés, remplis de vie et de sainteté, et rendus libres de donner leur vie.

Ensuite, cette prière se tourne vers l'avenir, vers ceux qui « croiront en moi grâce à leur message » et à leur vie de disciples. « Que tous soient un, Père, comme toi tu es uni à moi et moi à toi » (Jn 17,21). L'unité, le lien intime de la vie et de l'amour, rassemble Dieu et l'humain, le Fondement de l'Être et l'être. Le quatrième évangile ne cesse d'insister sur ce point. Dieu n'est pas une entité extérieure et distante ; Dieu est une vie dans laquelle nous entrons, un amour que nous partageons, le sol dans lequel nous sommes enracinés. L'appel du Christ n'est pas à une religion, mais à une nouvelle harmonie mystique. La mort de Jésus ne sera pas la fin de sa vie ; elle sera le moment où le sens de Dieu se révélera, le moment où Jésus sera exalté, parce qu'en lui sur la croix le monde verra Dieu. Jésus révélera Dieu comme le portrait de la vie épanouie, de l'amour sans limite et de l'être mis en valeur. C'est une invitation à franchir la porte du Christ : « Je suis le chemin » (Jn 14,6), et à entrer dans sa vie largement déployée : « Je suis la résurrection » (Jn 11,25).

La dernière partie de cette prière demande que ceux qui sont devenus disciples puissent être avec le Christ « là où je suis, afin qu'ils voient ma gloire » (Jn 17,24). Ceci n'est pas une demande pour aller dans un endroit tranquille et voir ce que les yeux ne peuvent pas normalement voir. C'est plutôt une demande que la vie de Dieu, trouvée en la personne du Christ, puisse être vue chez les disciples de Jésus et que nous aussi puissions manifester le rayonnement de Dieu. C'est une prière pour que l'essence de l'amour puisse être « en eux comme je suis en eux ». La bonne nouvelle de l'évangile, d'après Jean, ne consiste pas en ce que vous, pauvres pécheurs déchus et misérables, vous ayez été sauvés de votre destin et de la punition méritée, par le pouvoir d'un Dieu héroïque surnaturel accouru à votre secours. Nulle part Jean ne donne à croire le mantra terrible et générateur de culpabilité que « Jésus est mort pour mes péchés ». Il propose plutôt une perspective incroyablement nouvelle sur le sens de la vie. Nous ne sommes pas déchus ; nous sommes simplement incomplets. Nous n'avons pas besoin d'être secourus mais d'expérimenter la puissance d'un amour qui englobe tout. L'appel qui nous est adressé n'est pas à être pardonnés ni même rachetés ; il est à dépasser nos limites pour acquérir une nouvelle compréhension de l'humain. C'est passer d'un état de repli sur soi à la découverte que nous partageons une conscience universelle. Jean restitue le message de Jésus, à savoir que l'essence de la vie est découverte quand nous sommes libres de donner notre vie, que nous connaissons l'amour dans l'acte d'aimer et que l'appel à la vie est d'être tout ce que chacun de nous peut être, et alors de rendre les autres capables d'être tout ce que eux aussi peuvent être.

C'est le sens des signes dans l'évangile de Jean. C'est le message réitéré dans les Discours d'adieu. C'est l'essence de cette prière que Jean a composée et placée sur les lèvres de Jésus.

QUATRIÈME PARTIE

LE RÉCIT DE LA PASSION : DES TÉNÈBRES À LA LUMIÈRE, DE LA MORT À LA VIE

21

Brève introduction à l'apogée de cet évangile

Les lecteurs du quatrième évangile doivent garder à l'esprit qu'il a été écrit à deux niveaux. L'un essaie de rappeler le Jésus des origines. Une longue période s'est écoulée entre la crucifixion et l'écriture du texte, ce qui n'a pas facilité le travail de mémoire. Le deuxième niveau tente de comprendre Jésus à travers le filtre de la communauté johannique, un groupe qui inévitablement interprète Jésus à travers les lentilles des traumatismes qu'il subit vers la fin du premier siècle.

La plupart des gens ne lisent cet évangile qu'au premier niveau ; en fait presque chaque verset du texte révèle qu'il est à lire au second niveau. Dans la passion et la crucifixion de Jésus, ce n'est pas la mémoire historique de Jésus qui est mise en avant ni au centre ; c'est plutôt l'expérience de vie de la communauté qui sert de prisme pour la narration de l'histoire.

À l'époque où est écrit cet évangile, la communauté johannique est confrontée, dans l'ordre, à trois réalités. Je souhaite les rappeler ici brièvement, tellement elles sont cruciales pour comprendre l'évangile à son apogée.

La foi chrétienne est un mouvement né à l'intérieur de la synagogue. Les disciples de Jésus étaient connus comme « les adeptes de la voie », un sous-groupe à part, mais ce mouvement n'avait nulle intention de se séparer du judaïsme. Il est incontestable que tout mouvement nouveau ou approche nouvelle à l'intérieur d'une foi met en cause le *statu quo* religieux et occasionne des tensions. Ce n'était pourtant pas l'intention de ce mouvement. Les disciples de Jésus voulaient seulement élargir le judaïsme pour y inclure Jésus, de même que le judaïsme s'était élargi à plusieurs reprises dans le passé pour inclure des personnages tels que Ésaïe, Osée, Amos, Michée et d'autres voix prophétiques. C'est pourquoi, dans la première phase du christianisme, les disciples de Jésus n'avaient de cesse d'établir un lien entre Jésus et les héros juifs du passé, tels que Abraham, Moïse et Élie.

Les tensions entre la tradition ancienne et cette approche nouvelle ne créent pas une situation de tout confort mais elle est néanmoins tolérable, jusqu'au moment où des circonstances extérieures l'aggravent dangereusement. C'est la situation jusqu'en l'année 66, débuts de la guerre entre Juifs et Romains en Galilée. Quand le conflit s'étend en Judée, la ville de Jérusalem et son Temple sont détruits par l'armée romaine en 70. À ce moment, et comme résultat direct de cette destruction, le judaïsme se met à lutter pour sa survie. Quand cessent les hostilités, à Massada en 73, le judaïsme a perdu son foyer national, sa cité sainte, son temple et ses prêtres. Plus question de tolérer un quelconque mouvement réformiste qui saperait son énergie et mettrait en cause ses frontières ; ainsi la communauté johannique est forcée de fuir Jérusalem. Nous ne sommes pas certains de sa destination finale, quoiqu'une solide tradition situe cette communauté dans la ville d'Éphèse, où la coexistence avec la synagogue est à nouveau difficile. Les tensions s'accroissent entre les autorités juives orthodoxes et ce mouvement réformiste jusqu'à ce que, vers l'année 88, les premières expulsent les adeptes de Jésus. Un mouvement qui a cherché à se définir comme une expansion du judaïsme se trouve désormais hors de ce cadre. La seconde étape de la vie de la communauté johannique va commencer.

Cette communauté johannique se trouve maintenant dans une situation nouvelle. La question devient : comment vont-ils continuer à se relier eux-mêmes et à relier ce Jésus aux écritures hébraïques avec leurs attentes messianiques, s'ils ne font plus partie du judaïsme ? Ils s'installent dorénavant dans une phase d'après-judaïsme, marquée par une hostilité profonde et durable envers les autorités de la synagogue qui les ont excommuniés. C'est alors que le terme « les Juifs » entre dans les écrits johanniques pour désigner symboliquement les ennemis des disciples de Jésus. Cette négativité s'accroît jusqu'à devenir une réaction constante dans la communauté johannique, alors qu'ils cherchent à se définir eux-mêmes non plus comme une extension du judaïsme, mais comme séparés du judaïsme dont ils ont été expulsés. Ceci est le cadre de la troisième étape de la transition.

Dans ce nouveau contexte, les tensions deviennent internes. Les gens cherchent à se définir en dehors du cadre du judaïsme ; ils se débattent alors pour savoir jusqu'où ils peuvent aller pour parler de l'expérience de Jésus comme expérience de Dieu, sachant qu'une adhésion totale est impossible pour beaucoup de membres de la communauté qui ont grandi dans le judaïsme. Ceux-ci peuvent à la rigueur envisager Jésus comme l'accomplissement des attentes juives, mais peuvent-ils aller jusqu'à penser que Dieu et Jésus sont étroitement identifiés, avec cette prétention de Jésus d'être un avec le Père ? Peuvent-ils être à l'aise avec l'idée que Jésus a pu s'appliquer à lui-même le nom divin « Je suis » ?

Alors qu'ils cherchent à s'entendre sur ces questions, une autre scission se produit dans leur communauté : quelques-uns, incapables d'opérer cette transition, s'éloignent et retournent à la synagogue. Pour la communauté johannique, ce sont des traîtres. D'autres oscillent entre les deux camps et doutent ; ils pourraient abandonner Jésus, pourraient ne pas le reconnaître ; toujours sur le point de s'en aller, ils trouvent finalement le courage d'avancer et de franchir le pas vers une vision nouvelle. Naturellement au cœur de cette communauté, d'autres sont toujours fidèles à la vision en cours de développement. Ils sont appelés les parfaits disciples, voire les disciples bien-aimés. Dans l'histoire de la passion, le quatrième évangile semble élaborer des personnages qui symbolisent chacune de ces positions historiques.

En plus, il leur faut affronter et subir l'hostilité du monde. Cette communauté johannique en lutte est coupée de ses racines juives et déchirée en interne dans sa vision de Jésus comme la vie qui va déterminer leur avenir. Or, en regardant autour d'eux, ils se trouvent confrontés à l'Empire romain. Le symbole humain de ce monde-là est celui qui est le plus haut représentant romain en Judée, Pilate ; il devient la « figure » de ce monde. Quand Jésus est en face de Pilate, dans le récit de la passion selon Jean, plusieurs thèmes émergent, du sens de la vérité au sens de la royauté ; mais il nous faut être conscients que tout dans cette longue confrontation entre Jésus et Pilate se réfère à des questions réelles dans la vie de la communauté johannique plusieurs années après la crucifixion. Ce récit de la passion n'est pas de l'histoire et il ne doit pas être lu ainsi. Ce n'est pas une narration des derniers événements de la vie de Jésus ; c'est plutôt une tentative d'appréhender la vie des membres de cette communauté vers la fin du premier siècle.

Au moment de nous embarquer dans une étude du point culminant de cet évangile, l'avertissement des chapitres précédents reste valable : cette narration de la passion n'est pas une histoire à prendre mot à mot ; c'est plutôt un portrait interprétatif par un artiste fervent. Si on lit le récit de la croix selon Jean de manière littérale, il sera impossible de le comprendre. Ainsi avertis, entrons dans l'histoire de la crucifixion, de la résurrection, du don de l'esprit et des suites de ces événements tels que compris par Jean, à savoir vie nouvelle, conscience nouvelle et nouvelle porte ouverte sur le mystère de Dieu. Dans ce récit de la passion, Jean expose clairement son dessein dans la composition de ce « nouvel » évangile. C'est de nous amener à une dimension de la vie que nous n'avons jamais connue auparavant. C'est de lier les anciennes attentes juives et un nouveau sens de Dieu comme union mystique. C'est comme si Jean disait : ceux qui ont des yeux pour voir et des oreilles pour entendre, qu'ils voient et qu'ils entendent.

22

Judas : la figure des ténèbres

La préparation est achevée. Jésus est maintenant prêt pour l'apogée, et cet évangile le montre comme totalement en charge, dans l'acceptation de sa destinée, toujours en chemin vers le moment ultime de révélation. Dans la grande prière sacerdotale, il a fait remarquer qu'il avait « gardé » ceux que le Père lui a confiés. Il a prié pour qu'ils soient « un ». Puis, il a dit comment il les a protégés pour qu'aucun d'eux ne se perde, à part « celui qui devait se perdre, pour que l'Écriture se réalise » (Jn 17,12). Le début du récit de la passion se focalise sur « celui qui devait se perdre ».

Judas Iscariote est introduit pour la première fois dans le quatrième évangile à la fin du récit sur la nourriture distribuée à la multitude (Jn 6,71). Chez Jean, son nom n'apparaît précédemment dans aucune liste des douze disciples. L'introduction de Judas dans ce passage est un peu curieuse : il est identifié comme « le fils de Simon Iscariote », comme si « Iscariote » était un nom de famille. Les noms de famille n'étaient pourtant pas en usage à cette époque. On identifiait quelqu'un comme le fils d'un père, par exemple, Jésus, fils de Joseph. Si quelqu'un n'était pas présenté comme le fils d'un père, il était identifié par son lieu de résidence, comme « Jésus de Nazareth » ou « Paul de Tarse ». Simon était un nom courant dans le monde juif du premier siècle ; et cependant certains commentateurs pensent que chaque référence des évangiles à quelqu'un de différent appelé Simon – que ce soit Simon Iscariote, le père de Judas (Jn 6,71), Simon de Cyrène, qui porta la croix, dans la tradition synoptique (Mc 15,21, Mt 27,32, Lc 23,26) ou Siméon le grand prêtre chez Luc (2,25ss), qui a vu dans le Christ enfant « le salut » promis qu'il verrait avant sa mort – se rapportait de manière oblique à un aspect du personnage Simon appelé Pierre. C'est là une théorie trop complexe (et probablement trop d'avant-garde) pour la présenter ou pour la défendre dans cette étude ; je la signale ici uniquement pour que mes lecteurs se rendent bien compte que cet évangile ne doit jamais être lu de manière simpliste.

Le mot « Iscariote » est aujourd'hui admis comme une description du caractère de Judas, un titre qui lui est attaché dans la tradition synoptique et qui, avec le temps, a été intégré à son nom dans l'usage commun. On pense qu'il dérive du mot *sicarius* qui signifie « assassin à gages ». Pour Jean, présenter Judas comme celui qui est perdu et affirmer que sa perte était prédestinée « afin que l'Écriture soit accomplie » suggère la possibilité que Judas soit bien plutôt un symbole qu'une personne de l'histoire, un symbole qui, avec le temps, a été pris à la lettre par des gens qui n'ont pas compris le mode d'élaboration de ces personnages dans la mémoire de Jésus pour la communauté.

Un autre fait qui laisse deviner que le traître désigné est à l'origine une création littéraire et non un personnage de l'histoire est l'absence de mention de Judas Iscariote dans les sources chrétiennes écrites avant l'évangile de Marc au début de la huitième décennie. Chez Marc, Judas est pour la première fois cité lors du choix des disciples par Jésus quand il se retire dans les collines de Galilée. Il est douzième sur la liste et est appelé « Judas Iscariote », avec la note ajoutée « celui qui trahit Jésus » (Mc 3,19). Il est vrai que les sources écrites avant Marc sont peu nombreuses, mais il y en a quelques-unes, et chacune d'entre elles renforce mon argument. Certains exégètes, par exemple, datent le document appelé Q d'avant l'évangile de Marc[1]. Je ne suis guère en faveur de cette théorie, mais ce débat n'est pas pertinent ici. Même si une datation antérieure pour ce document Q pouvait être établie, il n'y a dans ce document aucune mention de Judas Iscariote. Le même argument peut être utilisé pour l'évangile non canonique de Thomas. Certains situent aussi cet évangile comme antérieur à Marc, et si cette datation est exacte, il n'y a aucune référence dans ses versets à Judas Iscariote.

C'est une toute autre histoire, en revanche, avec les écrits de Paul. Paul est universellement considéré comme un converti, devenu le grand missionnaire chrétien, auteur de toutes les épîtres authentiques, et martyr, avant que ne soit écrit le premier des évangiles. Si Judas Iscariote avait fait partie de la mémoire première de la communauté chrétienne, il est difficilement concevable que ce détail ne soit pas dans la mémoire de

1. Robert Funk, le fondateur du *Jesus Seminar*, s'orientait dans cette direction. Le document Q est la source présumée de ces paroles de Jésus constituant les passages qui apparaissent dans Matthieu et Luc sans l'avoir été dans Marc. La similitude de tels passages ont conduit à la supposition que ces deux auteurs avaient eu accès à un recueil de paroles maintenant perdu, auquel a été donné le nom Q, du mot allemand *Quelle*, qui signifie « source ».

Paul. Paul nous dit dans l'épître aux Galates (1,18) que juste trois ans après sa conversion, il est allé à Jérusalem pour rendre visite à Pierre qu'il nomme d'après son nom araméen, Céphas[2]. Il dit n'avoir vu aucun des autres disciples « mais seulement Jacques, le frère du Seigneur » (Gal 1,19). Si la trahison de Judas avait été un fait historique, est-il possible qu'un choc d'une telle magnitude ne soit jamais venu dans la conversation ? Pour moi, c'est inconcevable.

Cette conclusion est renforcée quand nous découvrons que Paul parle de Jésus « qui fut livré » (1 Cor 11,23), le premier sens du mot grec *paredidoto* qui par la suite a été traduit par « trahi ». Ce mot arrive dans l'un des seulement deux endroits du corpus paulinien où l'apôtre dit qu'il transmet une tradition « reçue ». Il écrit : « Voici l'enseignement que j'ai reçu du Seigneur et que je vous ai transmis ; le Seigneur Jésus, dans la nuit où il fut trahi (ou livré), prit du pain, et après avoir remercié Dieu, il le rompit et dit : "Ceci est mon corps, qui est pour vous. Faites ceci en mémoire de moi" » (1 Cor 11,23-24). Ce compte-rendu de l'institution du repas liturgique chrétien est le contexte dans lequel apparaît chez Paul le seul usage du mot « trahi ».

Notez trois éléments au sujet de ce repas que Paul décrit de manière on ne peut plus brève, mais néanmoins comme une tradition « reçue » et transmise. D'abord, il n'est nullement écrit qu'il s'agit d'un repas de la Pâque. Cette tradition allait être ajoutée plus tard par les évangélistes synoptiques et modifiée encore plus tard par Jean pour qui elle n'est pas un repas de la Pâque. En second lieu, il n'est jamais dit ici, et non plus dans aucun écrit de Paul, qui a livré ou trahi Jésus. Troisièmement, il ne se trouve aucune allusion à une trahison attribuée à l'un des Douze. Paul semble savoir qu'il y a eu trahison, mais sans en connaître les détails. Cette ignorance de l'identité du traître, et particulièrement de la possibilité que le coupable soit l'un des douze, est confirmée quatre chapitres plus loin dans la même épître. Ici Paul parle de l'événement de Pâques, et c'est la seule autre fois où il commence son adresse par ces mots : « Je vous ai transmis avant tout cet enseignement que j'ai reçu moi-même » (1 Cor 15,3). Après avoir parlé de la crucifixion, il décrit ainsi l'événement de Pâques : « Le troisième jour, Jésus a été ressuscité ». Notons d'abord qu'il signale ceci en utilisant un verbe passif : Jésus « a été ressuscité ». Il dit ensuite que Jésus « est apparu d'abord à Céphas [Pierre] et puis aux douze apôtres » (1 Cor 15,4-5). « *Les douze* », notez-le bien, indique, dans l'esprit de Paul, le nombre encore intact trois jours après la crucifixion. *Judas doit encore être avec eux* ! Ce serait inconcevable si le traître avait

2. Céphas vient du mot araméen « Kepha » qui signifie « roc ». « Roc » en grec est « petras », duquel est dérivé le nom familier de « Pierre ».

été l'un des douze. La figure de Judas visiblement chancelle, s'il est tenu pour une personne historique.

Une fois envisagée cette possibilité, d'autres éléments sont éclairants. Le nom de Judas est le nom de la nation juive, Juda. La différence entre Juda et Judas est seulement dans l'orthographe grecque du dernier. Au premier siècle, Juda était la province d'une nation plutôt qu'une nation, elle était alors appelée la Judée. Le mot « Juif » signifiait citoyen de Juda/ Judée. Le terme « les Juifs », les citoyens de Judée, désigne dans le quatrième évangile le nom attribué aux ennemis du mouvement chrétien. Jean dit « les Juifs » pour les autorités religieuses du Temple et de la synagogue, qui ont excommunié les adeptes de Jésus de la vie de la synagogue. La scission d'avec la communauté johannique est alors si dure que Jean ne se définit plus comme un Juif, une ethnie à laquelle il appartenait certainement ; il réserve cette appellation aux ennemis de Jésus. Donner au suprême anti-héros de l'histoire chrétienne le même nom que la nation qui persécute les disciples de Jésus au moment de la composition des évangiles est à l'évidence une technique trop commode pour ne pas être questionnée.

Si l'on ajoute que les éléments de la biographie de Judas dans le Nouveau Testament semblent avoir été extraits d'autres histoires de traîtres dans les écritures hébraïques, il apparaît d'autant plus avéré que Judas est une création littéraire, mythologique, non un personnage historique. Jean n'inclut pas dans sa narration tous les détails des évangiles synoptiques. Nulle mention, par exemple, des « trente pièces d'argent ». Ce détail, seulement chez Matthieu, semble faire écho au prophète Zacharie, chez qui le roi berger est acheté pour « trente pièces d'argent » (Zach 11,12). Matthieu seul place dans son récit la pendaison de Judas, une histoire qui semble provenir de celle de Ahithophel, qui trahit le roi David, et après l'échec de sa trahison, alla se pendre (2 Sam 17,23). C'est Ahithophel aussi dont parle le psalmiste, affirmant que sa trahison était d'autant plus détestable qu'il avait mangé à la table du roi et, malgré cela, il leva sa main traîtresse contre le roi (Ps 41,9). Ce récit concernant Ahithophel apparaît comme la toile de fond pour l'histoire que racontent les évangiles, y compris Jean, où Jésus identifie le traître à quelqu'un qui « rompt le pain avec moi à cette table ». Néanmoins, c'est uniquement dans le quatrième évangile que le pain est tendu à Judas en particulier (Jn 13,26). Judas semble être une compilation des histoires de traîtres dans les écritures juives.

Voilà différentes choses qui me font douter de l'historicité de Judas. Cela dit, cette absence d'historicité n'impacte pas la narration de Jean ; il emploie constamment des personnages non historiques pour élaborer son récit. Je crois que Judas Iscariote est un de ceux-ci, et lire cette histoire comme de l'histoire littérale, c'est se méprendre sérieusement sur le sens du quatrième évangile. Concentrons-nous maintenant sur le traitement du personnage Judas dans ce dernier évangile.

Dans le récit où Jésus a les pieds lavés chez Marie et Marthe à Béthanie, juste six jours avant la Pâque, Judas Iscariote est décrit comme un voleur (Jn 12,1-8). Il fait objection au luxe du « nard de grand prix » pour oindre les pieds de Jésus. C'est pour lui un gaspillage et il dit que le nard aurait rapporté beaucoup d'argent (trois cents pièces d'argent, le salaire journalier sur trois cents jours), qui aurait pu servir pour les pauvres. Judas s'éloigne de la lumière et s'oriente vers les ténèbres. Jésus répond que le lavement des pieds et l'onction sont faits en anticipation de sa mort et de son ensevelissement.

Par la suite, Judas apparaît lorsque lui est tendu le pain de la table dans un geste qui le désigne comme le traître et finalement le sépare de la communauté johannique. Judas, nous dit Jean, reçoit le morceau de pain et « Satan entra en lui » (Jn 13,27). Puis Jésus dit : « Ce que tu as à faire, fais-le vite » ! Judas s'en va immédiatement ; Jean note qu'« il faisait nuit (Jn 13,30). Rappel du prologue : « Il est venu dans son propre pays, mais les siens ne l'ont pas accueilli ». Jésus est venu, dit Jean, pour apporter la vie et la lumière. Cette vie ne peut pas être étouffée ; la lumière brillera dans une obscurité qui ne pourra pas l'emporter (Jn 1,4-5). Judas est le symbole de ceux qui préfèrent la mort à la vie et l'obscurité à la lumière. Il est dépeint comme quelqu'un d'incapable de faire la transition de la mort et de l'obscurité à la vie et à la lumière. Il symbolise ceux qui, en son temps et le nôtre, sont aveugles, ceux qui ne peuvent pas ou ne veulent pas entrer dans l'expérience du Christ, ceux qui essaient de souffler la lumière qui indique la voie vers une compréhension totalement nouvelle de la vie.

Dans sa dernière entrée dans l'évangile, le personnage Judas prépare la scène pour le récit de la passion. Il arrive dans un lieu qui selon Jean est un endroit familier, où Jésus est souvent venu avec ses disciples. Judas est accompagné de gens portant des torches et des lanternes pour une tentative vaine de repousser les ténèbres qui l'enveloppent. Il est accompagné de deux groupes distincts ; d'abord, « des gardes fournis par les chefs des prêtres et le parti des Pharisiens ». Judas, finalement, les représente tous. Il est également accompagné de soldats romains, une addition de Jean. L'opposition des Juifs envers Jésus sera bientôt décrite dans cet évangile comme l'opposition du monde au mouvement de Jésus. Les soldats romains sont donc introduits ici en anticipation de la confrontation finale entre Jésus et Ponce-Pilate, un épisode majeur dans le récit de la passion selon Jean.

Jésus est représenté parfaitement conscient de ce qui l'attend. Il s'avance donc face à Judas et à sa bande. Les autres disciples restent en arrière dans l'ombre. Prêtez grande attention à la conversation. Jésus prend la parole : « Qui cherchez-vous ? ». Ils répondent : « Jésus de Nazareth ». Jésus affirme « Je suis ». Oui, je sais que la plupart des traductions sont : « C'est moi », mais le grec est *ego eimi*, « Je suis », et l'intention dans ces mots est une revendication du nom divin de la part de Jésus. Il ne nous donne pas quelque version de « C'est bien moi, vous avez trouvé votre homme ». La réaction de ceux qui viennent l'arrêter rend les choses bien claires : en effet, quand Jésus prononce le nom divin comme étant le sien, ils « reculèrent et tombèrent à terre » (Jn 18,6). L'interrogation est répétée presque textuellement pour s'assurer que c'est bien compris. Jésus dit à nouveau : « Qui cherchez-vous ? » et ils répondent à nouveau : « Jésus de Nazareth ». Et une fois de plus Jésus s'identifie par « Je suis ». Puis il continue : « Si c'est moi que vous cherchez, laissez partir les autres », s'agissant de ses disciples. Ceci, dit Jean, en conformité avec ce qu'il avait dit dans la grande prière sacerdotale, qu'il ne perdrait aucun de ceux que le Père lui avait confiés, à l'exception de celui, le fils de perdition, incapable de faire route avec lui.

Puis a lieu l'arrestation. Les soldats s'emparent de Jésus, le ligotent et le conduisent chez Hanne, beau-père de Caïphe, grand-prêtre cette année-là. Caïphe est celui qui avait dit : « Il est de votre intérêt qu'un seul homme meure pour tout le peuple » (Jn 18,14).

Judas s'éclipse alors. Il s'est trouvé face à la lumière à laquelle il a dit non. Il a préféré vivre dans son obscurité, dans son confort familier, au lieu de risquer l'aventure au-delà de ses limites. Quand la lumière s'est approchée trop près, Judas a tenté de l'éteindre. Il a voulu que disparaisse la lumière. Judas représente ainsi ceux qui ne pouvaient pas et ne peuvent pas entrer dans la lumière.

L'auteur d'une étude de cet évangile, John Sanford, un analyste jungien[3], voit Judas en termes jungiens comme l'ombre de Jésus. L'humain complet dans la pensée de Carl Jung n'est possible qu'à moins d'en voir son ombre. Les ombres ne peuvent pas être supprimées. L'argument de Sanford est que le drame de la croix est un drame interne autant qu'un drame externe. Il suggère que tous les personnages du récit de la passion ont des doubles dans la psyché humaine. Judas est celui qui finalement dit non à toutes les ressources que représente Jésus, tandis que Jésus est capable d'embrasser toute l'expérience humaine, y compris les

3. Il fait part de son analyse dans *Mystical Christianity: A Psychological Commentary on the Gospel of John* (*Un christianisme mystique : commentaire psychologique de l'évangile de Jean*).

ténèbres et la mort, comme il embrasse totalement la lumière et la vie. Sanford présente la croix comme un témoignage qu'en Jésus la lumière et la vie triomphent des ténèbres et de la mort. Dans l'histoire de la croix selon Jean, il n'y a pas de ténèbres extérieures à midi le jour de la crucifixion, comme dans les autres évangiles, parce que ces ténèbres extérieures ont été incorporées dans la vie de Jésus. Judas disparaît ainsi de la scène parce qu'il a été « absorbé » par Jésus. La lumière ne détruit pas les ténèbres ; elle brille à l'intérieur de celles-ci et les ténèbres ne peuvent pas l'éteindre.

Les ténèbres ne sont ténèbres qu'en regard de la lumière. La mort n'est la mort qu'en regard de la vie. Nous ne pouvons pas savoir qui nous sommes avant d'envisager ce que nous pouvons être. Jésus ne rejettera pas sa propre obscurité. Il brillera plutôt en elle ; mais il y a toujours ceux qui ne peuvent pas faire le voyage vers la lumière. À travers ces images de l'obscurité et de la lumière, Jean présente Jésus invitant les autres à outrepasser leurs garanties de sécurité, à accepter l'obscurité et à la transcender, à entrer dans une conscience nouvelle qui relativise toutes les valeurs précédemment vécues. C'est le chemin vers l'union mystique, vers la vie pleine et abondante. Cela fait toujours peur. Judas symbolise le monde qui ne peut transcender la recherche de sécurité, qui ne peut saisir la merveilleuse liberté des enfants de Dieu (Rm 8,2), qui ne peut entrer dans une humanité nouvelle. Judas est perdu. Ceux qui cherchent à rester éloignés de la lumière redoutable qui est entrée dans le monde avec Jésus sont perdus. Judas Iscariote est leur nom. Tel est le traitement du personnage de Judas par le quatrième évangile.

La tragédie de la croix est violente. Tout ce qui peut être fait est d'ouvrir la porte, de faire paraître la lumière, de solliciter une réponse. Personne ne peut pousser quelqu'un d'autre dans la lumière. Judas fait un choix. Il est incapable d'échapper à la sécurité de sa propre prison et il s'y enferme.

Quelqu'un doit le faire. Judas ayant failli, le quatrième évangile présente un second personnage présentant de fortes ressemblances avec Judas, et il l'amène au centre de la scène. Suite du drame de la passion.

23

Pierre : le combat de l'âme

Dans un sens au moins, le quatrième évangile peut être lu comme l'histoire du combat intérieur et finalement de la conversion de quelqu'un appelé Simon, surnommé Pierre. Cet évangile revient sans cesse à cette figure centrale. Nous l'avons vu sur le point d'abandonner Jésus dans l'épisode de la foule rassasiée. Nous avons été témoins de son malaise quand Jésus prend sur lui le vêtement du serviteur et essaie de lui laver les pieds. Maintenant Pierre est représenté comme une figure majeure du drame de la passion. Il sera tout aussi central dans l'histoire de la résurrection. Alors, à la suite de l'auteur, nous nous concentrerons sur Pierre en abordant l'histoire de la passion.

Un rôle symbolique semble avoir été imparti à tous les personnages de cet évangile. Je pense qu'il est juste de dire que Judas, comme nous l'avons vu dans le chapitre précédent, représente ceux qui sont incapables de passer de l'obscurité à la lumière, de la mort à la vie. S'il en est ainsi, Simon Pierre doit certainement symboliser ceux en qui la lutte entre l'obscurité et la lumière est la plus intense, et en qui l'issue ultime est en suspens jusqu'à la fin. Laissez-moi ouvrir ce deuxième des trois chapitres sur Pierre et revoir brièvement les détails biographiques que Jean a déjà présentés.

Rappelez-vous que Simon Pierre a été introduit dans cet évangile simplement comme « le frère d'André », ce dernier dans le rôle de portier. La première réaction d'André après sa rencontre avec Jésus a été d'aller trouver son frère, de lui annoncer qu'en Jésus le messie est apparu, et de le conduire à lui (Jn 1,40-43). La confrontation entre Jésus et Simon Pierre nous donne un aperçu de ce que réserve l'avenir, mais il est également clair que Jean n'écrit pas de l'histoire. Tu es donc Simon, dit Jésus, mais ton destin est de devenir aussi ferme que le roc (d'où le surnom Roc ou

Pierre). Je ne suis pas intéressé par ce que tu es maintenant, dit vraiment Jésus, mais par ce que tu es destiné à devenir : un roc de détermination et d'endurance.

Toutefois, la transition ne va pas être facile, suggère Jean dans cet échange ; naître à une conscience nouvelle, à une personnalité renouvelée, à une vie épanouie sera un combat de longue haleine dans l'âme de Pierre. Au demeurant, nous lecteurs devons reconnaître que la lutte de Pierre est en fait celle de chacun de nous. Il est né de la chair, des années auparavant. Sa capacité à naître de l'esprit sera un test pour son sens de la vie et un travail extrêmement ardu.

Au début de l'évangile, « les disciples », un terme dans lequel Pierre, le disciple type, est toujours inclus, ont accompagné Jésus au festin de noces à Cana en Galilée. C'est là que pour la première fois « ses disciples crurent en lui » (Jn 2,11). Que croient-ils ? Pour commencer, les eaux de purification juive sont maintenant du vin, le breuvage spirituel qui donne vie. Par la suite, ils sont avec lui quand le Temple est nettoyé, et ils « se rappellent » les mots de l'Écriture : « L'amour que j'ai pour ta maison me consume comme un feu » (Ps 69,10). Jésus compare alors son corps à ce Temple et dit que s'il était détruit, il le relèverait en trois jours. « Les disciples croient aux Écritures » nous est-il dit. Plus tard, ils sont choqués en le voyant parler à une femme, une Samaritaine de surcroît, et progressivement ils vont réaliser que des barrières comme les ethnies, le genre et la religion doivent tomber en la présence de ce Jésus (Jn 4,27). Dans l'expérience de la nourriture distribuée à la multitude (Jn 6,1-21), les disciples essaient de comprendre que Jésus est pour son temps ce qu'était le pain du ciel appelé la manne pour leurs ancêtres. La manne donnait aux Israélites la vie. De même, le corps de Jésus donnerait aussi à cette génération la vie, mais ce sens du corps de Jésus devait être intériorisé. « Si vous ne mangez la chair du Fils de l'homme et si vous ne buvez son sang, vous n'aurez pas la vie en vous » (Jn 6,53), leur dit Jésus. Chose étrange. D'abord, cela est dit à la troisième personne, non la première. Pire encore, cela ressemble à du cannibalisme. Les disciples disent : « Là, il exagère ! Comment admettre un tel discours ? » (Jn 6,60). Jésus voit leur questionnement. Vous ne comprenez pas, dit-il. Je connais une dimension de la vie à laquelle vous n'avez pas encore accédé. « C'est l'esprit de Dieu qui donne la vie », l'homme seul n'aboutit à rien. Je parle d'esprit et de vie. Ne pas croire c'est trahir. Ne pas voir c'est être comme Judas. Vous devez avancer vers cette dimension nouvelle. Le Père doit vous appeler et vous ouvrir les yeux pour vous permettre de voir.

Les disciples sont rebutés par ce message et ne désirent plus accompagner Jésus. Au prototype des « disciples » que représente Pierre, Jésus adresse le défi : « Est-ce que toi aussi tu veux partir ? ». C'est le premier des nombreux moments où une décision est à prendre, et Pierre réussit le test, quoique de justesse. « Seigneur, à qui irions-nous ? répond-il, tu as les paroles qui donnent la vie éternelle » (Jn 6,68). Pierre continue : « Nous le croyons, nous le savons : tu es le Saint envoyé de Dieu » (Jn 6,68). Dieu est-il considéré comme un être ? C'est ainsi que Jean est lu traditionnellement ; mais si ce livre est façonné par le mysticisme juif, ce qui est désormais ma conviction, cette affirmation est aussi une référence à une nouvelle dimension de la vie, au-delà des barrières de nos peurs, où la simple conscience de soi devient une conscience universelle dans laquelle est expérimentée l'unité. Il existe une réelle frontière entre la simple conscience de soi et une conscience universelle. Jésus ne peut pas se restreindre à la simple préoccupation de lui-même, pas plus au final que les disciples, ni leur archétype, Pierre, si toutefois ce dernier arrive à saisir le sens de Jésus.

Ensuite vient l'histoire de Jésus marchant sur l'eau. Matthieu a une remarque inhabituelle dans sa version de cette histoire. Pierre, à la vue de Jésus sur l'eau, dit : « Maître, si c'est bien toi, ordonne que j'aille vers toi ». Jésus l'invite à venir ; Pierre s'y aventure, la peur le saisit, il commence à sombrer et doit être secouru (Mt 14,28ss). C'est typique du souvenir de Pierre dans le Nouveau Testament. Quoique cet épisode ne soit pas relaté par Jean, il cadre bien avec sa description de Pierre. Celui-ci est impulsif, craintif, et il se débat intérieurement pour mieux comprendre. Dans l'histoire de Jésus marchant sur l'eau, Jean montre Jésus invitant ses disciples et plus spécialement Pierre à cesser de vivre à la surface de la vie. Viens à moi, dit-il, goûte et vois. Le débat intérieur qui agite Pierre a besoin d'être exprimé en mots extérieurs. Il doit toujours en être ainsi. Pierre doit encore l'apprendre.

Les disciples, Pierre y compris, voient ensuite l'homme né aveugle et demandent ce que signifie cette cécité. Qui en est la cause ? « Qui a péché ? » Ses parents ? Ou lui ? Non, dit Jésus, les amenant une fois de plus au-delà du littéralisme superficiel vers le cœur du sens de la vie ; cette cécité doit vous permettre de voir Dieu comme la lumière en cet aveugle. « Je suis la lumière », poursuit-il, utilisant le nom de Dieu « Je suis » ; sortez de votre obscurité pour venir où je suis. Je suis la porte qu'il vous faut franchir. Je suis le bon berger qui vous appelle. Le Père et moi sommes un.

Les paroles de Jésus n'ont de cesse d'attaquer les défenses des disciples. Le conflit intérieur est intense, mais ils ne fuient pas.

Dans le signe final décrit par Jean (que nous avons étudié plus haut avec une perspective différente), les disciples regardent la vie qui surgit de la mort dans le récit de la résurrection de Lazare (Jn 11,1ss). Certaines des autorités, suite au retour de Lazare à la vie, décident de tuer Jésus. Leur conception du monde et leur sécurité se trouvent trop menacées. Judas est encore dans le groupe à ce moment-là. Les disciples paraissent toujours dans l'embarras, toujours en proie au doute. Jésus leur lance le défi ultime : « Je suis la résurrection, je suis la vie ». Le monde ne voit pas. Il s'est détourné. Il tuera celui qui apporte la vie et la lumière. Les disciples vont traîner encore un peu dans le champ terrible de l'indécision.

Puis Jésus s'adresse de manière intense à ses disciples seulement, dans les Discours d'adieu. Le combat continue pour les amener à choisir la lumière plutôt que les ténèbres, la vie plutôt que la mort, une vie humaine généreuse plutôt qu'une existence étriquée et pusillanime à l'abri de murs défensifs. En fin de compte, Pierre se distingue et semble sortir du groupe des disciples ; il est au centre de ces discours, lorsque Jésus propose de devenir son serviteur et de lui laver les pieds (Jn 13,1ss). Pierre, comme nous l'avons déjà vu, est profondément bouleversé. Jésus lui parle à nouveau, l'appelant à sortir de son ego, de ses prétextes ; il lui offre la liberté de donner sa vie. Dieu se trouve dans la capacité de donner, la capacité d'aimer. Pierre est incapable d'entendre. Tu le comprendras un jour, dit Jésus. Ce jour viendra où ses yeux s'ouvriront sur l'image de la vulnérabilité et de l'impuissance suspendue à la croix.

Pierre n'y est pas encore prêt. Dans cet évangile, il se tient sur le bord, tremblant, mais en dernier ressort il semble toujours prendre la bonne décision ; il ne ferme jamais la porte. D'un autre côté, il n'a pas non plus envie de saisir à plein cette nouvelle possibilité. Les Discours d'adieu se poursuivent. La révélation continue d'être exposée. « Je suis le chemin », dit Jésus ; venez vivre en moi. « Je suis la vérité » ; venez partager ce que je suis. « Je suis la vigne » ; venez et demeurez en moi.

Tout ce dialogue ne décrit guère plus que le drame qui se déroule à l'intérieur de la vie de Pierre, qui, comme nous tous, doit mourir à ce qu'il est, avant de devenir ce qu'il est capable d'être. Pierre est tout homme et toute femme. Son combat est notre combat. Maintenant, dit Jean à nous, ses lecteurs, nous sommes prêts à voir l'histoire de la croix telle qu'elle se déroule au plus profond de l'âme de Pierre.

Jésus est arrêté dans le jardin. Il s'avance de son plein gré vers ceux qui l'arrêtent et demande que ses disciples soient laissés libres. Pour autant, Pierre ne choisit pas de partir ou de fuir. Mais il est décrit comme aimanté par la puissance que Jésus semble dégager. Il tire son épée pour défendre Jésus, frappe le serviteur du grand prêtre et lui coupe l'oreille. Il veut tenir parole. Il est prêt à mourir pour Jésus. Jésus lui ordonne de jeter son épée. La vie ne consiste jamais en une lutte physique pour la préserver (Jn 18,9-11).

Par la suite, grâce à l'entremise d'un autre disciple (anonyme), Pierre réussit à entrer dans la cour intérieure du grand-prêtre (Jn 18,15ss). Là, Pierre est mis en déroute par une servante. « N'es-tu pas, toi aussi, un des disciples de cet homme-là ? » demande-t-elle. « Non, je n'en suis pas » répond Pierre. Le réflexe de survie a prévalu sur la loyauté ! Pierre voit alors Jésus frappé par un des gardes du grand-prêtre, un garde pour qui la réponse de Jésus est de l'insubordination. Pierre le ressent comme si c'était pour lui. La scène se déplace ensuite vers le lieu où Pierre se chauffe près du feu. Quelqu'un reprend l'attaque de la servante : « N'es-tu pas, toi aussi, un disciple de cet homme ? » (Jn 18,25). « Non, je n'en suis pas » répond Pierre une seconde fois. Les paroles telles des dagues sont pointées vers lui. Un autre encore reprend l'accusation qui tenaille lorsqu'on s'abrite dans le mensonge. « Est-ce que je ne t'ai pas vu avec lui dans le jardin ? » (Jn 18,26), demande cette autre voix. Pierre nie à nouveau. Plus de bravade possible. Pierre entre dans la nuit sombre de son âme.

Pierre veut *devenir*. Il ne sait pas comment être, comment vivre pleinement. Il tient à la vie. C'est l'instinct le plus basique de *tout* vivant. Dans la vie humaine centrée sur soi, la lutte pour la vie nous fait nous replier sur nous-mêmes. Si elle est notre valeur la plus précieuse, nous organisons tout en fonction de ce besoin ultime et nous sommes prêts à tout dans ce but. Nous essayons de dissimuler notre peur, nous mentons pour cacher notre insuffisance, nous rabaissons les autres pour nous élever. Nous ne donnons à personne sauf si notre don sert nos besoins de survie. Nous n'aimons personne plus que nous-mêmes. Notre vie est limitée par des cordons de sécurité, des remparts défensifs. Faire tomber ces barrières, c'est secouer nos peurs motivées par l'instinct de survie. Nous nous cachons pour éviter la vulnérabilité que requiert l'amour. Il nous faut cultiver une image, un personnage public, mais nous ne trouvons jamais le courage d'être qui nous sommes. C'est ce qui se passe pour Pierre. C'est aussi la nature de chaque vie humaine. Voilà qui je suis, voilà qui vous êtes, des créatures menées par la lutte pour la vie, incapables d'être pleinement humains.

L'histoire de la croix est l'histoire de Pierre face à « la parole de Dieu ». Elle qui dit que nous faisons partie de ce qui est sans limites. C'est la parole qui nous invite pour nous permettre de trouver un répit dans la lutte pour devenir quelqu'un. C'est la parole qui nous dit que nous sommes une part de Dieu et que Dieu est une part de nous-mêmes. C'est la parole qui proclame que la vie de Dieu se trouve en notre vie, l'amour de Dieu en notre amour et l'être de Dieu en notre être. Jean dans cet évangile affirme que cette parole est faite chair en Jésus de Nazareth.

Cela ne veut pas dire que la divinité théiste externe descend du ciel et entre dans Jésus homme par quelque processus d'incarnation ; mais plutôt que Jésus révèle dans sa vie la liberté de vivre sans être à la merci des forces qui altèrent la vie. Cela signifie qu'en Jésus il y a un refus de se cacher à l'abri de la sécurité de l'identité tribale ; que chacun de nous peut s'extraire des préjugés de ses racines culturelles qui nous donnent un sentiment de supériorité, et sont utiles pour nous maintenir en vie, pensons-nous. Libre à nous de refuser les frontières d'un système religieux nous disant que, si nous adhérons à ce qu'il demande, nous gagnons la faveur de celui qui a le pouvoir de protéger notre vie. Cela signifie que notre instinct basique de vie ne peut plus défigurer notre humanité ni mettre en péril notre existence ; que la vie de Dieu vit en nous, que l'amour de Dieu circule en nous, que personne ne se trouve éloigné de cet amour ; que, comme Jésus, nous sommes libres de donner notre vie, et que c'est là l'expérience de Dieu. C'est ainsi que Jean comprend la réalité mystique rencontrée en Jésus.

C'est avec cela que Pierre est aux prises. Il lutte, il nie, il fuit, mais il ne reste pas dans l'obscurité comme le fait Judas. Il finit par s'en tirer. Il dépasse l'humain pour voir le sens de Jésus, où l'humain et le divin se sont rejoints.

Dans l'épilogue de cet évangile, vers lequel je me tournerai dans le chapitre final, Pierre apparaît en cours de transformation, lorsqu'il est appelé à être le donneur de vie et à nourrir le troupeau de Dieu.

Le récit de la passion avance maintenant vers le dialogue final. Jésus, la « parole de Dieu », est face à Pilate, symbole du pouvoir du monde d'hier. Jean a rédigé là le dialogue le plus poignant de tout cet évangile.

24

Pilate : le conflit entre la lutte pour la vie et la vérité

Historiquement, nous en savons très peu sur le fonctionnaire romain de second rang assigné procurateur de la Judée en l'an 26 de notre ère. Il a rempli cette fonction pendant environ dix ans, jusqu'en l'an 36, date à laquelle il est rappelé à Rome en raison de son incapacité à établir la paix. En poste à l'époque de la crucifixion de Jésus, il est entré dans l'histoire comme peu de personnages politiques l'ont fait. Son nom est évoqué chaque fois qu'une communauté chrétienne à travers le monde récite son credo.

Gardez cependant à l'esprit, dans l'approche singulière de la passion de Jésus par cet évangile, que Pilate a quitté le pays juif environ deux générations avant que son nom soit mentionné dans quelque source chrétienne connue. Pilate est signalé pour la première fois dans l'évangile de Marc, écrit, d'après de nombreux exégètes, à Rome, environ quarante-deux ans après la crucifixion. Dans cette première mention, les lecteurs de Marc apprennent que « les chefs des prêtres se réunirent en séance avec les anciens et les maîtres de la loi, c'est-à-dire tout le Conseil supérieur. Ils firent ligoter Jésus, l'emmenèrent et le livrèrent à Pilate » (Mc 15,1). Environ vingt ans plus tard, dans une note de l'évangile de Luc, il nous est dit que Pilate avait un autre nom, Ponce (Lc 3,1). C'est la seule mention dans la Bible entière du nom de Ponce ajouté à Pilate. Un double nom familier, du fait qu'il a été inséré par les chrétiens d'abord dans leurs formules baptismales et par la suite dans ce qui est appelé le Symbole des Apôtres, une création de la fin du second siècle ou du début du troisième, confirmé par le Concile de Nicée en 325 et inclus dans le Credo de Nicée, écrit à cette époque.

Luc utilise un nom plus complet parce qu'il a l'intention d'exprimer le sens de Jésus pour le monde entier ; ainsi il commence son histoire en désignant à ses lecteurs les figures du pouvoir qui occupaient la scène mondiale dans les jours de Jésus : « C'était la quinzième année du règne de l'empereur Tibère ; Ponce-Pilate était gouverneur de Judée, Hérode régnait sur la Galilée et son frère Philippe sur le territoire de l'Iturée et de la Trachonitide, Lysias régnait sur l'Abilène, Hanne et Caïphe étaient grands-prêtres. La parole de Dieu se fit alors entendre à Jean, fils de Zacharie, dans le désert » (Lc 3,1-2). Luc, en historien, a besoin d'asseoir ses bases.

Le rôle assigné à Pilate dans l'histoire de la crucifixion chez Marc est relativement bref. Pilate apparaît et disparaît en seulement quinze versets (Mc 15,1-15). Pour Marc, son rôle est de rendre possible l'exécution de Jésus, étant donné que les Juifs, dans leur province conquise, n'ont pas l'autorité légale pour mettre quelqu'un à mort. Dans ces quinze versets, Marc dépeint Pilate de manière plutôt sympathique comme quelqu'un qui tente un stratagème pour relâcher Jésus. Pilate propose de faire ce que Marc affirme être une coutume établie : relâcher un prisonnier à l'époque de la Pâque en signe de bonne volonté envers la province conquise.[1] Pilate, au final, « livre Jésus pour être crucifié ». Il ne fait donc qu'une brève apparition.

Matthieu, l'évangile suivant écrit vers 82-85, ajoute quelques indications à l'histoire de Pilate en cours de développement. Après avoir parlé du repentir de Judas et de son désir de rendre l'argent reçu pour prix de la trahison, Matthieu rapporte un incident concernant la femme de Pilate : elle a fait un cauchemar au sujet du prisonnier de Pilate, dans lequel se manifestent certains aspects de la puissance de Jésus. À Pilate qui siège au tribunal, elle envoie un message : « N'aie rien à faire avec cet homme innocent » (Mt 27,19). Ce n'est pas la preuve d'un souvenir historique, mais plutôt du fait que le mythe de Pilate est en train de prendre de l'ampleur.

Luc, le troisième évangéliste à écrire, vers 88-93[2], développe encore son histoire de Pilate. Luc détaille les accusations venant des autorités

1. Je n'ai trouvé aucune trace d'une telle coutume pratiquée avec régularité, au point de devenir une tradition. Cela semble un détail imaginé pour raconter l'histoire de Barabbas.

2. Marcus Borg, quelqu'un dont j'admire beaucoup le travail, situe dans son dernier livre l'écriture du corpus *Luc et Actes* au cours du second siècle, vers l'an 140. Burton Mack, un autre formidable exégète, a affirmé la même chose il y a environ vingt ans. Je ne suis pas convaincu par les arguments de ces deux chercheurs, et

juives pour amener Jésus à Pilate en vue d'une exécution sommaire. Jésus, disent-ils, « est en train d'égarer notre peuple : il dit de ne pas payer les impôts à l'empereur et prétend qu'il est lui-même un roi » (Lc 23,2). Ces accusations sont beaucoup plus politiques qu'auparavant. Luc ajoute une manœuvre de Pilate pour éviter de condamner Jésus à mort. Découvrant que Jésus est galiléen, Pilate l'expédie à Hérode qui opportunément se trouve à Jérusalem pour la Pâque. Luc seul relate cet interrogatoire supplémentaire, interrogatoire à charge, dit Luc, car Hérode « se moque de Jésus et le traite avec mépris » ; puis, il lui fait endosser « un vêtement magnifique » avant de le renvoyer à Pilate.

Dans les évangiles synoptiques, Pilate apparaît manifestement bienveillant, il essaie de se soustraire à la tâche de prononcer la sentence de mort. Mais tous ses efforts sont vains. Il y avait certainement dans la communauté chrétienne une tendance croissante à décrire Pilate autrement qu'un méchant, quelque chose comme un blanchiment historique. Ayant à l'esprit que ces évangiles ont été écrits des générations après les événements qu'ils sont supposés raconter, nous avons eu envie de chercher le processus en cours pour embellir la réputation de Pilate.

Cette question posée mais non résolue, nous nous tournons vers l'évangile de Jean afin d'examiner comment cet auteur poursuit et même amplifie cette révision de la mémoire historique de Pilate. Car c'est bien cela qu'il fait. Jean façonne le personnage de Pilate pour cadrer avec ses exigences littéraires et mythologiques. Le dialogue long, intense, magnifiquement ciselé, entre Pilate et son prisonnier condamné, est crucial pour comprendre la crucifixion d'après Jean. Rendons-nous compte que ce dialogue n'est pas la mémoire d'une confrontation qui a réellement eu lieu dans l'histoire. C'est une composition littéraire, délibérément destinée à porter l'histoire de Jésus à son sommet. Elle est aussi destinée à dire aux premiers chrétiens, pour qui cet évangile a été écrit, que dans leur conflit avec le pouvoir de Rome au cours de leur génération, il leur faut penser que les Romains semblent davantage prêts à comprendre Jésus que ne le sont les Juifs. En effet, gagner l'approbation de l'Empire romain pourrait avoir été l'un des objectifs de Jean. Curieusement, suggère ce texte, Rome perçoit le pouvoir de Jésus même si, ni l'Empire ni son représentant, ne peuvent rien y faire. Se manifeste aussi clairement dans cet évangile un désir de représailles à l'égard des Juifs orthodoxes.

Ce long dialogue Pilate-Jésus, à l'évidence créé par l'auteur du quatrième évangile, est un pas de plus dans son portrait magistral de celui

---

jusqu'ici, peu d'exégètes du Nouveau Testament ont réagi dans le sens de ces affirmations.

qui révèle Dieu, opposé au pouvoir de la religion autant qu'au pouvoir du gouvernement.

Voici donc le contexte de cette confrontation dramatique : Judas a trahi, Pierre a nié et les autorités religieuses, en la personne de Caïphe, ont jugé que Jésus mérite la mort. Jésus est ligoté et livré à Pilate. Ces accusateurs juifs restent à l'entrée du prétoire romain. Ils refusent d'entrer dans ce centre du pouvoir non juif, un territoire impur pour eux. Sinon, ils ne pourront pas manger le repas de la Pâque. Les rituels religieux doivent être observés ; le paradoxe est que ces accusateurs suivent un code moral qui les autorise à condamner à mort ceux qui dérangent la religion. Les valeurs de la religion sont donc carrément compromises.

Pilate, pour répondre à leur souci de pureté, accepte de sortir et de poursuivre son interrogatoire en public (Jn 18,28ss). « De quoi accusez-vous cet homme ? », leur demande-t-il. Ils cherchent à justifier leur action, sans toutefois fournir de réponse à la question : « Si ce n'était pas un malfaiteur, nous ne serions pas venus te le livrer ».

Pilate réplique : « Prenez-le vous-mêmes et jugez-le selon votre loi ». D'après lui, ces gens ont une drôle de conception des délits commis par Jésus. Si Jésus est simplement un « malfaiteur » du point de vue religieux, un perturbateur pénible, comme ils l'ont suggéré, alors c'est à eux de le punir sous l'autorité de la Torah. Pilate met ainsi à nu leurs intentions.

Mais pour ces chefs religieux, le cas est capital, et il mérite la peine de mort ; la nation conquise doit recevoir la coopération de ses conquérants pour punir un des leurs. Ils ont besoin du gouvernement romain pour appliquer leurs impératifs religieux. Jean dit que « les Juifs » (souvenons-nous qu'il utilise cette désignation pour les opposants à Jésus) ont atteint la limite de leur pouvoir. Finalement, avant le jugement, Rome aura aussi atteint sa limite ; en effet Jésus se tient devant Pilate parce que « Dieu a tant aimé le monde », dont Pilate est à ce moment le représentant.

L'échange oblige à mettre publiquement les choses au clair, et Caïphe, ou son porte-parole, réagit : « Nous n'avons pas le droit de condamner quelqu'un à mort ». Jean introduit ici une note interprétative : Jésus doit être « élevé » pour « attirer le monde à lui ». Cette élévation doit avoir lieu à la croix, si bien que seule une exécution à la romaine s'accorde à cette attente. La lapidation par une populace religieuse n'est pas conforme à l'idée de Jean pour la « glorification de Jésus ».

Pilate interrompt alors le dialogue et entre dans le prétoire. Il fait venir Jésus et s'engage alors une conversation d'homme à homme. Apparemment, Jésus n'est pas gêné d'entrer en territoire non juif impur. « En lui était la vie », la vie de Dieu, et « cette vie était la lumière des hommes (et des femmes) » comme nous l'avons entendu dans le prologue. La lumière brille dans l'obscurité et l'obscurité n'a pas prévalu (ne peut pas et ne va pas prévaloir). Nulle obscurité ni pollution impure ne peuvent l'affecter.

Pilate s'adresse directement à Jésus : « Es-tu le roi des Juifs ? ».

Jésus répond : « Dis-tu cela parce que tu y as pensé toi-même ou parce que d'autres te l'ont dit de moi ? ». Es-tu en quête ou prétends-tu être mon juge ?

Réponse de Pilate, qui n'a pas envie d'apparaître concerné par les problèmes religieux qui divisent les Juifs : « Suis-je un Juif, moi ? Ceux de ta nation et les chefs des prêtres t'ont livré à moi. Qu'as-tu donc fait ? ».

Jésus répond : « Mon royaume n'appartient pas à ce monde ». Si c'était le cas, laisse-t-il entendre, mes serviteurs auraient combattu pour empêcher que je sois livré aux autorités juives. Mon royaume est d'une autre nature. Je combats non pour ma propre vie, mais pour ouvrir la vie à de nouvelles réalités au-delà de la religion et même des luttes pour le pouvoir dans le monde politique que tu présides.

Pilate semble écouter attentivement et tenter d'en comprendre le sens. Il est encore quelqu'un qui cherche, qui regarde au-delà des simples mots. Il demande : « Tu es donc roi ? ».

Jésus répond : « Tu le dis : je suis roi. Je suis né et je suis venu dans le monde pour rendre témoignage à la vérité ». Quand vous connaîtrez la vérité, a dit Jésus précédemment, « la vérité vous rendra libres » (Jn 8,32). Jésus offre à Pilate un aperçu de ce qu'il est.

Pilate, un symbole du monde, pose alors la question que le monde n'a de cesse de soulever : « Qu'est-ce que la vérité ? »

Le dialogue s'achève sur cette question abrupte. Pilate quitte Jésus et sort une fois de plus pour faire face aux accusateurs religieux de Jésus. Sa conclusion les fait bondir : « Je ne trouve aucune raison de condamner cet homme ». Puis il leur présente à tous une porte de sortie de cette tension accrue : « Selon votre coutume, je vous libère toujours un prisonnier à la fête de la Pâque. Voulez-vous que je vous libère le roi des Juifs ? ». Offre provocatrice. Pilate perçoit-il le sens de la royauté de Jésus ? À vrai dire, c'est comme agiter un drapeau rouge aux yeux des accusateurs de Jésus. Admettre la royauté de Jésus provoquerait l'effondrement de leur bouclier religieux. Leur système religieux, comme tous les systèmes religieux, a été fondé pour gagner les faveurs d'une divinité extérieure. Le règne dont parle Jésus les invite à un autre type de vie, un règne inspiré par l'esprit, dans lequel n'existe aucune frontière religieuse, pas même entre Dieu et la vie humaine. Profondément menacés, il leur faut jouer la carte traditionnelle de la survie humaine. C'est pourquoi ils crient : « Non, pas lui, mais Barabbas ».

C'est la première fois qu'est cité Barabbas dans l'évangile de Jean, et pour moi, cela indique que Jean, et ses lecteurs de même, connaissent bien la tradition synoptique. Pilate, toujours tiraillé, décide d'infliger une punition moindre qui devrait satisfaire les accusateurs de Jésus. Il livre Jésus pour être flagellé. Les soldats tressent une couronne d'épines et la placent sur sa tête ; ils le revêtent d'un manteau rouge, couleur de la royauté, se moquent de lui, s'inclinent et lui disent : « Salut, roi des Juifs ! ». Et ils le frappent. C'est un roi à ridiculiser, à insulter, un roi sans aucun pouvoir.

Puis, Jésus, battu et affublé des symboles du pouvoir royal destinés à indiquer son impuissance – une couronne non pas faite d'or et de joyaux mais de branches et d'épines – est conduit devant la foule. « Voilà, dit Pilate, je vous l'amène, comprenez donc que je ne trouve aucune raison de condamner cet homme ». Quand Jésus arrive à la vue de tous, Pilate clame : « Voilà l'homme ! ». Jésus est présenté à la foule juive comme une vie humaine revendiquant une énorme puissance, mais cette vie se trouve en fait impuissante, étant totalement sous le contrôle de l'État, de ses soldats et de ses chefs. Les valeurs du monde qui sont celles de Pilate et des chefs religieux sont claires. Quand les chefs des prêtres et les fonctionnaires du Temple voient Jésus, ils s'écrient : « Cloue-le sur une croix ! Cloue-le sur une croix ! ».

Pilate leur relance leur clameur, pour forcer encore une fois ces officiels religieux à constater leur propre impuissance. « Allez le clouer vous-mêmes sur une croix, car je ne trouve personnellement aucune raison de le condamner ».

Ainsi chargés, ses accusateurs religieux font appel à leur loi, la Torah, appelée par eux « la parole de Dieu ». « Nous avons une loi, et selon cette loi, il doit mourir », et finalement est exprimé le vrai problème qui sépare les disciples de Jésus des fidèles de la synagogue : le véritable crime de Jésus est qu'« il a prétendu être le fils de Dieu ». Il s'est identifié avec le noble « Je suis ». Il a prétendu que « la parole de Dieu » s'exprimait à travers lui et que la volonté de Dieu se vivait dans sa propre vie. Il a attribué à sa vie humaine des choses à laquelle personne (dans leur esprit) ne peut prétendre. Le divin ne peut pas laver les pieds de l'humain. Le divin ne peut pas se trouver impuissant. Le divin ne peut pas pardonner à ceux qui mettent quelqu'un à mort. La vie humaine ne peut pas voir ou tolérer ce genre de présence de Dieu. Jésus, disent ses accusateurs, a revendiqué un genre d'union avec Dieu, incompatible avec leur compréhension de l'humanité.

Cette accusation suffit pour attirer l'attention de Pilate. Le pouvoir terrestre ne peut tolérer l'intervention divine. Le pouvoir religieux non plus. Aussi Pilate se retourne vers Jésus pour un deuxième tour d'interrogatoire (Jn 19,8ss). Pour les lecteurs de cet évangile, un son familier va se faire entendre. En effet, Pilate rejoint tous ceux, nombreux, en quête des origines de Jésus.

« D'où es-tu ? » demande Pilate. Jésus reste silencieux, il ne répond pas.

« Tu ne veux pas me parler ? » insiste Pilate. Tu ne reconnais pas mon pouvoir, mon autorité ? Et il le provoque : « Ne sais-tu pas que j'ai le pouvoir de te relâcher et aussi le pouvoir de te clouer sur une croix ? » C'est une réaction typique du monde. L'État a le pouvoir suprême de vie et de mort. Cela ne correspond pas au sens que Jésus est venu révéler. Jésus répond donc : « Tu n'as aucun pouvoir sur moi à part celui que Dieu t'a accordé. C'est pourquoi, l'homme qui m'a livré à toi est plus coupable que toi ».

C'est un déplacement intéressant. Dans l'esprit de l'auteur de l'évangile, le blâme premier pour la mort de Jésus est à mettre sur les autorités religieuses de sa nation. Pilate n'est que leur instrument. Le monde s'est mis du côté de la religion. L'État est maintenant l'instrument de la punition divine.

Ce blâme est à placer dans son contexte : à l'époque de la destruction de Jérusalem en l'an 70, il était largement admis parmi les adeptes de Jésus que c'était là un châtiment pour le refus juif de reconnaître Jésus. Au moment de l'écriture de cet évangile, la nation juive était elle-même éclatée, détruite et impuissante, mais les chrétiens aussi étaient victimes de l'oppression du monde. Il y avait de l'espoir du côté du monde, mais pour Jean, plus aucun espoir du côté des autorités du judaïsme. Le message du Christ devait transcender et la religion et le pouvoir de l'État, c'est pourquoi ces deux entités étaient mises sur le même plan quant aux degrés de culpabilité.

Le drame continue. Pilate cherche à nouveau à libérer Jésus. Mais cette fois, les autorités religieuses jouent sur les propres peurs de Pilate. « Si tu relâches cet homme, tu n'es pas un ami de l'empereur ; quiconque se prétend roi est un ennemi de l'empereur ! » C'est le jeu ultime du pouvoir. Les autorités religieuses revendiquent l'alliance avec le gouvernement romain dans le combat contre Jésus, et Pilate se voit contraint de choisir son camp. C'est maintenant pour lui une question de survie.

Jean écrit : « Quand Pilate entendit ces mots, il fit amener Jésus dehors ; il s'assit sur le siège du juge à l'endroit appelé "place pavée" ». C'était, dit l'évangile, « le jour qui précédait la fête de la Pâque », c'est-à-dire le jour où l'agneau pascal avait été abattu et son sang aspergé sur les montants de porte des habitations juives pour briser ou repousser le pouvoir de la mort. Jésus va être le nouvel agneau pascal qui refoulera la mort, limite ultime de notre humanité, brisant ainsi la frontière qui nous sépare de l'éternité de Dieu.

Pilate dit alors aux accusateurs de Jésus : « Voilà votre roi ». Ils répondent : « À mort ! à mort ! Cloue-le sur une croix » !

Pilate serre encore le nœud coulant par sa question : « Faut-il que je cloue votre roi sur une croix ? » Puis Jean place les mots de l'idolâtrie religieuse suprême sur les lèvres des chefs des prêtres : « Nous n'avons pas d'autre roi que l'empereur ». C'est l'expression ultime du refus. « Il est venu dans son propre pays, mais les siens ne l'ont pas accueilli » (Jn 1,11). Le rôle que devait jouer la nation juive, à savoir apporter le règne de Dieu à la terre, a été rejeté. Le droit de Dieu à gouverner le monde a été écarté. Le projet messianique a été abandonné. Dieu ne pourra jamais plus être vu dans les symboles du pouvoir de la religion comme de la politique, de l'Église comme de l'État. Quelque chose de très différent allait être révélé en Jésus de Nazareth. Pilate sera le faire-valoir final de la révélation de Jésus ; cette dernière portera Jésus et ses disciples au-delà des compétences de la religion et au-delà du domaine du symbole le plus fort de l'autorité. Ils naîtront à une nouvelle altitude de la vie humaine. Cette entrée dans cette dimension nouvelle sera ouverte dans la mort de Jésus, accusé par une religion barricadée dans ses retranchements et exécuté par les mains de l'État.

Pilate a joué son rôle dans cette scène centrale, puis il disparaît. Ce sera dans la vision de la vie qui se dégage de la mort que nous allons rencontrer celui qui comprend le sens de la vie de Jésus, le symbole du véritable croyant. Il est appelé « le disciple bien-aimé ». C'est à son histoire que nous allons passer dans cette tragédie de la passion de Jésus.

25

À la croix : la mère de Jésus et le disciple bien-aimé

Dans la seconde moitié de Jean 19, la tragédie de la crucifixion se précipite. Contrairement à la tradition des évangiles synoptiques antérieurs, Jean représente Jésus portant sa propre croix. Le Jésus de Jean sera toujours en contrôle dans ce que Jean voit comme l'ultime révélation. Le cortège s'avance vers une colline appelée « le lieu du crâne », Golgotha en hébreu. Là, dit Jean avec une concision frappante, « ils le clouèrent sur la croix » (Jn 19,18).

À l'époque où Jean écrit, les deux autres victimes crucifiées avec Jésus font solidement partie de la tradition, bien que je soupçonne que ces deux personnages aient été créés à l'origine pour combler l'attente du prophète Ésaïe, qui avait écrit que le « serviteur s'est laissé placer au nombre des malfaiteurs » (És. 53,12). Le rôle prophétique de Pilate déclarant Jésus roi des Juifs ne devait pas être passé sous silence. Pilate écrit un titre et ordonne que l'écriteau soit suspendu à l'instrument d'exécution avec l'inscription : « Jésus de Nazareth, le roi des Juifs ». S'il y a quelque parcelle d'histoire dans ce détail, ce à quoi la plupart des exégètes ne croient pas, son but est la dérision. C'est un roi sans aucun pouvoir. Une croix ne ressemble guère à un trône, et des épines ne sont pas une couronne. Mais dans l'esprit de Jean, quelque chose de beaucoup plus profond est révélé par ce titre et cette couronne. Ayant échappé au syndrome de l'instinct de survie qui caractérise tout vivant, voici une existence orientée vers une destinée nouvelle. Ce sera une illustration de l'ordre inversé des valeurs qui prévaudra dans le règne de Dieu. Voici une vie qui révèle ce que signifie être né de l'esprit, une existence dans laquelle la force se trouve dans la faiblesse et qui permet d'entrer dans la vie à travers la mort.

L'auteur de cet évangile est un artiste, un portraitiste, et le portrait qu'il peint est rempli des symboles de ce nouveau type de « règne ». Comme nous l'avons vu dans les chapitres précédents, Jean présente les opposants à Jésus comme des gens qui ont abandonné leur mission d'être un peuple messianique. « Nous n'avons pas d'autre roi que l'empereur », crient-ils à son représentant, Pilate. Quelle que soit la vision de Pilate sur Jésus, il est le seul dans l'histoire de Jean à proclamer la royauté de Jésus. « Voyez, c'est votre roi » dit-il à la foule, en le présentant battu, sanguinolent et sur le chemin du calvaire.

Sur le lieu d'exécution, le titre attribué par Pilate est affiché sur cet écriteau fixé à la croix. Dans cette scène, la faiblesse est la porte d'entrée dans la force, et l'amour est la révélation ultime de celui qui se donne lui-même. L'inscription sur cette croix élève aussi le sens de Jésus à l'universalité ; en effet, il est écrit en latin (la langue du gouvernement impérial), en grec (la langue de la culture) et en hébreu (la langue avec laquelle cette existence a grandi et à travers laquelle elle est maintenant interprétée).

Ce titre suscite l'indignation de la part des opposants à Jésus ; ils tentent de le faire modifier, car non objectif. Il ne faut pas dire « le roi des Juifs », affirmation d'une réalité, mais : « Cet homme *a dit* "Je suis le roi des Juifs" » (Jn 19,21), ce qui équivaut aux rodomontades d'un dérangé. Mais Pilate reste ferme : « Ce que j'ai écrit reste écrit ». Il est important pour l'auteur de cet évangile que le représentant du pouvoir de Rome reconnaisse, même maladroitement, la vérité profonde que Jean veut transmettre : le règne de Jésus est réel, sans être de ce monde. Il est source de transformation.

Jean répète alors un détail que Marc, empruntant un verset du psaume 22, avait écrit auparavant dans le récit de la croix. Les soldats se partagent les vêtements de Jésus, mais Jean développe les détails à sa façon. Si la tunique de Jésus doit être déchirée en parts égales, sa valeur supposée sera perdue. Jean dit que le futur propriétaire sera tiré au sort, calquant ainsi Jésus sur le portrait du serviteur du psaume 22. Jean cite ce texte pour bien s'assurer que le lecteur reconnaisse sa source : « Ils se partagent mes habits, ils tirent au sort mon vêtement » (Ps 22,19). Jésus est maintenant dépouillé du moindre rudiment de protection défensive. La dignité lui est enlevée ; il n'a ni vêtement ni biens, rien pour couvrir sa vulnérabilité. Est-ce la fin de la vie de Jésus ou est-ce la porte, le chemin, qui va dévoiler un nouveau sens de la vie ? C'est la question à laquelle le portrait de Jésus fait par Jean veut répondre. Souvenez-vous de l'affirmation de Jean : la crucifixion sera le moment de la « glorification » de Jésus, et c'est seulement en étant élevé qu'il attirera le monde à lui.

Sur ce fond de tableau, Jean réintroduit deux figures symboliques qui lui servent à révéler le sens de la croix. L'une est la mère de Jésus, réapparition dans cet évangile depuis les noces à Cana en Galilée. Là, était-il écrit, elle avait entendu que ce n'était pas son rôle de forcer Jésus à agir avant que « son heure soit venue ». Pour autant, il avait agi ; premier des signes chez Jean ; par ce fait, les eaux de purification signifièrent et devinrent le vin de l'esprit. Mais les signes ne font qu'*indiquer* des sens qu'ils ne peuvent enfermer. La mère de Jésus a enfanté le fils qu'elle ne pourra jamais garder dans son propre cadre. Même dans ces débuts de l'histoire de Jean, la mère de Jésus apparaît plutôt comme un symbole qu'une personne. (Comme je l'ai déjà indiqué, mon avis est que la plupart des personnages de Jean sont des symboles plutôt que des personnages historiques[1].)

Maintenant, regardons la mère de Jésus placée littéralement par Jean au pied de la croix. C'est aussi une exclusivité johannique. Aucun autre évangile ne contient la moindre indication de la présence de la mère de Jésus au lieu d'exécution. Les magnifiques et célèbres pietàs sculptées ou tous ces portraits de la mère de Jésus tenant son fils inerte après la descente de la croix se sont fondés sur ce simple texte. Ce n'est pas de l'histoire. Ce n'est que dans la dixième décennie de l'histoire chrétienne que la mère de Jésus et la croix sont associées dans un texte chrétien, et cette juxtaposition est au service d'un motif johannique majeur. La piété chrétienne et l'art chrétien à travers les siècles ont tellement centré leur dévotion sur cette scène de la mère de Jésus au pied de la croix que montrer les faits du doigt dans le récit biblique semble presque irrévérencieux. Quand nous regardons le portrait de la mère de Jésus dans les autres évangiles, nous voyons pourquoi il a fallu si longtemps pour qu'elle soit placée dans ce rôle dans l'interprétation johannique. Elle n'est un personnage majeur dans aucun autre évangile. Son importance dans la tradition chrétienne a progressé très lentement, beaucoup plus lentement que nombre de gens le réalisent. Ce n'est que dans les siècles plus tardifs qu'elle commence à prendre de l'importance dans la piété chrétienne et même le développement doctrinal. Elle est décrite au pied de la croix soixante-cinq à soixante-dix ans après la crucifixion, et seulement dans le quatrième évangile. Quelle en est donc l'intention ? Que symbolise cette femme ? Si Jean est consistant dans son interprétation de la vie de Jésus, il

1. Les écrits concernant la mère de Jésus abondent, mais une grande partie est une affaire de dévotion et par conséquent de peu de signification historique. Le meilleur livre que j'aie lu qui fait la part entre les faits et la fiction, entre la réalité et la légende, a été écrit par une laïque catholique, Marina Warner, sous le titre *Alone of All Her Sex* (*Seule entre toutes les femmes*).

nous faut chercher le vrai au-delà des descriptions littérales, chercher le sens qui n'est pas de l'histoire mais une interprétation de l'histoire, dans le style de Jean.

Considérer cet épisode comme symbolique plutôt qu'historique est une thèse renforcée par le fait que la mère de Jésus apparaît au pied de la croix en compagnie d'un autre personnage, mentionné et développé dans l'évangile de Jean uniquement. Lui, comme la mère de Jésus, est anonyme et énigmatique. Il est appelé « le disciple bien-aimé » ou « le disciple que Jésus aimait », et Jean le montrera comme le premier disciple à croire.

L'identité de cette personne a été un sujet de débat au cours de l'histoire chrétienne. La plupart du temps, il a été présumé que « le disciple bien-aimé » est Jean, fils de Zébédée, mais personne aujourd'hui n'est tenté de soutenir cette thèse, hormis dans les cercles fondamentalistes. D'autres ont proposé Thomas, et également Marc, Marie-Madeleine, Jacques le frère de Jésus et même Lazare. J'ai déjà indiqué (à l'entrée de ce disciple dans la tradition en Jean 13) que je ne considère pas du tout cette figure comme une personne de l'histoire, mais comme la grande création finale de l'auteur. Il est le personnage en crescendo dans une série de figures remarquablement évoquées. Nous avons examiné en détail ces personnages dans notre parcours à travers l'évangile. Je reconnais que le « disciple bien-aimé » est tellement crucial dans le développement par Jean du thème mystique juif que j'ai passé beaucoup de temps sur son émergence et son développement, plus avant dans ce livre. Jean va maintenant ajouter au développement précédent, et l'étape suivante est cette présence au pied de la croix. Le « disciple bien-aimé » apparaîtra deux autres fois par la suite.

Jean nous fournit-il quelque indice sur l'identité de cette figure ? Je pense que oui, mais cet indice est caché. Premièrement, il est dit qu'il est aimé de Jésus. Y a-t-il dans l'évangile de Jean un personnage présenté comme particulièrement aimé de Jésus ? Oui ! C'est dans le Livre des Signes, un homme dont nous avons déjà récusé l'historicité. Permettez-moi de vous ramener brièvement à ce récit, mais cette fois, je vous demande une particulière attention aux mots.

Observez d'abord que c'est seulement après l'histoire du retour à la vie de Lazare qu'est utilisée pour la première fois l'expression « le disciple que Jésus aimait ». Ceci à l'esprit, regardez de près le langage utilisé à propos de Lazare. Le récit commence par Marie et Marthe qui envoient un message à Jésus pour signaler la maladie de leur frère Lazare : « Seigneur, celui *que tu aimes* est malade » (Jn 11,3). Deux versets plus loin, l'auteur de l'évangile écrit : « Jésus *aimait* Marthe et sa sœur *ainsi que* Lazare. Rappelez-vous les détails curieux de cette histoire. Jésus ne part pas tout de suite. Il dit d'abord que Lazare est endormi, puis plus tard qu'il est mort. Il est heureux de ne pas avoir été là, afin que ses disciples « puissent croire » (Jn 11,15). Arrivé enfin à Béthanie, où demeure Lazare, Jésus dit à ses sœurs Marie et Marthe : « Votre frère revivra », et il dit de lui-même : « Je suis la résurrection et la vie » (Jn 11,21-27). Puis Jésus est montré en pleurs (Jn 11,35). « Les Juifs », c'est-à-dire les opposants à Jésus, interprètent ces larmes : « Voyez comme il l'aimait ». Il apparaît dans ce récit que l'auteur insiste délibérément sur le fait que Lazare est « le bien-aimé » de Jésus. Pour autant, Lazare n'est pas un personnage historique. N'est-ce pas l'indice donné par l'évangéliste quant à l'identité du « disciple bien-aimé ? » Lazare, qui est passé de la mort à la vie, est sans cesse dans cette histoire celui « que Jésus aimait ». Ceci étant donné, il commence à faire sens que le « disciple bien-aimé » soit placé par Jean près de Jésus, « penché tout contre lui » au repas durant lequel le traître est identifié, et qu'il soit maintenant placé au pied de la croix. Le « disciple bien-aimé » est celui, le seul des disciples, qui suit Jésus jusqu'à la mort. Qui alors, s'il n'est pas une figure historique, est le « disciple que Jésus aimait » ? Que signifie-t-il ? Qui symbolise-t-il ?

Il est un personnage mythologique, un symbole de ceux qui voient, de ceux qui répondent et de ceux qui sont transformés. Il est l'archétype du mouvement de Jésus. Il représente ceux qui sont nés de l'esprit, qui sont capables de goûter, d'expérimenter, de partager la vie nouvelle que Jésus vient apporter. Il est le « Lazare » passé de la mort à la vie ; celui qui sait qu'être en Christ c'est avoir la vie de Dieu qui circule en lui comme la sève de la vigne irrigue les branches. Il est le symbole de la création nouvelle, le premier citoyen du nouvel Israël, le représentant des premiers fruits du règne de Dieu. Il est celui qui voit, qui croit et qui comprend. Il est le représentant idéal de la communauté johannique des croyants, excommuniés de la synagogue et débarrassés de ceux qui, comme Judas, ne peuvent poursuivre le chemin dans la vie que Jésus représente. Il se trouve en regard de ceux qui, comme Pierre, vacillent et doutent, et il est finalement celui qui permet à Pierre (et à ceux comme lui) de saisir avec ses doutes et ses craintes le sens de Jésus. Il est, au dernier repas, celui par qui Pierre doit passer pour accéder à Jésus lorsque le traître est identifié. Il est peut-être aussi l'assurance de Pierre que le traître n'est pas Pierre lui-même. Peut-être aussi que l'intention de Jean est de faire comprendre que le « disciple bien-aimé » est celui qui ouvre la porte pour que le Pierre qui vacille puisse entrer dans la cour du grand-prêtre.

Le « disciple bien-aimé » sera celui qui accompagne Pierre au tombeau, puis se tient de côté pour le laisser entrer le premier. Cependant, une fois à l'intérieur, il est le premier à croire. Finalement, il sera celui qui reconnaît le Christ vivant pour Pierre près du lac, le même Christ ressuscité que Pierre découvrira lorsque le pain est rompu au bord de ce lac. Cette expérience, que nous allons examiner plus loin, est ce qui finalement permettra à Pierre, au moins selon l'auteur de l'épilogue, de se reprendre complètement et ainsi de devenir apte à entrer dans l'expérience transformatrice de Jésus.

Le « disciple bien-aimé » est la définition du parfait disciple de Jésus. Judas, un autre des symboles chez Jean, ne voit pas et reste dans l'obscurité ; il quitte les disciples et s'enfonce dans la « nuit ». Pierre incarne le combat intense de la foi : il résiste jusqu'au moment où enfin le sens de Jésus lui apparaît, devenant finalement capable d'entrer dans la vie nouvelle de la résurrection. Pilate est le symbole du pouvoir terrestre, celui qui perçoit la royauté de Jésus, dans une certaine mesure, et avec des contours vagues. Il exprime une vérité à laquelle, en somme, il n'adhère pas, et il devient le symbole du monde avec lequel les disciples de Jésus sont continuellement aux prises. En définitive, le « disciple bien-aimé » est le symbole de ce qu'est le dépassement des barrières défensives vers le mystère d'une vie nouvelle, d'une nouvelle conscience, ce qui est l'expérience du Christ.

C'est pourquoi Jean place ce symbole, le « disciple bien-aimé », à la croix, au moment où cet évangile fait valoir que le sens de Jésus est définitivement révélé, au moment où est reconnue sa grandeur. Il est le symbole de ceux qui peuvent effectuer la transition et entrer dans le sens de l'éternité.

Avec qui se tient-il lors de cette scène tragique au pied de la croix ? C'est la mère de Jésus, qui est elle-même un symbole, un symbole du judaïsme, le peuple de Dieu, le peuple juif, qui a reçu la loi, chez qui se sont levés les prophètes et qui a maintenant donné naissance à ce « prophète dont Moïse a parlé ». Ils ont pourtant eu du mal à recevoir ce qui devait être leur bienfait pour le monde. Aussi Jean montre Jésus en croix, recommandant sa mère, le judaïsme, aux soins du « disciple bien-aimé », celui qui incarne le futur accomplissement du mouvement de Jésus. N'oubliez pas votre passé, dit Jésus à la communauté de Jean, eux qui ont été expulsés de la synagogue. Acceptez et chérissez la matrice qui vous a engendrés. Reconnaissez comme vôtre le judaïsme, votre mère, et incorporez-le à votre propre vie. Les tensions qu'a expérimentées la communauté de Jean, sa détresse lors de l'excommunication, son hostilité envers les Juifs, les chefs des prêtres et les Pharisiens, tout cela doit enfin être surmonté. « Femme, voici ton fils ». Judaïsme, voilà ton enfant, le mouvement de Jésus. Puis il dit à ce disciple anonyme symbolique :

« Voici ta mère » (Jn 19,27). À partir de ce jour, dit l'évangéliste, « le disciple la prit chez lui ».

L'œuvre du Christ s'achève. Les divisions les plus profondes doivent déboucher sur la réconciliation. Le Dieu unique doit se révéler dans l'unité du peuple de Dieu. Les séparations dues à la lutte pour la vie entraînent la mort, mais la vie est suscitée par la liberté de surmonter ses peurs et de donner sa vie. Jean n'écrit pas une narration littérale ; il crée un tableau mystique d'unité, de vie nouvelle, de transition vers un être nouveau, une conscience nouvelle. Le récit où la mère de Jésus est recommandée aux soins du « disciple bien-aimé » illustre la chute des barrières séparant la famille humaine. Une lecture littérale de ce texte ne conduira jamais le lecteur vers une vie nouvelle. Voir dans ce texte un tableau du profond mysticisme juif y aidera. Nous sommes presque à la conclusion de la vie de Jésus et de sa mission. Mais le sens de cette vie se poursuivra sans interruption.

26

Tout est achevé : l'eau et le sang coulent ensemble

L'auteur du quatrième évangile a deux choses à ajouter avant de terminer son récit de la passion. Il veut que les gens de tradition juive réalisent que Jésus est l'accomplissement de leurs propres écritures sacrées, et il veut aussi ouvrir la possibilité d'une nouvelle vie partagée par tous, Gentils aussi bien que Juifs.

Comme premier pas vers cette vie inclusive dans le Christ, Jésus avait éveillé ses disciples à la possibilité d'une vie nouvelle. Son fidèle disciple symbolique, le « disciple bien-aimé », a réussi le test : il est présent au pied de la croix et ensuite à l'entrée du tombeau. Il comprend et croit. Il a maintenant la charge de prendre avec lui pour l'avenir celle qui symbolise le judaïsme, mère du christianisme. La synagogue et les dirigeants du Temple se sont débarrassés des adeptes de Jésus, des réformistes, mais ceux-ci vont se considérer eux-mêmes comme l'étape suivante, universelle, de l'histoire juive. Leur responsabilité sera, ni de rejeter ni d'éliminer leur mère, mais de transcender ses limitations. Les gens d'Israël ont traversé une histoire difficile ; ils ont érigé des barrières défensives afin de survivre comme peuple. Leur histoire a été remplie de chapitres où leur survie était loin d'être assurée, ne tenant parfois qu'à un fil. Ils ont enduré l'esclavage en Égypte, des années d'errance dans le désert, le combat continuel pour fixer leur demeure dans un bout de terre. Ils ont connu la guerre, la défaite, ont été exilés et apatrides. Dans leur lutte pour la vie, ils ont cultivé des symboles de différence. Leurs coutumes étaient destinées à les garder à part des autres nations. Ils ne se fondaient dans le genre de vie de nul autre peuple parce qu'ils refusaient de travailler chaque septième jour. Ils ne voulaient partager de repas avec aucun étranger à leur tribu, car ils croyaient à leur obligation sacrée d'avoir un régime alimentaire spécial, qu'ils appelaient « casher », et de manger de la nourriture préparée seulement dans une cuisine casher. Ils sont allés jusqu'à marquer leur identité juive dans le corps de leurs sujets hommes par la pratique de la circoncision, si bien que les mariages mixtes et le risque de perte d'identité pour les enfants de ces unions serait difficile voire impossible.

Ils ont fondé toutes ces pratiques sur ce qu'ils ont appelé « la loi », basée sur leurs écritures sacrées. Chaque génération successive a lu la Torah et les autres saints écrits dans leur assemblée de chaque sabbat. Ils ont structuré leur vie commune avec une série de fêtes et de jours de jeûne pour marquer les grands événements de leur existence nationale qu'ils ont célébrés par des rituels liturgiques à l'intérieur ou à l'extérieur de la synagogue. Ces jours saints ont des noms connus de tout Juif : la Pâque, Shavouot, Rosh Hashanah, Yom Kippur, Soukkot (ou Tabernacles) et Dédicace (ou Hannoukka), pour citer les plus importants. Ils ont cru que, dans leurs écritures, incluant la Torah et leurs autres écrits, ils entendaient la « parole de Dieu ». Mais cette parole semblait s'arrêter aux frontières de leur tribu et aux limites de leur foi.

L'auteur du quatrième évangile ne veut absolument pas abandonner la foi de ses pères et mères, mais il veut transcender ses limites, transformer ses fondations basées sur l'exclusion en inclusion radicale. Il veut ouvrir les trésors de la vie juive pour les partager à tous, afin de comprendre de manière nouvelle ce qu'est une vie authentique.

C'est pourquoi Jean perçoit Jésus comme une nouvelle « parole de Dieu », une nouvelle Torah adressée au monde. Dans son évangile, Jésus apparaît comme un don qui vient de Dieu, qui vit le cycle de la vie avant de retourner à Dieu. C'est pourquoi scruter les écritures juives afin d'y trouver des indicateurs pour éclairer la compréhension de Jésus par les Juifs était si important. C'est pourquoi l'auteur parle du signe de Cana, où l'eau destinée aux purifications juives est remplacée par un vin abondant de vie nouvelle. C'est pourquoi il identifie le corps de Jésus au Temple. Jésus et le Temple sont considérés comme des lieux où est expérimentée la présence du Dieu saint ; les deux, s'ils sont détruits, peuvent être restaurés à une nouvelle vie, même en trois jours. C'est pourquoi Jean identifie la chair de Jésus à la manne céleste, la nourriture du peuple qui en s'y alimentant pouvait s'unir à Dieu. C'est pourquoi les frontières séparant le Juif du Samaritain et le Juif du Gentil s'évanouissent. C'est pourquoi le véritable culte ne peut pas être limité au mont Garizim en Samarie soit au Temple de Jérusalem, car le Dieu qui est esprit doit être adoré partout en esprit et en vérité. C'est pourquoi la crucifixion de Jésus, comme l'immolation de l'agneau pascal, peut refouler la limite ultime de la mort et appeler toute personne à une vie nouvelle. C'est pourquoi le

« disciple bien-aimé » se doit d'accepter et de prendre avec lui la « mère de Jésus », la foi du peuple de Dieu, et l'incorporer au devenir du mouvement de Jésus. La « parole de Dieu » en Jésus est destinée non pas à détruire le judaïsme mais à l'ouvrir à des possibilités plus larges et plus inclusives qu'une vie nationale fondée sur la nécessité de survivre. C'est aussi pourquoi la crucifixion a été son moment de glorification, car dans ce suprême acte de don de soi, il échappe à cet instinct humain de survie.

Pour Jean, la croix est le tableau de quelqu'un qui peut vivre sans limitations, aimer sans limites et, au moment de mourir, faire preuve du courage d'être tout ce qu'il devait être. Embrasser la compréhension passée de Dieu, l'élargir au-delà de ce qui a été jusque-là imaginé, transcender toutes les limites religieuses et offrir au monde cette compréhension nouvelle, c'est le rôle messianique. Tout cela, d'après Jean, a été vécu sur la croix. L'auteur du premier évangile, Marc, avait aussi un aperçu de cette vérité, raison pour laquelle il a mis un soldat romain au pied de la croix et en a fait l'interprète du sens de Jésus. Ce soldat, un Gentil impur selon les critères juifs, voit dans cette personne sur la croix quelqu'un qui peut donner sa vie, tout en aimant ceux qui violemment la lui arrachent. À la vue de ce corps affaissé et mort, le soldat dit : « Vraiment, cet homme était le fils de Dieu », comme si ce soldat venait de sortir d'un cours sur la théologie de Nicée (mais ceci arrivera trois cents ans plus tard). Ce soldat exprime sa propre métamorphose. Dieu est présent quand nous sommes prêts à donner notre vie, à échapper à la lutte pour la vie qui nous maintient dans l'égocentrisme, car nous jugeons tous les autres, toutes les actions et toutes choses par rapport à notre propre survie. L'appel de Jésus est un appel à la vie, une vie nouvelle, généreuse, un appel à entrer dans la vie suprême de Dieu. Ainsi, à la croix, Jean décrit le « disciple bien-aimé » adoptant la mère de Jésus, symbole du passé, la prenant avec lui qui est symbole d'avenir, transcendant toutes limites. La tâche des disciples de Jésus était et est de chercher à orienter le monde vers un nouvel universalisme, une compréhension nouvelle de la vie de l'esprit.

Jean veut maintenant terminer son récit en démontrant que les écritures sacrées du peuple juif orientent vers la vie de Jésus et y trouvent leur accomplissement. C'est un thème introduit dès le début. À Nathanaël dans le chapitre 1, Jésus a été présenté comme celui dont « Moïse a parlé dans le livre de la Loi et dont les prophètes aussi ont parlé » (Jn 1,45) ; quand Nathanaël vient à Jésus, il entend : « Vous verrez le ciel ouvert et les anges de Dieu monter et descendre au-dessus du Fils de l'Homme » (Jn 1,51). Ces citations, échos du Deutéronome (18,15) et de la Genèse (28,12), sont destinées à proclamer que les écritures sacrées des Juifs trouvent leur réalisation en Jésus. Pour Jean, Jésus n'est pas venu instaurer une nouvelle religion, mais transformer leur religion du passé en en transcendant les frontières et en en supprimant les limites. Le travail de l'Esprit Saint est d'« ouvrir les écritures » ou de rappeler les écritures à la mémoire du peuple (Jn 2,22). Quand Jésus invite son auditoire par ces mots : « Si quelqu'un a soif, qu'il vienne à moi et qu'il boive », c'est, dit l'évangéliste, pour lui faire comprendre les paroles du prophète Ésaïe écrites des centaines d'années plus tôt, où l'eau vive est synonyme de la vie de l'esprit (És 44,3 ; 55,1 ; 58,11).

Tout au long de l'évangile de Jean, un débat revient quant aux « origines de Jésus ». Il y est fait continuellement appel aux écritures juives (Jn 7,42 et 10,35). L'histoire du traître est censée accomplir les écritures (Jn 13,18 rappelant le Psaume 41,9). La trahison elle-même accomplit les écritures (Jn 17,12). L'abandon de Jésus par les disciples lors de son arrestation est un accomplissement des écritures (Jn 16,32 rappelant Zach 13,7). Les détails autour de la crucifixion sont un accomplissement des écritures (Jn 19,24, rappelant le Psaume 22,18).

Ceci étant un leitmotiv chez Jean, il n'est pas surprenant qu'il conclut son histoire de la croix par deux actions non relatées dans les écrits précédents, mais qui permettent à cet auteur de montrer encore une fois comment Jésus incorpore le passé juif et l'oriente vers un futur universel. Après l'adresse de Jésus au « disciple bien-aimé » et à sa mère, Jean met sur les lèvres de Jésus deux autres « paroles », avant de « baisser la tête et de mourir » (Jn 19,30). Ces deux « paroles » sont destinées à annoncer la réalisation du rôle messianique dont parlent les écritures, dans la vie de Jésus.

La première est « J'ai soif » (Jn 19,28). C'est un rappel saisissant que Jésus est humain et que sa souffrance est réelle. Ce n'est pas un acte « docétique »[1] d'un prétendu homme. C'est pourtant préprogrammé dans les écritures, car en réponse à ce cri les soldats fixent une éponge trempée dans du vinaigre à une branche d'hysope et l'approchent de la bouche de Jésus. Non, ceci ne s'est pas produit ainsi littéralement, mais la parole et le geste suivants sont signalés pour relier Jésus à un passage du Psaume 69,21 : « Quand j'ai soif, ils m'offrent du vinaigre ». Il peut être dit que cette phrase s'accomplit en Jésus. Puis, Jésus prononce ce que Jean appelle son dernier cri : « Tout est achevé » (Jn 19,30). Non pas un cri de désespoir, mais de triomphe. Il remplit la promesse exprimée dans la

---

1. Le mot « docétique » s'applique à une interprétation de Jésus rejetée comme hérésie dans les premiers temps de l'Église. Le docétisme professait que Jésus n'était pas réellement un être humain, il en avait seulement l'apparence. Jean est à l'opposé de cette interprétation dans des expressions telles que « manger ma chair et boire mon sang » ; dans ce texte il montre bien la réalité de la souffrance endurée par Jésus.

prière du chapitre 17 : « J'ai manifesté ta gloire sur la terre ; j'ai achevé l'œuvre que tu m'as donné à faire » (Jn 17,4). Cette création nouvelle est maintenant accomplie. Une porte a été ouverte vers un sens nouveau de la vie, une humanité nouvelle, un être nouveau. Je vous ai montré le chemin d'une nouvelle vie, dit Jésus. J'ai fait rayonner la gloire de Dieu qui nous appelle à vivre pleinement, à aimer sans compter et à devenir ce que chacun de nous peut être. Comme nous l'avons déjà vu, il n'est pas question ici de rédemption, mais simplement d'une humanité épanouie, humanité qui entre dans la vie de Dieu et en partage l'éternité.

Jean, cependant, n'est pas encore prêt à conclure son histoire de la croix. Il doit souligner encore une fois que Jésus est le nouvel agneau pascal, dont la mort, comme celle de l'agneau pascal originel, bannira la mort elle-même. Ainsi Jean nous rappelle que le jour de la crucifixion était le jour de la préparation de la Pâque (Jn 19,31-37). Dans cet évangile, Jésus est exécuté sur la croix au moment précis où l'agneau est tué pour la fête de la Pâque. Cet agneau doit être un sujet physiquement parfait, car il représente l'aspiration humaine à la perfection. Par conséquent, l'agneau ne doit avoir aucun os brisé, pas d'égratignures ni de taches. Jean nous raconte donc que les autorités viennent au Golgotha pour hâter la mort des victimes. Le sabbat doit commencer au coucher du soleil et ne peut être profané par un corps laissé mort sur les croix. Pour précipiter la mort, les soldats brisent les jambes des deux victimes crucifiées de chaque côté de Jésus. Mais en arrivant à Jésus, ils le voient déjà mort. Aucun de ses os ne sera par conséquent brisé. Le symbole de l'agneau demeure intact. Ceci aussi « accomplit les écritures », pour citer des mots de l'Exode 12,46, des Nombres 9,12 et du Psaume 34,20.

Une parole supplémentaire d'un prophète reste à utiliser dans ce processus interprétatif. Jean montre un soldat qui perce de sa lance le côté de Jésus, rappelant une phrase du prophète Zacharie[2] : « Ils ont regardé celui qu'ils ont transpercé et pleuré sur lui comme on pleure à la mort d'un fils unique » (Zach 12,10). Puis Jean utilise un dernier symbole dans son œuvre non littérale, profondément symbolique. De cette blessure, dit-il, « sortirent du sang et de l'eau ». C'est une référence de plus aux noces

2. La référence exacte devrait être Zacharie 2, car ce livre, comme le livre d'Ésaïe, est le travail de plus qu'une seule main. Les chapitres 1-8 reflètent une époque de l'histoire juive au moins un siècle antérieure à celle des chapitres 9-14. Ce sont les chapitres 9-14 auxquels les auteurs des évangiles se réfèrent régulièrement. Ce passage de Jean en est une illustration. Certains exégètes pensent que ce que nous appelons Malachie est en fait Zacharie 3, qui à un moment a été séparé. Ceci expliquerait la continuité dans les thèmes et le fait que Malachie n'est pas le nom de l'auteur. Malachie est un mot hébreu qui signifie « mon messager ». L'auteur est en réalité anonyme, une voix criant dans le désert.

de Cana, incluant peut-être maintenant l'Eucharistie chrétienne. Le sang est le vin de l'Eucharistie. L'eau est l'eau du baptême. Les rites juifs de purification par l'eau sont à l'arrière-plan du baptême. Le vin du banquet, signalant l'arrivée du règne de Dieu, est maintenant pour le croyant le vin de l'Eucharistie qui fait entrer la vie de Jésus dans sa propre vie. Nous sommes les branches irriguées par la vie de la vigne ; en chacun de nous circule la vie divine. Jésus ouvre la porte de la communion mystique. Sa mort est la suprême révélation de la vie.

Maintenant est arrivé le moment d'enlever le corps pour la mise au tombeau (Jn 19,38-42). Deux personnes s'occupent des préparatifs : Joseph d'Arimathée, un personnage introduit dans les évangiles synoptiques seulement lors de la mise au tombeau, et Nicodème. Joseph est comme Nicodème, venu vers Jésus seulement de nuit. Joseph aussi est impressionné par Jésus, mais réticent à afficher qu'il est un disciple, « par peur des Juifs » qui ont banni de la synagogue les adeptes de Jésus. Néanmoins, ces deux-là sont autorisés à veiller sur son ensevelissement. Aucun d'eux n'apparaîtra dans les histoires de la résurrection. L'ensevelissement est minutieux. Trente kilos de myrrhe et d'aloès, une quantité exorbitante pour un ensevelissement. Le corps est enveloppé, comme celui de Lazare, de bandelettes de lin. Il est placé dans un tombeau neuf au milieu d'un jardin. Le sens de cette vie est maintenant enfermé dans un tombeau. Le monde attend. Le sens d'une vie transformée va poindre.

CINQUIÈME PARTIE

RÉSURRECTION : L'UNITÉ MYSTIQUE RÉVÉLÉE

27

Introduction à l'histoire de Pâques chez Jean

Comme je l'ai déjà évoqué, pour l'auteur du quatrième évangile, la crucifixion est le moment de la glorification. Quel est ensuite son regard sur l'expérience appelée « résurrection » ? C'est maintenant notre question, et la recherche des données disponibles pour y répondre nous amène, non seulement au cœur du récit chrétien, mais aussi à la profonde crise de foi actuelle du XXIe siècle.

Si « résurrection » signifie réanimation d'un corps décédé et retour dans le monde physique du temps et de l'espace, la crédibilité atteint un point de rupture. L'envisager ainsi bafouerait tout ce que nous, gens d'aujourd'hui, connaissons du fonctionnement du monde. Cela nécessiterait non pas simplement un puissant miracle, ce que soutiennent certains fondamentalistes, mais supposerait aussi des centaines de millions de minuscules miracles. Il nous faudrait par exemple croire à un retour en arrière du temps. Il nous faudrait avoir une définition de Dieu qui n'entre dans aucun cadre que des êtres humains aujourd'hui puissent reconnaître et comprendre. Inverser le processus de mort dans quelque sens littéral et physiologique demanderait que le cœur reparte, que chaque artère, veine et vaisseau capillaire soient reconnectés, que le processus de décomposition s'inverse, que les cellules du cerveau se reconstituent, que le fonctionnement gastro-intestinal soit restauré, que le larynx se réactive, ainsi que les cordes vocales et le système osseux. La personne décédée, maintenant ressuscitée, aurait à reprendre toutes les relations précédentes comme s'il n'y avait eu aucune interruption. Dans le cas de Jésus, cela voudrait dire que les pieds cloués à la croix pourraient marcher comme s'il n'y avait eu aucune blessure.

C'est ce qu'insinuent et même semblent démontrer les évangiles écrits en dernier : Jésus ressuscité y est de plus en plus présenté comme un phénomène physique. Plus tardives sont les descriptions de la résurrection, plus surnaturels et miraculeux sont les détails. Dans l'évangile de Luc, le Jésus ressuscité marche, parle, mange, interprète les écritures et même présente sa chair à toucher. Il s'élève physiquement en l'air dans un univers à trois niveaux afin de retourner à Dieu qui habite les cieux. Pourtant, ce n'est pas ainsi qu'est comprise la résurrection dans les premiers écrits chrétiens.

Pour Paul, par exemple, il s'agit d'une transformation : « Nous serons tous transformés, en un instant, en un clin d'œil » (1 Cor 15,51-52). Paul essaie même de décrire ce processus de transformation. Les morts se lèveront « impérissables », puisque « ce qui est fait de chair et de sang ne peut pas avoir part au royaume de Dieu » (1 Cor 15,50). Ce qui « meurt » sera « revêtu de ce qui est immortel » (1 Cor 15,54). Paul tente de distendre son vocabulaire, comme le font les gens quand ils essaient d'aller au-delà des catégories du temps et de l'espace ; c'est ainsi qu'il parle d'un « corps animé par l'Esprit » (1 Cor 15,44). Puis, il développe l'analogie d'une semence qui doit mourir avant qu'en sorte la vie nouvelle d'une plante.

Paul affirme clairement que Dieu a élevé Jésus à une vie nouvelle, mais il n'est dit nulle part qu'il s'agit d'une réanimation et d'un retour à la vie de ce monde. Jésus a été élevé à la vie de Dieu et rendu universellement accessible. Il n'a pas été réanimé pour marcher à nouveau dans les rues sombres de Jérusalem ou sur les chemins poussiéreux de Galilée. Nous avons remarqué auparavant que Paul utilise la voix passive, non active, comme la forme du verbe pour décrire la résurrection. Jésus *a été relevé* ; Jésus ne *se relève* pas (voir par exemple Rm 4,24 ; 6,4 ; 6,9 ; 7,4 ; 8,11 ; 8,34 ; 10,9 ; 15,28). L'action de résurrection appartient à Dieu, non pas à Jésus.

La plupart des grands exégètes n'attribuent pas l'épître aux Colossiens à Paul mais admettent généralement qu'elle est paulinienne dans son caractère, probablement de la main de quelqu'un influencé par Paul. Et tous sont d'accord pour dire que l'épître aux Colossiens est bien antérieure à l'évangile de Luc ou au Livre des Actes, lorsque l'ascension de Jésus comme acte physique est entrée dans la tradition. Pourtant, il est dit dans Colossiens : « Vous avez été ramenés de la mort à la vie avec le Christ ; alors, recherchez les choses qui sont au ciel, là où le Christ siège à la droite de Dieu » (Col 3,1). Il est évident que Paul et ses disciples proches, qui furent les premiers écrivains du Nouveau Testament, ne considéraient pas l'expérience de Pâques comme la réanimation biologique d'un corps décédé. Paul croyait que Jésus avait brisé le pouvoir de la mort et que Dieu l'avait élevé à un degré nouveau de vie et d'être.

L'épître aux Romains, dont personne ne nie que l'auteur en est Paul, contient ces paroles : « Le Christ, depuis qu'il a été ramené d'entre les morts, ne doit plus mourir ; la mort n'a plus de pouvoir sur lui. Maintenant qu'il est vivant, il vit pour Dieu » (Rm 6,9-10). Quand Paul écrit que le Christ relevé « ne doit plus mourir », il affirme une évidence. Ce n'est pas l'histoire de quelqu'un revenu à la vie physique dans ce monde. Les corps qui ont été ranimés doivent mourir à nouveau. Paul parle évidemment de quelque chose d'autre qu'un corps décédé sorti d'une tombe pour un retour surnaturel à la vie. Ces chrétiens qui soutiennent qu'un vrai chrétien doit obligatoirement croire à la « résurrection corporelle de Jésus » sont profondément mal informés sur les écritures et sur le fonctionnement du monde.

De plus, notons que les écrits de Paul contiennent une énumération de ceux dont les yeux se sont ouverts pour voir le Christ (1 Cor 15,5-8), à savoir : Céphas (Pierre), les douze, cinq cents frères, Jacques, les apôtres et Paul. Important aussi de noter que n'est fournie aucune description de cette expérience de la part d'aucun de cette liste. Remarquons encore que Paul ne parle nulle part d'une expérience de conversion sur la route de Damas, alors qu'il est souvent question de cette expérience aujourd'hui dans les cercles chrétiens. Il ne parle jamais de sa supposée cécité, de la conversation soigneusement tournée qu'il est supposé avoir eu avec Jésus au cours de cette expérience de conversion, ou du rôle d'Ananie soit dans son recouvrement de la vue soit dans son baptême. Ces choses-là sont racontées par Luc environ trente années après la mort de Paul. Ainsi, quelle que fut la vision de Paul, ce n'était pas le Jésus corporel. À supposer que l'on considère l'expérience sur la route de Damas comme de l'histoire au sens propre, la date de la conversion de Paul est estimée avoir eu lieu au minimum une année ou au plus tard six ans après la crucifixion.

Afin de bien comprendre la nature de l'expérience de Pâques, il faut reconnaître que Marc, le premier évangile écrit, ne contient aucun récit de vision du Christ ressuscité par quiconque. Marc nous parle seulement des femmes venues au tombeau à l'aube du premier jour de la semaine. Ce qu'elles voient, dit-il, est uniquement un « jeune homme... qui portait une robe blanche » (Mc 16,5). Ce jeune homme n'est pas un ange. Il deviendra un ange environ une décennie plus tard, lorsque Matthieu donne plus de relief au récit et décrit ce jeune homme comme ayant l'aspect d'un éclair, avec des vêtements blancs comme la neige (Mt 28,3). Environ une décennie après Matthieu, Luc transformera ce messager en *deux* anges (Lc 24,4) aux vêtements brillants, histoire qui va donc en s'amplifiant.

Le jeune homme en vêtement blanc chez Marc envoie les femmes informer les disciples de Jésus qu'il « est revenu de la mort à la vie » et qu'il « va vous attendre en Galilée » (Mc 16,7). Les femmes ne voient pas Jésus, il n'apparaît pas. Marc nous dit qu'elles « sortirent et s'enfuirent loin du tombeau, car elles étaient tremblantes de peur » (Mc 16,8). C'est là que se termine l'évangile de Marc. Si troublantes et si peu convaincantes étaient ces paroles originelles de Marc que des premiers écrivains chrétiens ajoutèrent de nouvelles conclusions à l'évangile de Marc. Il leur paraissait incroyable que l'intention de Marc était de conclure son texte sur ce mode énigmatique et si peu convaincant. Pourtant, c'est ce qu'il avait fait.

Nous voyons comment l'histoire s'amplifie : Matthieu, ayant Marc comme source principale, modifie l'histoire de Marc pour accorder à ces femmes une apparition de Jésus alors qu'elles sont encore dans le jardin, ce premier matin de Pâques. Puis, pour asseoir toutes ses bases, Matthieu fournit à ses lecteurs les détails d'apparition en Galilée à laquelle le messager de Marc avait juste fait allusion. L'apparition a lieu au sommet d'une montagne, dit-il, et là « les disciples l'adorèrent » (Mt 28,16-17). L'implication est que Jésus apparaît aux disciples non pas dans la chair, mais venant de Dieu ou venant du ciel. Il avait déjà été transformé et vêtu de l'autorité du « fils de l'homme ». Dans cette histoire, le Jésus ressuscité parle pour la première fois et confie la grande mission : « Allez auprès des gens de toutes les nations et faites d'eux mes disciples, baptisez-les », car « je vais être avec vous tous les jours, jusqu'à la fin du monde » (Mt 28,20). Notez bien que, comme chez Marc, aucun des détails de cette seconde histoire de résurrection n'indique un corps physiquement ressuscité.

Luc est le suivant dans l'ordre chronologique des évangiles. Il est le principal à transformer le Jésus ressuscité en un être très corporel, en quelqu'un qui a été rendu à une vie terrestre, matérielle, et qui, puisqu'il ne peut mourir à nouveau, doit en quelque sorte être arraché à ce monde. Dans ce but, Luc raconte l'histoire de l'ascension (Lc 24,50-52 et Actes 1). J'imagine que les tendances à prendre les récits au sens propre étaient inévitables au cours des décennies après la crucifixion, mais la vérité fondamentale n'est jamais bien servie quand l'esprit humain, limité, comprend de manière littérale. L'auteur du quatrième évangile en était certainement conscient ; alors quand, vers la fin des années 90, il en vient à relater l'histoire de Pâques, il met les choses au clair. Sa franche opposition à l'approche littérale, dont nous n'avons cessé de parler, ne sera pas compromise dans sa narration du sens de Pâques. Cependant, ce sera pour lui un équilibre délicat.

Nous arrivons au vingtième et dernier chapitre de l'évangile de Jean (en admettant comme la plupart des exégètes que l'épilogue de Jean 21 ne faisait pas partie du texte original). Ici, dans Jean 20, nous découvrons quatre histoires distinctes de résurrection. Elles ont été maladroitement reliées pour être lues comme une narration continue, probablement dans un but liturgique au cours d'une célébration[1]. Une lecture attentive de ce chapitre révèle que ces quatre histoires de résurrection étaient à l'origine des segments séparés dans la tradition.

En ouverture se trouve l'histoire d'une femme, seule au tombeau, Marie Madeleine. Son histoire est télescopée par celle de Pierre et du « disciple que Jésus aimait » qui arrivent au tombeau ; mais si l'on met de côté ce récit, l'histoire de Madeleine au tombeau possède en elle-même une cohérence montrant que le texte était à l'origine seul. Ainsi, la première esquisse de la résurrection est le chapitre 20, versets 1 et 11-18. Elle expose un thème particulier et regarde la résurrection à travers des lentilles spéciales. Je prendrai cette histoire de Madeleine comme si elle formait un tout ininterrompu, première des quatre esquisses de la résurrection selon Jean.

La deuxième histoire (Jn 20,2-10) manifeste une fois de plus les relations spécifiques entre Pierre et celui que Jean appelle le « disciple bien-aimé ». Elle est chargée de symboles, tout en reprenant des thèmes du corpus de cet évangile. Elle comporte aussi une approche très différente de la résurrection. Cette histoire semble à l'origine avoir été à part. Cela devient clair quand dans la troisième histoire, qui inclut les autres disciples, nous découvrons qu'ils ne sont pas du tout au courant de l'expérience précédente, alors que deux d'entre eux sont déjà allés au tombeau. D'autres éléments laissent penser à la plupart des exégètes de Jean que ces récits de résurrection dans Jean 20 étaient à l'origine tout à fait distincts, chacun destiné à présenter Pâques avec une perspective totalement différente.

La troisième histoire de résurrection chez Jean (Jn 20,19-25) est située le soir du jour de la résurrection, probablement à l'heure du repas, alors que les disciples ont déjà fermé la maison pour la nuit. Ici, il est dit que Jésus apparaît alors que les portes sont verrouillées et les fenêtres fermées, ce qui veut dire que l'apparition n'est pas physique. Il leur offre sa paix, décrite plus tôt comme différente de la paix qu'ils ont connue jusque-là. Ce n'est pas « à la manière du monde » (Jn 14,27), dit Jésus ; puis il souffle sur eux le don de l'esprit. Revient cette expression « un peu de

---

1. Au début de l'histoire chrétienne, une octave de huit jours était placée autour des grandes célébrations liturgiques comme Pâques. Une octave comprenait deux dimanches et demandait deux récits de résurrection. Matthieu et Luc ont chacun deux histoires de Pâques. Jean a quatre épisodes, mais ils peuvent être lus comme deux et deux. J'ai tendance à penser que c'est ainsi que ces comptes-rendus ont pris forme.

temps », dont nous avons noté la fréquente répétition dans les Discours d'adieu, et son sens s'éclaire. Il est important de noter, cependant, qu'il n'est nullement fait allusion à l'absence de quelqu'un, ce qui veut dire que la quatrième et dernière histoire de résurrection dans cet évangile, qui signale l'absence de Thomas, était à l'origine tout à fait indépendante de la troisième.

En racontant la dernière histoire (Jn 20,26-31), l'auteur cherche à relier ces deux derniers récits par les mots « huit jours plus tard ». C'est le récit du doute de Thomas. En traitant indépendamment les quatre histoires de résurrection, nous verrons la répétition d'anciens thèmes johanniques et de nouveaux points de vue sur le sens de Jésus.

Dans trois de ces récits, Jean présente des personnages de sa propre création lui permettant de faire passer son message, ou bien il prend des personnages issus de la tradition et les développe de manière nouvelle et mythologique afin de transmettre le sens qu'il veut donner.

Dans le premier récit, le personnage principal est Marie Madeleine. Ce n'est que chez Jean que Madeleine revêt une personnalité de chair et de sang.

Dans le second épisode, Jean associe le personnage bien connu de Pierre avec sa propre création mythologique, « le disciple que Jésus aimait », afin d'exposer les conflits dont souffraient les premiers disciples, avant de sortir de leurs ténèbres pour entrer dans la lumière, avant d'expérimenter la nouvelle naissance de l'esprit dont parlait Jésus dans le récit concernant Nicodème (Jn 3).

Dans le troisième épisode est minimisée l'importance des personnages, mais l'histoire est construite autour d'un dernier signe qui revient et s'ajoute peut-être au Livre des Signes. Ce signe sépare l'Ancienne Alliance de la Nouvelle, la vie de la mort, et la nouvelle création de l'ancienne. C'est une apogée bien appropriée pour cet évangile.

L'épisode final met en exergue l'un des douze peu connu appelé Thomas, et il met en avant le thème du sens de la foi, ce que veut dire voir et comment la vie ressuscitée ne dépend pas de signes physiques.

Puis Jean conclut son évangile avec les mêmes méthodes qu'il a utilisées pour construire son exposé. Nous allons parcourir soigneusement ces histoires et embrasser à nouveau les dimensions de la vie que Jésus est venu apporter. La résurrection n'est pas de la réanimation. Pour Jean, c'est clair. Il s'agit de participer à « l'être nouveau ». Il s'agit du pouvoir de transformation trouvé en Jésus, qui aboutit à des dimensions nouvelles de ce que signifie être humain. Passons maintenant à ces quatre récits qui concluront notre étude de cet évangile.

28

Madeleine : ne te cramponne pas à ce qui est, mets-toi en route vers ce qui peut être

Voici un curieux début pour l'histoire de la résurrection. Jusque-là, Marie Madeleine a été un personnage obscur dans l'évangile de Jean ; elle a été introduite dans son récit seulement dans le chapitre précédent, debout au pied de la croix. Quelqu'un ayant lu seulement cet évangile, n'aurait jamais entendu parler d'elle auparavant. Elle a été nommée la première fois dans la tradition synoptique au cours de la huitième décennie, lorsque Marc la cite comme l'une des femmes présentes à la crucifixion, regardant « de loin » (Mc 15,40). Matthieu qui écrit une décennie après Marc, cite exactement Marc, sans rien y ajouter. Luc, environ dix ans après Matthieu, ajoute une note curieuse : il rappelle que plus tôt dans son récit, elle était une femme dont Jésus avait chassé sept esprits mauvais (Lc 8,2). Il ne précise en rien à quoi il fait allusion. Au premier siècle, les esprits mauvais étaient l'explication pour presque chaque maladie, corporelle ou mentale. Cette note, présente dans nulle autre source biblique, a pu être le premier pas dans la diabolisation de Madeleine qui a fini par être vue comme une prostituée.

Cette tradition est entrée dans la mythologie chrétienne avec le support de papes tel que Grégoire le Grand. Celui-ci a officialisé l'identification de Madeleine avec la « femme de la rue » qui, dans Luc seulement (Lc 7,36-43), lave les pieds de Jésus de ses larmes et les sèche avec ses cheveux, avant de les baiser et de les couvrir de parfum. Une scène à l'évidence sensuelle. Pourtant, absolument aucune preuve n'est avancée pour que Luc identifie cette femme à Marie Madeleine. Marc et Matthieu racontent l'histoire où Jésus est oint de parfum avant sa mort par une femme (Mc 14,3-9 ; Mt 26,6-13), mais dans ces deux évangiles, non seulement elle reste anonyme, mais son acte est apprécié et interprété comme un geste d'amour. Aucune de ces sources ne la présente comme une « pécheresse ». Dans ces deux évangiles il est dit que « ce qu'elle a accompli est beau », et les deux ajoutent : « Partout où l'on annoncera la Bonne Nouvelle, dans le monde entier, on racontera ce que cette femme a fait et l'on se souviendra d'elle » (Mc 14,9 ; Mt 26,13).

Le quatrième évangile nous donne une version très différente de cette histoire (Jn 12,1-8) et il nomme la femme. Elle n'est pas Marie Madeleine, mais Marie, la sœur de Marthe, et Jean situe cet événement dans leur maison de Béthanie, en présence de Lazare leur frère ramené à la vie. De plus, cet acte se déroule en la compagnie des disciples de Jésus. Madeleine n'a pas encore été mentionnée dans l'histoire de Jean, à moins que Jean ait l'intention de nous donner à croire que Marie, la sœur de Marthe, et Marie Madeleine sont la même personne ; c'est une idée qui ouvre certaines possibilités, intéressantes certes, mais hors du champ de cet ouvrage[1]. La seule autre chose que nous apprenons en scrutant les évangiles synoptiques est que, lorsque Madeleine fait son entrée dans leur histoire à la crucifixion, elle est nommée d'abord comme l'une des femmes qui en Galilée « utilisaient leurs biens » pour aider Jésus et ses disciples (Lc 8,3), et puis comme l'une de celles qui suivent Jésus, de Galilée à Jérusalem (Mc 15,41 ; Mt 27,55). Dans ces maigres références, rien cependant ne nous pousse à croire que cette femme jouerait un rôle majeur dans la scène de la résurrection.

Comme je n'ai eu de cesse de le démontrer dans cet ouvrage, Jean a une manière, brillante à mon avis, de créer et même de recréer des personnages. Marie Madeleine en est un de plus dans une longue série de créations littéraires. Un peu actrice de second ordre dans les évangiles synoptiques, elle a maintenant chez Jean un rôle phare, voire un premier rôle. Il modèle Marie Madeleine d'une façon telle que ses lecteurs se rappellent la Samaritaine près du puits. Les deux deviennent des évangélistes à qui est confié le message de Jésus. La femme samaritaine va parler aux gens de son village, tandis que Madeleine porte le message du tombeau vide à Pierre et aux disciples.

Jean ouvre son chapitre final en montrant cette femme, Madeleine, au tombeau de Jésus. Elle est seule et en larmes. La pierre fermant le tombeau a été enlevée. Là se produit une interruption dans le récit, le moyen utilisé par l'écrivain pour permettre à Madeleine de transmettre le message que le tombeau est vide, à Pierre et au « disciple bien-aimé ». Pour que Jean puisse reprendre son histoire après cette interruption, elle est représentée en train de regarder dans le tombeau une seconde fois.

---

1. J'ai avancé cette idée, avec à l'appui les raisons qui m'ont amené à cette conclusion dans un ouvrage précédent *Born of a Woman* (*Né d'une femme*, Karthala, 2015).

Avant d'essayer de comprendre ce que l'auteur cherche à communiquer à travers ce personnage, permettez-moi d'examiner un instant la signification du mot « Madeleine ». Marie est toujours nommée Marie Madeleine comme si Madeleine faisait partie de son nom. Luc laisse entendre que Madeleine n'était pas son nom, mais qu'elle était appelée ainsi (Lc 8,2). Beaucoup de spéculations ont couru au cours de l'histoire : Madeleine serait une allusion à son lieu d'origine, le village de Magdala. Ce village a même été localisé au bord de la mer de Galilée. Pourtant aucune preuve n'a été établie sur l'existence d'un village de ce nom au temps de Jésus. Les exégètes ont suggéré qu'il aurait pu être appelé d'un autre nom, ce qui expliquerait que son existence s'est perdue dans l'histoire ; mais s'il avait un nom différent, pourquoi le titre « Madeleine » aurait-il été attaché à cette Marie. Il y a aujourd'hui un village de Magdala, mais il semble plutôt avoir été créé à cause de l'histoire biblique (un atout pour l'industrie touristique aujourd'hui : montrer le village de Magdala d'où Madeleine est supposée être originaire !). Cette explication du nom de lieu enfreint de nombreuses autres règles. Nous avons déjà noté que les gens au premier siècle disaient « Jésus de Nazareth » et « Paul de Tarse » ou même « Pierre de Bethsaïda », mais nulle part dans le texte biblique n'est utilisé le terme « Marie de Magdala ». Madeleine semble plutôt faire partie intégrante de l'identification. Simon est surnommé « le Roc » et est ainsi appelé par ce nouveau surnom qui le définit, Pierre ; mais Madeleine ne devient jamais le nom de Marie ; c'est plutôt un appendice qui permet d'identifier.

Madeleine est dans le Nouveau Testament l'un des deux titres qui semblent servir à une identification personnelle. L'autre est « Iscariote ». Nous avons déjà dit qu'il y a un consensus pour dire que Iscariote est dérivé du mot *sicarius*, qui signifie assassin politique ; donc, Iscariote est attaché à Judas pour décrire le rôle qu'il a joué dans l'histoire de Jésus. De la même manière, le mot « Madeleine » a-t-il pu être attaché à Marie pour nous donner une idée du rôle qu'elle a joué dans l'histoire de Jésus ? C'est possible.

Le mot hébreu *migdal* a les mêmes consonnes que dans Magdalene[2] et dans le même ordre (le *n* de Magdalene ajouté pour créer la nouvelle forme du mot). Étant donné que la langue hébraïque n'a pas de voyelles, seulement des points voyelles, un mot ayant les mêmes consonnes pourrait fournir un indice. Le mot *migdal* est utilisé deux fois dans les écritures hébraïques, une fois dans Genèse (35,21) et une fois dans Michée (4,8), et dans les deux cas il est généralement traduit par « tour ». Une *migdal* est une haute structure reconnaissable permettant au berger d'avoir une

2. NdT : *Magdalene* est le nom anglais de Madeleine.

meilleure vue sur ses troupeaux. Ce n'est pas trop étirer le sens, je crois, que de suggérer que Marie Madeleine signifie la « grande », « forte » ou « superbe » Marie, un titre indiquant son importance dans la vie des adeptes de Jésus. C'est ainsi qu'elle apparaît certainement dans les débuts de l'histoire chrétienne, jusqu'à ce que sa présence féminine en lien étroit avec Jésus gêne si fort les autorités religieuses qu'ils salissent sa réputation, l'appelant une prostituée, tout en la remplaçant dans l'histoire chrétienne par une femme qui était une « vierge », pinacle de la pureté sexuelle. Si ces deux femmes avaient pour nom Marie, et si celle appelée Madeleine était considérée à l'origine comme la « noble » Marie, nous pouvons nous interroger sur la nature de sa relation avec Jésus. Était-elle sa femme ? Ce genre de spéculation a fait rage au cours de l'histoire chrétienne, mais généralement en sous-main. Même dans l'opéra rock *Jésus Christ Superstar*, Madeleine chante à Jésus : « Je ne sais pas comment l'aimer ».

Le quatrième évangile a certainement nourri cette spéculation, surtout parce qu'il est le seul où le personnage de Madeleine est dessiné avec une certaine profondeur, ceci dans l'histoire de la résurrection. Pourquoi Madeleine est-elle décrite dans cet évangile comme celle qui mène le deuil, à vrai dire la seule à pleurer, au tombeau de Jésus ? Pourquoi demande-t-elle à celui qu'elle pense être le jardinier, le corps de Jésus pour l'emporter ? Un tel rôle dans la société juive était réservé au plus proche parent et était totalement impensable pour une femme autre que l'épouse. Pourquoi Jean montre-t-il Madeleine s'adressant à Jésus avec le mot intime « Rabbouni » ? Ce pourrait être le nom qu'un élève utiliserait pour un maître vénéré, ou la femme d'un rabbin pour son très cher et respecté mari.

Je soulève ces questions, non pas pour dire que Jésus et Marie Madeleine sont à considérer comme mari et femme[3], mais simplement pour faire remarquer que Jean présente Madeleine comme associée de très près, peut-être même comme le principal personnage féminin dans la mouvance de Jésus. Dans cet évangile, nous l'avons déjà noté, sa mère ne reçoit jamais le nom Marie, et elle est, je l'ai suggéré, un symbole du

3. Un sujet que j'ai abordé dans *Né d'une femme* (chapitre 13). J'ai engagé cette polémique contre la manière dont les femmes ont été traitées dans l'histoire de l'Église. La négation de la possibilité que Jésus fût marié est venue de ceux qui estimaient que l'association intime de Jésus avec une femme comme épouse compromettrait sa divinité, les femmes étant vues comme « impures », profanant les saints hommes. Ceci a fait partie de la défense du célibat obligatoire pour la prêtrise. Je suis opposé à cette mentalité, par philosophie et par expérience. La chance que j'ai d'être sain et ainsi « un saint homme » est que je vis dans l'amour incroyable et vivifiant de ma merveilleuse épouse.

judaïsme, mère du mouvement chrétien. Alors, interrogeons-nous : ce personnage, qui est appelé Marie et qui se rapporte aussi à Madeleine, est-il aussi le symbole d'un discernement, d'abord du sens de Jésus puis du sens de la résurrection de Jésus ? À la lecture de cet évangile que j'ai décrit comme profondément juif et mystique, pouvons-nous envisager de nouvelles et larges perspectives sur le sens que Jean veut communiquer à travers ce personnage ?

Lisez attentivement le récit. Jésus a été crucifié. Il est mort. Il a été enseveli. Madeleine va au tombeau et pleure. Ce tombeau est le symbole de ses rêves brisés ainsi que de ceux des disciples. Ce tombeau place des bornes sur le sens de Jésus. C'est la barrière ultime à tout ce que Jésus représentait. Son amour était donc limité, son pardon limité, sa vie limitée. C'en est désormais fini. Madeleine réfléchit à toutes ces choses. Quand elle arrive au tombeau, il est « tôt » et il fait « encore nuit » (Jn 20,1). Elle trouve le tombeau ouvert. La pierre a été ôtée de l'entrée. Tout serait-il irrévocablement fini ? Son discernement mystique n'est pas encore développé. Pour elle, ce tombeau vide a été violé, et peut-être même cambriolé. C'est sans doute ce qu'elle dit aux disciples. Son désespoir s'accroît. Puis, quand elle regarde à nouveau dans le tombeau, elle voit deux personnages mystiques. Jean les décrit comme deux anges à la tête et au pied de l'endroit où le corps de Jésus était censé reposer. Ces personnages mystiques lui demandent pourquoi elle pleure. Elle leur parle de celui qu'elle a perdu. Jésus est mort, dit-elle ; et voilà que son corps a disparu. Elle tient encore à ce corps. Elle pourrait être près de lui si du moins elle était près de sa dépouille.

Jean dit ensuite que Madeleine se retourne et voit Jésus qui est là, mais elle ne le reconnaît pas. Elle pense au jardinier. Il parle, lui posant la même question que les anges : « Femme, pourquoi pleures-tu ? » À sa réponse aux anges, elle ajoute une nouvelle dimension révélatrice de sa relation à Jésus : « Si c'est toi qui l'a emporté, dis-moi où tu l'as mis, et j'irai le reprendre » (Jn 20,15). Je veux être près de ce qui contient ses restes, dit-elle. La scène devient plus intense quand elle entend prononcer son nom. La mort ne l'a pas séparée de la personne qui l'a appelée à être. Sa nouvelle identité, son nouvel être demeurent acquis. La mort n'y a rien changé. Elle est reconnue et aimée, elle est entrée dans un nouveau discernement mystique. Elle réagit à l'appel de son nom en utilisant un titre plein d'affection : « Rabbouni ». Elle s'approche de lui. Non, dit le Jésus ressuscité et mystique. Non, « ne me retiens pas, je ne suis pas encore monté vers le Père... mais je monte ». C'est comme si le texte disait : je suis en train d'être transformé ; je suis en train d'échapper aux limites humaines pour entrer dans ce qui est universel, sans fin et ultime.

Madeleine court alors prévenir les disciples avec ce message : « J'ai vu le Seigneur ! » (Jn 20,18).

C'est la première manière pour l'auteur de l'évangile de chercher à transmettre le sens de la résurrection. Pour lui, elle n'a rien à voir avec la physique. La question pour lui n'est pas la vision du corps ressuscité de Jésus avec les yeux du corps. La question est plutôt de reconnaître que nul tombeau ne peut retenir enfermé le sens de la vie de Jésus, de même qu'aucune barrière ne peut être dressée entre lui et ceux qui ont trouvé en lui une vie nouvelle.

Celui qui est entré dans cette dimension nouvelle de la vie est relié à Jésus de la même façon qu'une branche est rattachée à la vigne. Non, je ne pense pas que Marie ait vu des anges à la tête et au pied de l'endroit où le corps de Jésus avait été déposé. Je ne crois pas qu'elle ait vu Jésus corporellement et l'ait confondu avec le jardinier. Je ne crois pas qu'elle ait essayé de se cramponner à son corps réel, puis entendu que ce n'était pas possible. En fin de compte, je ne crois pas que, au sens propre, Jésus était en train de « monter » vers le Dieu qu'il appelait régulièrement « le Père ».

Jean dépeint une expérience intérieure avec des couleurs externes et des mots objectifs. Marie Madeleine est décrite comme le premier témoin de la résurrection. Elle est la première à voir que la grandeur de Jésus a été révélée dans sa capacité à donner sa vie et son amour. Elle est la première à voir que, dans sa liberté de dépasser l'instinct humain de survie, il révèle une dimension nouvelle de la vie et de la conscience. C'est cela sa révélation. Au-delà des barrières défensives de notre humanité et de la lutte pour la vie, il existe une autre valeur. Dans cette dimension nouvelle, peut être expérimentée une unité mystique avec Dieu et avec tout ce qui est. La vie que je vis, dit Jésus dans le portrait que peint Jean, est la vie de Dieu. L'amour que je partage est l'amour de Dieu. L'être que je révèle est l'être de Dieu. Je suis entré dans une humanité nouvelle ; j'ai découvert la porte d'entrée vers un être nouveau. Je n'ai plus besoin de me cramponner soit au passé soit aux symboles de la réalité que je pensais être la seule réalité. Je sais maintenant qui je suis. Je sais qui est Dieu. J'entre dans cette expérience et je la fais mienne.

Voilà ce que révèle l'histoire de Marie Madeleine sous la plume habile de cet auteur talentueux. Il nous a dit plus tôt que ce livre n'est pas à prendre mot à mot. C'est l'œuvre d'un mystique juif. Elle est à lire en faisant attention à l'expérience qu'il cherche à ouvrir afin que le lecteur puisse adopter et vivre cette expérience. Marie Madeleine le comprend maintenant, ce qui lui fait affirmer : « J'ai vu le Seigneur », mais ce qu'elle a vu aussi est le sens de la vie. Elle s'avance vers cette vie et la fait sienne. Voilà toujours comment se lève Pâques.

29

Pierre et le disciple bien-aimé : la résurrection comprise sans un corps

Le second épisode de l'histoire de la résurrection dans le quatrième évangile associe deux personnes que nous avons déjà rencontrées, mais Jean leur donne des rôles sur un mode singulier.

Il interrompt l'histoire de Marie Madeleine, qui sert d'enchaînement à celle de ces deux disciples (pensant peut-être que priorité doit être donnée aux disciples hommes). Marie les prévient que la tombe est vide ; Pierre et le « disciple bien-aimé » se précipitent pour voir, captant le récit. Madeleine se met sur le côté, où elle reste jusqu'à la fin de cette scène.

Rappelez-vous notre étude de ces deux personnages johanniques. Pierre est le disciple en qui un combat intérieur fait rage. À la fin, il ne sera pas comme Judas, il ne choisira pas les ténèbres, mais son choix de la lumière ne viendra qu'à l'issue d'un intense combat. Au long des pages de cet évangile, nous avons été témoins de cette lutte incessante. Ici Pierre est celui qui examine la tombe vide mais qui, comme on pouvait s'y attendre, n'en saisit pas le sens.

Pierre est accompagné de quelqu'un qui, nous l'avons déjà noté, n'est pas un personnage historique, mais un symbole littéraire créé par Jean. Ce personnage anonyme, appelé simplement « le disciple qu'aimait Jésus », n'a été introduit que lors du Dernier Repas, où il est dit être le plus proche de Jésus et même celui par qui Pierre doit passer pour atteindre Jésus. Il est présenté comme le disciple idéal qui, contrastant avec Pierre, comprend immédiatement. L'auteur a déjà réuni ces deux-là en tandem, et il le fait à nouveau en racontant la résurrection. À l'annonce de Marie que la tombe a été ouverte, ils courent constater par eux-mêmes.

Il s'avère donc que tous les deux savent où est le tombeau et qu'il est à proximité. Le « disciple bien-aimé » arrive le premier. Il précède toujours

Pierre. Mais à l'entrée, il attend, se penche pour jeter un simple coup d'œil. Il voit les bandelettes de lin sur le sol, qui n'entourent plus un corps décédé. Le rapprochement et le contraste que crée Jean sont clairs ; ce n'est pas là une autre histoire du « relèvement d'entre les morts de Lazare ». Lazare a été un corps ressuscité ramené physiquement à la vie de ce monde. Il est sorti de sa tombe encore enserré dans ses linges funéraires. Il lui fallait être délié pour être libéré. Jésus, lui, a clairement transcendé la limite ultime de la vie. Il a déjà été transformé, élevé à un nouveau statut et à la vie dans une nouvelle dimension. Il n'y aura pas de corps présenté. Une réalité nouvelle est introduite ; quelque chose de très différent fait irruption dans la conscience. Le « disciple bien-aimé », qui voit toujours plus loin que Pierre, ne se précipite pas dans la tombe et dans ce mystère.

Pierre arrive alors au tombeau et, comme à son habitude, il fonce. Il voit exactement la même chose que le « disciple bien-aimé ». Les bandelettes funéraires ont été rangées de côté et le linge qui a recouvert le visage de Jésus a été enroulé à part. C'est la seule preuve disponible pour chacun d'eux, mais il est dit du « disciple bien-aimé » qu'« il crut » (Jn 20,8).

Jean conclut cet épisode, dans lequel seulement un des deux témoins croit, en disant que « jusqu'à ce moment les disciples n'avaient pas compris l'Écriture qui annonce que Jésus devait se relever d'entre les morts » (Jn 20,9). Les deux disciples s'en retournent chez eux et il n'est plus fait mention d'aucun d'eux, sauf dans l'épilogue qui est un ajout plus tardif.

Remarquez que, dans cet épisode de Pâques, personne n'a vu Jésus ressuscité. La seule chose constatée par les témoins est le tombeau vide. Ils voient que les entraves humaines ne peuvent enfermer Jésus. Il n'y a pas de corps, décédé ou ressuscité. Il y a seulement l'impact de sa vie, un impact que la mort ne peut effacer. Cela suffit pour le disciple idéal, le « disciple qu'aimait Jésus », mais pas pour Pierre. Avec ce détail s'achève la première histoire de Jean où quelques-uns des douze se trouvent confrontés au sens de la résurrection.

Pour l'instant, rendez-vous compte du contraste entre Pierre et le « disciple bien-aimé ». Le premier lutte ; le second croit. Pour Pierre, Pâques se lève comme l'expérience d'une tension qui s'accroît sans se résoudre, un conflit entre une aspiration humaine et une réalité vécue ; c'est l'expérience d'un combat pour croire, d'une tentative, habituellement vaine, pour voir un sens au-delà des limitations de la vie. Dans cet épisode, il n'y a pas d'apparitions qui puissent faire avancer Pierre ; pas de révélations destinées à faire naître ou confirmer sa foi qui se débat. Tout ce que voit Pierre est une tombe qui ne peut enfermer Jésus, des linges funéraires qui ne peuvent le maintenir. Pour le « disciple bien-aimé », c'est suffisant. Mais Pierre est plus dur à cuire. La résurrection n'est pas facile pour lui ni pour nous. Sa vérité se fait jour lentement. La mort comme porte vers la vie ne semble pas chose évidente. Pourtant c'est la manière dont Jean suggère que le sens de Pâques a été perçu par ceux appelés les Douze.

Peut-être que Jean essaie de nous dire que la résurrection dont nous sommes en quête n'est pas tant celle de Jésus que la nôtre. Cela fait sens si nous nous rappelons que cet évangile est l'œuvre d'un mystique juif ; personne en effet ne doit essayer de prendre à la lettre l'œuvre d'un mystique.

30

Pentecôte : le second avènement de Jésus, dans « peu de temps »

Il est fascinant de voir l'auteur du quatrième évangile, un Juif de Palestine attiré par la tradition mystique juive merkabah, traiter de l'idée et de la substance de la résurrection. Jusque-là, il a parlé de Jésus ressuscité se manifestant aux yeux de Marie Madeleine qui le confond d'abord avec un autre et s'entend dire qu'elle ne peut pas le retenir parce qu'il « monte vers le Père ». Clairement, cette vision ne va pas dans le sens d'une réanimation corporelle.

Puis, dans le second épisode, Jean présente deux disciples, Pierre et le « disciple qu'aimait Jésus ». Dans cet épisode, il n'y a ni corps ni apparition du Christ ressuscité. Pierre continue à tergiverser tandis que le « disciple bien-aimé » croit ; et croire lui permet de traverser la frontière vers une vie nouvelle.

En tant que Juif, l'auteur connaît les écritures juives avec ses récits de héros tellement aimés de Dieu qu'ils sont passés de la vie à la communion avec Dieu sans endurer la souffrance ni la déchéance de la mort. En tant que mystique, l'idée de trouver la vie dans la communion avec Dieu est d'un intérêt certain. Comme la vie de la vigne qui circule dans les branches, la vie elle-même se partage. Comme le Père aime le fils, le fils aussi aime ceux qui lui ont été donnés ; et demeurant dans cet amour, ils sont passés de la mort à la vie. Et maintenant notre auteur va raconter l'histoire du triomphe de Jésus en harmonie avec cette approche juive.

La première personne dans les écritures juives à qui est attribuée la victoire sur la mort est Hénok, le père de Mathusalem. C'est l'objet d'un bref paragraphe dans le livre de la Genèse qui s'achève sur ce résumé : « Hénok vécut en communion avec Dieu, puis il disparut, car Dieu l'enleva auprès de lui » (Gn 5,21-24). Dans la mythologie juive, il est dit qu'Hénok avait écrit un livre décrivant les merveilles de la vie en la présence de Dieu, livre qui porte son nom[1].

La deuxième personne dont la mort est entourée d'un grand mystère est Moïse, le héros de l'exode et « celui qui a donné la loi ». La mort de Moïse est relatée dans le dernier chapitre du Deutéronome (34,1-8). Moïse est seul avec Dieu. Dieu l'emmène des plaines de Moab au « mont Nebo, au sommet de la Pisga, face à Jéricho » (Deut 34,1). De là, Dieu lui montre toute la « terre promise », l'étendue qui un jour inclurait le Royaume du Nord et la Nation de Juda, et même le désert du Néguev jusqu'à la Méditerranée. Moïse se voit accordé le droit de contempler le pays des Juifs sans toutefois pouvoir y entrer. Cet échec est sa punition pour avoir « mis Dieu à l'épreuve » dans l'épisode des « eaux de Mériba » (Ex 17,1-7). C'est dans ce cadre, nous est-il dit, que meurt Moïse. Dieu ayant été le seul témoin de cette mort, c'est à Dieu qu'il revient de l'enterrer. C'est ce que fait Dieu, dit le texte, dans une tombe que « personne ne connaît... jusqu'à ce jour » (Deut 34,6). Il est dit que Moïse mourut à l'âge de 120 ans et, en dépit de toutes ces années, « sa vue n'avait pas baissé et il était encore plein de vitalité » (Deut 34,7). Autrement dit, même à cet âge avancé, Moïse n'avait besoin ni de lunettes ni de Viagra ! Il ne fallut pas longtemps avant que cette mort mystérieuse devint une tradition racontant qu'il avait été emporté comme Hénok dans la vie éternelle de Dieu.

La troisième histoire juive dans laquelle il est accordé à quelqu'un d'échapper à la mort concerne Élie, appelé le « père du mouvement prophétique ». L'histoire de sa victoire sur la mort est racontée dans 2 Rois (2,1-12). Élie, en compagnie de l'héritier choisi, Élisée, marche dans un endroit sauvage au-delà du Jourdain. Élie est sur la fin de sa vie et Élisée sera son successeur. Les membres du groupe de prophètes disent à Élisée : « Sais-tu que le Seigneur va enlever ton maître au ciel ? », ce à quoi Élisée répond : « Oui, je le sais ». Élisée refuse obstinément d'abandonner Élie, son maître. Il l'accompagnera jusqu'au bout, ce que fera aussi le « disciple bien-aimé » selon l'évangile de Jean. Ils traversent le fleuve du Jourdain en séparant ses eaux à la manière de Moïse et passent ainsi à pieds secs. Avant qu'Élie ne s'en aille, Élisée fait une dernière requête pour « avoir une double part de ton esprit ». Demande acceptée, à condition qu'Élisée regarde Élie être emporté loin de lui. L'histoire dit alors qu'un char de feu tiré par des chevaux de feu sépare ces deux illustres personnages, et un

1. Le livre d'Hénok est un texte apocryphe dans la Bible éthiopienne ; il date de la période entre le IIIe siècle avant Jésus-Christ et le Ier siècle de notre ère. Quoique non classé dans la liste des écrits apocryphes, le livre d'Hénok a exercé une grande influence dans l'histoire chrétienne primitive.

tourbillon emporte Élie et son char incandescent en la présence de Dieu. Élisée en est témoin et ainsi lui est léguée une double part de l'esprit d'Élie.

Ces histoires juives de héros, du moins celles concernant Moïse et Élie, étaient certainement familières aux lecteurs de la tradition synoptique, mais elles ne se trouvent pas dans le quatrième évangile. Dans les récits des synoptiques sur la transfiguration de Jésus au sommet d'une montagne, par la lumière resplendissante de Dieu (Mc 9,1-9 ; Mt 17,1-8 ; Lc 9,28-36), c'est Moïse et Élie qui apparaissent venant du ciel pour parler avec Jésus ; ils l'ont précédé dans la vie de Dieu. Lorsque Luc raconte l'ascension de Jésus (Actes 1,6-11), il est clair qu'il construit son récit sur l'histoire de l'ascension d'Élie[2]. C'est pourquoi je pense que l'auteur juif du quatrième évangile, porté sur le mysticisme, voit la résurrection par analogie avec ces traditions juives. La résurrection comme réanimation d'un corps pour un retour à la vie de ce monde devait être une idée tout à fait étrangère pour lui. Ces concepts physiques l'attirent en vérité très peu ; s'il admet le miraculeux, c'est en tant que signe orientant au-delà de ce que les yeux peuvent voir et les mots exprimer. La résurrection est pour lui une expérience dont la réalité n'est pas à mettre en question, et il l'aborde dans un esprit d'expectative et d'émerveillement.

Pour l'auteur de cet évangile, la seconde illusion dans laquelle est tombée la tradition chrétienne est l'attente de ce qui a été appelé « le second avènement » de Jésus. Cette idée se développe tôt dans la pensée chrétienne parce que la mort et la résurrection de Jésus n'ont pas inauguré le règne de Dieu comme ses fidèles l'attendaient. À vrai dire, Pâques n'était crédible qu'à la condition d'un « second avènement », à savoir le retour de Jésus des cieux pour inaugurer ce règne et préparer la fin de l'histoire humaine. La vie ressuscitée de Jésus était considérée simplement comme les « premiers fruits » du règne (le premier acompte si vous voulez), une expression assez régulièrement utilisée par Paul (Rm 8,23 ; 1 Cor 15,20 et 23), et qui apparaît aussi dans l'épître de Jacques (1,18), et dans le livre des Révélations ou Apocalypse (14,4). Les premiers chrétiens ont composé une prière autour de ce thème ; elle a été utilisée si fréquemment et si régulièrement qu'elle a été appelée « la Prière du Seigneur », quoique Jésus lui-même ne l'a jamais prononcée et n'a pas prescrit de la

2. J'ai développé ce sujet de la profonde dépendance des auteurs synoptiques Marc, Matthieu et Luc par rapport au contenu, aux thèmes et aux usages liturgiques des écritures hébraïques dans mon livre *Liberating the Gospels: Reading the Bible with Jewih eyes* (*Libérez les évangiles : lire la Bible avec des yeux juifs*). De tous les livres que j'ai écrits, c'est mon préféré.

réciter. C'est plutôt une prière pour que vienne le règne de Dieu, puisqu'il n'est pas apparu avec la mort et la résurrection de Jésus. La première épître aux Thessaloniciens, le premier des écrits de Paul, d'après la plupart des exégètes, traite aussi de ce délai dans la venue du règne. Certains membres de la communauté de Thessalonique étaient morts, et le retour de Jésus, attendu de leur vivant, ne s'était pas encore produit. La désillusion s'installait et Paul se devait de répondre à leurs inquiétudes (1 Thess. 4,13-18).

Le retour de Jésus qui se fait attendre constitue un problème au début des années 50 alors que Paul est vivant et qu'il écrit ; combien plus intense doit-il être à la fin du premier siècle quand l'évangile de Jean est en cours d'achèvement. Les contemporains de Jésus ne sont plus là, à moins que quelques-uns soient centenaires, ce qui n'était pas l'espérance de vie au premier siècle. Ce « second avènement » si profondément ancré dans les attentes chrétiennes est-elle une erreur ? Ou l'histoire de Jésus a-t-elle été vraiment mal comprise ? C'est un dilemme pour les chrétiens à l'époque où Jean écrit. Si l'histoire de Jésus a été mal comprise, comment Jean peut-il réinterpréter la résurrection de façon à corriger l'impression première ?

Je crois que Jean pose les bases de cette ré-interprétation dans l'histoire de Lazare (Jn 11). Il nous est dit que Marie et Marthe envoient chercher Jésus parce qu'elles craignent la mort de leur frère avant que Jésus n'arrive. Mais celui-ci, au lieu de se hâter, reporte son arrivée. « Il resta encore deux jours, dit le texte, à l'endroit où il se trouvait » (Jn 11,6). Jésus n'arrive que lorsque Lazare est mort. D'après Jean, Jésus affirme que ce délai « doit servir à montrer la puissance glorieuse de Dieu » (Jn 11,4). Il dit à ses disciples : « Lazare s'est endormi, mais je vais aller le réveiller » (Jn 11,11). Les disciples qui le prennent au pied de la lettre disent : « S'il s'est endormi, il guérira » (Jn 11,12). Jésus dit alors brutalement : « Lazare est mort » et il ajoute une phrase énigmatique : « Je me réjouis pour vous de n'avoir pas été là-bas, parce qu'ainsi vous croirez en moi » (Jn 11,15). Ce n'est qu'alors que l'histoire de Lazare s'ouvre, culminant dans son retour à la vie.

Prenons la toile de fond des écritures juives, la tradition des héros de la foi qui échappent à la mort ; ajoutons-y les intuitions de la tradition mystique juive ; nous avons alors le contexte qui permet de faire le lien entre Lazare et le troisième récit de la résurrection, où Jean fait apparaître Jésus aux disciples réunis (Jn 20,19-25). C'est le soir du premier jour de la semaine, le jour où Marie Madeleine a appris qu'elle ne pouvait pas retenir la présence physique de Jésus et où Pierre et le « disciple bien-aimé » ont réalisé que la tombe ne pouvait pas enfermer Jésus ni les vêtements de la mort le retenir. Dans ce troisième épisode où les disciples sont rassemblés, ils ne semblent au courant de rien des deux épisodes précédents de la résurrection. Il n'y a aucun lien évident entre les quatre histoires de résurrection, chacune faisant apparaître des aspects distincts de la résurrection. Rien ne laisse entendre non plus, dans ce troisième épisode, qu'un des disciples, Thomas, n'est pas présent. Cette remarque est introduite seulement dans la quatrième narration avec une intention que nous n'allons pas tarder à voir.

Dans ce troisième épisode, le Jésus qui apparaît est à l'évidence non corporel. Comment le savoir ? Jean nous dit qu'il est entré dans une pièce dont toutes les portes sont verrouillées « par crainte des Juifs ». Ni l'apparition à Madeleine, quelle que soit la manière de la comprendre, ni la conviction acquise par le « disciple bien-aimé » au tombeau vide ne semblent avoir eu un impact sur aucun des membres du groupe des disciples. Jésus apparaît mystérieusement au milieu d'eux, sans se soucier d'ouvrir les portes fermées à clé. D'abord il souhaite la paix : « La paix soit avec vous ! » (Jn 20,19). C'est la paix de celui qui a vaincu le monde. Jean enlève alors tout doute, ce qu'ils voient est bien celui qui a été crucifié. Jésus leur montre ses mains portant la marque des clous et son côté percé par une épée pour accomplir la parole de Zacharie, ce qui est signalé seulement par Jean, comme nous l'avons déjà noté. Puis Jésus leur confie une mission : « Comme le Père m'a envoyé, moi aussi je vous envoie » (Jn 20,21). Cette expérience de la résurrection n'est pas destinée à convaincre que Jésus est revenu de la mort ; elle a pour objet de les convaincre qu'ils ont une responsabilité à assumer : ils sont les porteurs de la vie ressuscitée qui doit être partagée avec le monde.

Une fois cette mission confiée aux disciples, Jésus « souffla sur eux » et leur dit : « Recevez le Saint-Esprit ». Dans la pensée de Jean, c'est la Pentecôte. La communauté doit être une source de vie. Ses membres ont le pouvoir de lier et de délier les gens. Ils peuvent offrir la vie en abondance, mais ceux qui se réfugient dans leur obscurité, ceux qui se cachent derrière leurs barrières de protection, ne seront jamais capables de recevoir cette vie. Notre instinct de survie doit être éliminé et dominé avant de pouvoir entrer en communion avec Dieu et donner notre vie par amour pour les autres. Nos besoins de survie sont un obstacle à notre humanité illimitée ; échapper à cette frontière est ce que signifie être « né de l'esprit ».

Le second avènement de Jésus, aux yeux de Jean, n'est pas quelque chose qui se produira dans le temps, proche ou lointain. Il ne se produira pas non plus dans l'espace, cet endroit extérieur à nous. Le second avènement est la naissance de tous ceux qui choisissent la lumière et entrent dans la source mystique de la communion avec Dieu. C'est un pas au-delà de la simple survie vers l'expérience de la liberté spirituelle qui mène à la vie éternelle. Dieu, d'après l'histoire ancienne des Hébreux sur la création, a initié la vie humaine en insufflant à Adam la vie. De même Jésus, vu par Jean comme la vie humaine en qui la vie de Dieu a été vécue, et à travers laquelle la parole créatrice de Dieu s'est exprimée, souffle sur les disciples pour les appeler à la vie nouvelle qu'il est venu apporter. C'est la nouvelle création. « Naître de l'esprit » signifie naître au sens de Dieu et à la communion avec Dieu. C'est une expérience intérieure, non extérieure. C'est entrer dans une nouvelle manière d'être humain.

L'auteur a préparé ses lecteurs à cette compréhension tout au long de son évangile. C'est pourquoi dans le prologue il montre Jean le Baptiste témoignant qu'il a vu l'esprit descendre et demeurer sur Jésus. Dans les écrits hébraïques, le souffle de Dieu se déplaçait à la surface des eaux du chaos afin de susciter la vie (Gn 1,2). Il est aussi écrit que les humains ne profiteraient pas indéfiniment du souffle de vie ; nous sommes des êtres mortels (Gn 6,3). Conformément à cette promesse, l'esprit ne venait que temporairement sur un certain nombre d'individus dans l'histoire biblique, pour leur donner le pouvoir d'accomplir certaines missions. Ce don temporaire est devenu, d'après Jean, une réalité permanente seulement dans la vie de Jésus. C'est le témoignage du baptiste.

Puis Nicodème est arrivé et a été incapable de surmonter ses limites, ses craintes. Vous devez naître de l'esprit, soutient l'auteur de l'évangile (Jn 3,5). Dans l'épisode de la multiplication des pains, Jean dit à ses lecteurs que c'est « l'esprit qui donne la vie » ; l'homme seul n'aboutit à rien. Les paroles de Jésus sont esprit et vie (Jn 6,63). Dans l'histoire de la Samaritaine au bord du puits, et plus tard dans celle de Jésus qui monte à Jérusalem pour la Fête de Sukkoth ou des Tabernacles, Jésus est montré comme la source de l'eau vive, un synonyme juif pour l'esprit. Dans les Discours d'adieu, Jésus répète : quand je partirai, le Père vous enverra l'esprit, pour vous rappeler tout ce que je vous ai dit. L'esprit vous enseignera toutes choses, affirme Jean ; c'est-à-dire l'esprit témoignera du sens de Jésus. L'esprit sera la source de paix, non pas la paix qui est absence de conflits, non pas la paix à la manière du monde, mais la paix qui est au-delà des conflits du monde. C'est la paix qui consiste à être ce que nous sommes profondément, la paix qui nous rend capables de supporter la douleur, les conflits et même la mort, sachant qu'en définitif rien ne peut détruire cette personne que nous sommes. Jésus, insiste le quatrième évangile, a élevé chacun à un nouveau stade d'humanité que le monde est impuissant à altérer, à blesser ou à tuer, car, a-t-il dit : « J'ai vaincu le monde ». L'esprit guidera ceux en qui il demeure en toute vérité.

L'esprit recevra de ce qui est à moi, dit Jésus, et vous l'annoncera (Jn 16,15).

C'est dans le contexte des Discours d'adieu que l'esprit est appelé le Conseiller et le Paraclet (ce qui signifie avocat ou assistant). C'est là aussi où Jean fait répéter plusieurs fois à Jésus l'expression « peu de temps ». L'esprit ne va pas tarder, dit Jésus. Les disciples se demandent ce que veut dire « peu de temps ». Alors qu'ils s'interrogent, Jésus dit : « Vous pleurerez et vous vous lamenterez, tandis que le monde se réjouira ; vous serez dans la peine ; mais votre peine se changera en joie... et votre joie, personne ne pourra vous l'enlever » (Jn 16,20-22). « Je vous ai dit tout cela en utilisant des paraboles, mais le moment viendra où je ne vous parlerai plus ainsi, mais je vous annoncerai clairement ce qui se rapporte au Père » (Jn 16,25).

Tout cela est la toile de fond du récit où Jésus apparaît aux disciples. La résurrection n'est pas une apparition corporelle. C'est l'expérience de la vie de Dieu qui habite en nous sous la forme de l'esprit. Elle arrive comme le souffle de Dieu qui donne vie et vient de Jésus aux disciples, Jésus qui est passé de la mort à la vie parce qu'il a été capable de donner sa vie par amour pour les autres. Il a été capable de vivre la vie de Dieu. Il a été en communion avec Dieu. Il a pu ouvrir pour nous la porte pour entrer dans la réalité de Dieu. La crucifixion a été la reconnaissance de la grandeur de Jésus ; son retour est dans le don de l'esprit, le soir de Pâques. Du vendredi au dimanche, c'est en fait « peu de temps ». Il n'y a pas à attendre davantage le second avènement.

Pour Jean, voilà ce que signifie la résurrection, et ce n'est pas quelque chose qui s'est produit seulement dans la vie de Jésus ; cela se produit ou peut se produire en chacun de nous. La vie chrétienne ne consiste pas à accepter des credo et à se conformer à des règles divines ; elle consiste à vivre, à aimer et à être. La résurrection se produit quand nous sommes assez libres pour donner notre vie, libres pour aimer au-delà des limites de nos peurs, libres non seulement pour être nous-mêmes, mais pour permettre à tous d'être eux-mêmes dans les riches et multiples facettes de notre humanité. Ici les préjugés tombent. Ici est goûtée la plénitude. Ici la résurrection se réalise.

31

Thomas : le témoin final, l'affirmation ultime

Nous arrivons au dernier des quatre tableaux de la résurrection. Sans surprise, Jean imagine cet épisode de conclusion dans un style qui est sa signature : il construit son récit autour d'un personnage de sa création. Il a pour nom Thomas. Oui, il est apparu auparavant dans la tradition, mais comme un nom et sans guère de substance. Thomas est cité pour la première fois dans Marc (3,18), comme l'un des douze disciples choisis. Matthieu (10,3) et Luc (6,15) suivent Marc ; pour eux Thomas n'est qu'un nom sur une liste. Les évangiles synoptiques ne nous fournissent pas le moindre détail biographique sur Thomas. Il apparaît que Jean s'est plu à tirer de son imagination des personnages à qui il a donné une identification indélébile et reconnaissable. L'expression « incrédule comme Thomas », qui trouve son origine chez Jean seul, est entrée dans le vocabulaire courant, dans les conversations de tous les jours, discours politiques et sermons, sans qu'il soit nécessaire de citer la source.

Le rôle qu'a joué le disciple Thomas dans la primitive église est encore sujet à débat. Depuis longtemps, les exégètes savent qu'à un moment de l'histoire chrétienne est apparu un livre appelé l'évangile de Thomas. Il était connu, non pas pour avoir été lu ou cité, mais parce que d'autres écrivains dont les œuvres ont été préservées ont fait référence à cet évangile. En 1945, près de la ville de Nag Hammadi en Haute-Égypte, un texte complet de l'évangile de Thomas a été découvert. C'est une collection relativement brève – 114 versets – de paroles attribuées à Jésus. Certaines de ces paroles sont tout à fait semblables à celles rapportées dans les synoptiques. Le texte de l'évangile de Thomas ne contient pas d'histoires de miracles, pas de récit sur la naissance de Jésus, ni sur sa mort, ni sur Pâques. Le livre dénote une approche mystique orientale de la nature de

Jésus. Il n'est pas dogmatique, ne contient pas de choses à croire ; pour cette raison, il n'a pas été utilisé dans les batailles théologiques qui ont marqué les trois cents premières années de l'histoire chrétienne. Des efforts pour dater l'origine de ce livre ont abouti à un éventail allant des années 50, ce qui en ferait un écrit antérieur aux évangiles canoniques, à une date avancée du deuxième siècle. Les membres du *Jesus Seminar*, dont le but est d'explorer les origines du christianisme, furent particulièrement excités par cette trouvaille. Ces exégètes ont non seulement voulu soutenir une date très précoce pour cette œuvre, ils l'ont même incorporée dans le canon du Nouveau Testament quand ils ont publié leurs découvertes dans un livre intitulé *The Five Gospels*[1]. Leur travail a rapidement été mis en question par d'autres exégètes, notamment le professeur Bart Ehrman du département Religion à l'Université de Caroline du Nord[2]. Peut-être que l'étude la plus impressionnante de ce livre a été faite par le professeur de Princeton et auteur à succès Elaine Pagels, dans un ouvrage intitulé *Beyond Belief*[3]. Elle y soutient que le quatrième évangile a été écrit pour contredire l'évangile de Thomas ; c'est pourquoi, d'après elle, l'auteur du quatrième évangile fait de Thomas un personnage majeur, à la différence des autres sources chrétiennes. Un autre exégète a écrit un énorme ouvrage qui cherche à démontrer que Thomas était en réalité le « disciple bien-aimé » et l'auteur du quatrième évangile[4]. Si l'on voyage en Inde et si l'on visite des communauté chrétiennes, on découvre que Thomas est devenu le saint patron du mouvement chrétien indien. Il est presque universellement considéré comme le premier missionnaire en Inde. La plupart des églises chrétiennes dans ce pays le revendiquent comme leur fondateur. L'une d'elles s'appelle Mar Thomas Church qui veut dire l'église de Saint Thomas.

En plus de cette histoire de résurrection, d'autres passages du quatrième évangile distinguent Thomas parmi les autres et commencent à étoffer sa personnalité. Dans l'histoire de Lazare, Thomas est identifié par le nom « le Jumeau », ce qui en a conduit certains à postuler qu'il était le jumeau de Jésus, une spéculation en dehors de la perspective de ce livre. Cependant, dans ce récit, quand Jésus est sur le point de retourner en Judée, endroit jugé hostile par les disciples, c'est Thomas qui affirme sa

---

1. Ce livre, *Les cinq évangiles*, a été édité par Robert Funk et Roy Hoover.
2. Il a soutenu cette idée dans ses conférences sur le christianisme primitif, publiées plus tard par Oxford University Press sous le titre *Lost Christianities* (et en français avec le titre, *Les christianismes disparus*, Bayard, 2007).
3. *Beyond Belief* (*Au-delà de la croyance*).
4. James H. Charlesworth, dans *The Beloved Disciple* (*Le disciple bien-aimé*).

volonté d'accompagner Jésus même au péril de sa vie. « Allons-y, nous aussi, pour mourir avec notre Maître ! » est la phrase attribuée à Thomas.

Dans les Discours d'adieu, Thomas apparaît à nouveau. Cette fois Jésus parle de son départ. « Je vais vous préparer une place, je reviendrai et je vous prendrai auprès de moi » (Jn 14,3-4). C'est une allusion à son second avènement, et visiblement Thomas ne comprend pas. Quand Jésus dit : « Vous connaissez le chemin qui conduit où je vais » (Jn 14,4), c'en est trop pour Thomas. Il lâche : « Seigneur, nous ne savons pas où tu vas ! Comment pourrions-nous en connaître le chemin ? » (Jn 14,5). Jésus répond avec une de ces paroles familières du quatrième évangile « Je suis » : « Je suis le chemin, la vérité, la vie ; personne ne peut aller au Père autrement que par moi. Si vous me connaissez, vous connaîtrez aussi mon Père. Et dès maintenant vous le connaissez, vous l'avez vu » (Jn 14,6-7). Ces paroles s'adressent clairement à Thomas, qui ne comprend pas. Il ne perçoit pas encore l'union mystique entre le Père et le fils. Il ne saisit pas encore l'interpénétration de Dieu et de la vie humaine à laquelle Jésus se réfère constamment quand il dit des choses comme « le Père et moi sommes un », ou que les disciples doivent demeurer en Jésus comme Jésus demeure en Dieu. C'est la dernière fois où Thomas apparaît avant que l'auteur n'en fasse le rôle principal du récit final de la résurrection, à la fin de cet évangile (avant l'ajout de l'épilogue).

Il n'est pas exagéré de dire que, dans ce récit de résurrection, Thomas est traité de façon plutôt péjorative, ce qui étaye la thèse du professeur Pagels. Il se distingue des autres disciples par son incrédulité. Il n'accepte pas leur témoignage sur une expérience dont il n'a pas bénéficié. Il veut une expérience personnelle, une démonstration physique. Pour lui la résurrection ne peut tenir à quelque on-dit. Il croira en Jésus seulement s'il a la preuve lui-même. Il exige de toucher les blessures. En des mots utilisés auparavant dans cet évangile, Thomas demande un signe (Jn 2,18 ; 6,30).

Ainsi caractérisé, Thomas devient le représentant d'un autre groupe parmi les lecteurs du quatrième évangile. Nous sommes entraînés une fois de plus dans le grand écart de cet évangile qui amalgame l'histoire de Jésus et celle de la communauté johannique des adeptes : lors de l'écriture de cet évangile, ils étaient sujets d'une part aux controverses internes et d'autre part aux persécutions. S'il faut comprendre par résurrection la réanimation d'un corps décédé depuis trois jours, c'était aussi difficile à croire pour des gens du Ier siècle que cela l'est pour les gens au XXIe siècle. Thomas est du genre « prouvez-le moi ». Montrez moi la preuve. Vous dites que vous l'avez vu vivant, pas moi, et jusqu'à ce que je voie de mes propres yeux, je ne croirai pas. La communauté johannique connaissait certainement des gens comme Thomas, raison pour laquelle Jean introduit ces sceptiques dans son histoire, avec Thomas comme symbole.

Il nous est dit maintenant que Thomas n'était pas présent quand Jésus est apparu la première fois aux disciples. C'est un nouveau détail très surprenant, qui fait voir l'histoire précédente sous un nouvel angle. Jean reprend simplement le script et répète l'expérience précédente presque textuellement. Il réinstalle la scène pour indiquer ouvertement que cet épisode est une reprise.

La première apparition, nous est-il dit, se produit le soir du premier jour de la semaine, jour de la résurrection. La seconde apparition se produira « huit jours plus tard » (Jn 20,26), c'est-à-dire, vu la manière de compter des Juifs, le premier jour de la deuxième semaine. La scène est exactement la même. Les portes sont fermées, verrouillées, une précaution contre l'obscurité et toutes les peurs qu'engendre la nuit. La lumière de Jésus qui va refouler l'obscurité est un thème johannique familier. Dans chacun de ces deux épisodes, aucun obstacle n'empêche Jésus d'apparaître au milieu des disciples. Des portes fermées ne sont pas un obstacle à sa présence. La physique n'est pas ici le sujet. Dans les deux épisodes, « Jésus vint et se tint au milieu d'eux » et dans les deux il dit : « La paix soit avec vous ! » (Jn 20,19 ; 20,26).

Ce n'est qu'alors que les histoires divergent ; Thomas est au centre dans le deuxième épisode. Dans le premier, Jésus montre aux disciples ses mains et son côté (Jn 20,20). Maintenant, c'est Thomas qui va avoir la même occasion de vérifier. Le texte est clair. Jésus dit : « Mets ton doigt ici et regarde mes mains ; avance ta main et mets-la dans mon côté ; cesse de douter et crois » (Jn 20,27). Apparemment, Thomas n'en fait rien. En revanche, il prononce l'affirmation la plus forte pour le Jésus de Jean. Tu es, s'exclame Thomas, « mon Seigneur et mon Dieu » (Jn 20,28). Tu es le messie envoyé par Dieu. En termes johanniques, le messager est de la même essence que celui qui l'a envoyé. Ce que Thomas confesse est en réalité : j'ai vu Dieu présent en Jésus ; j'ai vu la Parole devenue chair et vivre parmi nous. Thomas a compris que voir Jésus, c'est voir Dieu. Ce que Jean veut dire est dit ; Thomas confirme la vision de Jésus par le quatrième évangile.

Puis Jean amène Jésus à exprimer clairement, pour les Thomas de la communauté johannique et leurs descendants au cours de l'histoire, comment comprendre la résurrection. D'abord, par cette question adressée à Thomas : « C'est parce que tu m'as vu que tu as cru ? » Puis il ajoute la phrase pour laquelle ce récit a été créé : « Heureux sont ceux qui croient sans m'avoir vu » (Jn 20,29). Heureux ceux qui sont appelés à l'expérience du Christ à travers le témoignage d'autres personnes. Heureux ceux qui expérimentent une humanité élargie grâce aux témoins de cette nouvelle conscience humaine. Les disciples de Jésus seront reconnus, a dit auparavant Jésus, par l'amour qu'ils donnent et la liberté qu'ils ont acquise, liberté qui leur permettra de donner leur vie par amour pour les autres. La vie et l'amour que nous rencontrons les uns chez les autres et dans le Jésus humain est la vie et l'amour manifestés chez le crucifié. Son image porte les cicatrices de la vie qu'il a vécue, de la liberté qu'il a expérimentée, de sa grandeur exprimée non dans son triomphe mais dans sa mort, non pas dans un pouvoir ressuscité mais dans sa capacité à toujours donner la vie et l'amour, sans épargner sa propre vie. C'est le Christ de Jean. C'est ce qu'enfin voit Thomas. Dans cet évangile, la croix est le signe final qui oriente vers son sens ultime. Thomas découvre enfin ce sens. Le crucifié est la présence de Dieu parmi nous. Il est le Dieu qui est source de vie, et l'appel qu'il nous fait est de vivre pleinement.

Jean termine son évangile par une phrase très claire sur ce point : « Jésus a fait encore, devant ses disciples, beaucoup d'autres signes miraculeux qui ne sont pas racontés dans ce livre ; mais ce qui s'y trouve a été écrit pour que vous croyiez que Jésus est le Messie, le fils de Dieu ; et si vous croyez en lui, vous aurez la vie par lui » (Jn 20,30-31). Avoir la vie, non pour être religieux, non pour être un parangon de pureté morale, non pour réussir le concours de l'orthodoxie doctrinale, avoir la vie, c'est cela le rôle du Christ. C'est pour nous conduire à l'expérience de vie qui nous fait passer dans de nouvelles dimensions et franchir les frontières de la peur qui nous séparent les uns des autres et de nous-mêmes. Que « nous ayons la vie et la vie en abondance », voilà ce qu'apporte Jésus. Être chrétien n'est pas *croire* ce message, mais le *vivre*. Telle est la conclusion du quatrième évangile ; nous avons l'esprit qui nous rend capables d'être le corps du Christ, d'accomplir l'œuvre du Christ dans chaque génération.

32

L'épilogue : la résurrection n'est pas d'ordre physique, mais elle est réelle

L'évangile de Jean s'est terminé sur une conclusion appropriée. L'affirmation condensée dans Jean 20,30-31, pour boucler le chapitre, n'appelle rien de plus. Le mystique juif qui a perçu en Jésus l'unité avec Dieu a mis la touche finale à son tableau. La grandeur de Jésus s'est manifestée sur la croix, dans une vie humaine qui va au-delà du simple instinct de survie biologique pour révéler une communion avec ce qui est transcendant. En quatre scènes rapides sur la résurrection, cet auteur a couronné son message. La résurrection nous libère du besoin de nous cramponner au corporel ; la résurrection révèle la vie qui n'est pas prisonnière d'une tombe ou de bandelettes funéraires ; la résurrection est une invitation à entrer dans la vie de l'esprit qui transforme ; le bienfait suprême de la résurrection vient à ceux et celles qui croient, sans voir pour autant la preuve physique. Le dessein de Jésus a été réalisé. Il est celui qui donne la vie, qui élève notre humanité, qui révèle une dimension de la vie que ne peuvent jamais voir ceux qui ne sont pas éveillés par l'esprit. Il est venu afin que, en voyant et en croyant, nous puissions avoir par lui la plénitude de vie. Rien de plus à ajouter. Pourtant, à la surprise du lecteur, arrive un autre chapitre. Quelle retombée !

Ce chapitre est appelé l'épilogue et la plupart des exégètes pensent qu'il a été écrit d'une autre main, ajouté après que les divers auteurs (qui ont écrit cet évangile en trois étapes au moins) aient conclu cette œuvre composite. L'épilogue ne s'intègre pas bien dans la trame de l'évangile achevé.

Les raisons qui nous amènent à cette conclusion sont nombreuses. D'abord, le chapitre 21 s'agence mal à la suite du chapitre 20. La scène d'apparition de Jésus à Marie Madeleine, la visite au tombeau de Pierre et du disciple qu'aimait Jésus, ces scènes du chapitre 20 n'ont pas besoin d'une autre forme de validation. Dans ce chapitre, les récits successifs de l'apparition de Jésus aux disciples en l'absence de Thomas puis de la seconde apparition en sa présence aboutissent au don du Saint Esprit, au souhait de la paix et à l'affirmation ultime que Jésus est « mon Seigneur et mon Dieu ». Pourtant aucun de ces éléments ne semble influer sur quiconque dans l'épilogue qui s'ouvre de manière discordante par l'annonce de Pierre : « Je vais à la pêche ».

Pierre n'est pas un pêcheur amateur tenté par un après-midi de détente à la pêche à la truite sur un lac ou un cours d'eau voisins. La pêche est son moyen de vivre. Il annonce qu'il est temps pour lui de retourner à la phase de sa vie d'avant Jésus et de reprendre son activité. Le trauma et le chagrin causés par la crucifixion ont commencé à s'évanouir. Un retour à la vie normale est dans l'ordre des choses. Tous ceux qui ont traversé l'expérience de la douleur, aussi violente qu'elle soit, comprennent cette envie de transition chez Pierre. Avec cette phrase en tête de ce chapitre, on sent que l'auteur de cet épilogue évoque un moment bien après la crucifixion, des semaines certainement, peut-être des mois.

Une autre marque flagrante du manque de continuité entre les chapitres 20 et 21 est que le nombre des « disciples » est tombé à sept. Dans le récit de Paul, ils étaient au nombre de douze (1 Cor 15,5) ; dans Matthieu, une fois Judas parti, le total est tombé à onze (Mt 28,16). Jean décrit la sortie de Judas dans la nuit au cours du repas dans le chapitre 13. La liste des disciples dans cet épilogue est intéressante en elle-même. Elle comprend Pierre, Thomas, Nathanaël, les deux fils de Zébédée et « deux autres » qui ne sont pas nommés. Au cours du récit toutefois, l'un des deux se révèle être le « disciple bien-aimé ». S'il en est ainsi, alors deux de ces disciples, Nathanaël et le « disciple bien-aimé », sont des personnages du quatrième évangile uniquement et sont davantage des symboles que des personnes historiques. L'épilogue ne semble pas le comprendre ainsi.

Autre signe déconcertant : la scène s'est déplacée de Jérusalem à la Galilée. Les disciples sont retournés dans leurs collines familières, vers leurs familles et leur activité de pêche d'avant Jésus. La tradition primitive reflétée chez Paul, Marc et Matthieu affirmait que l'expérience de la résurrection s'était située en Galilée. La tradition plus tardive reflétée chez Luc et Jean la situait à Jérusalem. L'épilogue de Jean paraît être un effort pour harmoniser ces deux traditions différentes.

L'autre élément surprenant est la première partie de l'épilogue où il est question d'une pêche spectaculaire qui se produit après que Jésus, apparu soudain sur le rivage, conseille aux disciples de jeter leurs filets de l'autre côté du bateau. Cette même histoire, avec beaucoup sinon la plupart de ces précisions, a été racontée dans l'évangile de Luc (5,1-11), et dans cette source elle n'a rien à voir avec la résurrection. Dans les deux récits, les disciples « ont peiné toute la nuit sans rien prendre », comme le dit Luc (Lc 5,5 ; Jn 21,5). Dans les deux, Jésus leur indique de jeter leurs filets (Lc 5,4 ; Jn 21,6). Dans les deux, ils retirent une si grande quantité de poissons que leurs filets commencent à se déchirer (Lc 5,6 ; Jn 21,6). Dans les deux, Pierre est amené à une compréhension nouvelle (Lc 5,8 ; Jn 21,15ss) et, dans les deux, Pierre reçoit une mission (Lc 5,10 ; Jn 21,17ss). Dans la version de Luc, la mission de Pierre est de pêcher des humains, au lieu de poissons. Dans l'histoire de Jean, Pierre doit être celui qui prendra soin du troupeau, les agneaux de Dieu. Mais dans Luc cette histoire est un événement de la phase galiléenne de la vie terrestre de Jésus. Chez Jean c'est un récit d'après la résurrection.

Curieusement, l'épilogue de Jean prévoit le « second avènement » dans le mode traditionnel et semble ne pas se rendre compte que le corpus de l'évangile de Jean a déjà parlé du don du Saint Esprit comme second avènement de Jésus, en accomplissement de la promesse faite par Jésus qu'il se produira dans « peu de temps ». Modifier si complètement une compréhension et une interprétation majeures de la vie de Jésus est un argument fort pour supposer un auteur différent et une époque plus tardive.

La tension entre Pierre et le « disciple bien-aimé », si souvent remarquée dans le corpus de l'évangile de Jean, est en question une fois de plus dans l'épilogue, mais cette fois à l'avantage de Pierre. C'est Pierre qui aura la charge de prendre soin du troupeau, ceux qui adhèrent au Christ. Dans l'épilogue, le « disciple bien-aimé » devient un personnage historique, et il est suggéré qu'en fait il est mort. Une vague idée mythique courait dans la communauté chrétienne élargie : Jésus avait promis que ce « disciple bien-aimé » ne mourrait pas avant le second avènement. Rien de tel n'était dit dans le quatrième évangile, mais il fallait mentionner cette question puisqu'à l'évidence ce disciple n'était plus là et que son existence avait été prise au sens propre. Aussi l'auteur de l'épilogue explique que Jésus n'a pas vraiment dit que le « disciple bien-aimé » ne mourrait pas avant le second avènement, mais seulement : « si je désire qu'il vive jusqu'à ce que je revienne, que t'importe » ? (Jn 21,22). Puis il est affirmé que c'est ce « disciple bien-aimé » qui a écrit ces choses et que son témoignage est vrai. C'est une assertion tellement inattendue de la part du modeste « disciple bien-aimé » ; on est là dans le procédé littéraire (Jn 21,24). Puis l'épilogue se termine par sa propre affirmation en guise de conclusion, comme si celle de l'évangile normal avait été inadéquate :

« Jésus a fait encore beaucoup d'autres choses. Si on les racontait par écrit l'une après l'autre, je pense que le monde entier ne pourrait pas contenir les livres qu'on écrirait » (Jn 21,25). L'épilogue se termine sur cette effusion et nous laisse à nous demander ce qu'il signifie et pourquoi il a été ajouté.

Tout d'abord, l'épilogue manifeste un souci d'harmonisation. Certaines divergences dans les traditions sont aplanies. Parmi elles, deux lieux, la Galilée et Jérusalem, revendiqués par différents écrivains comme premiers. L'épilogue suggère que les deux sont corrects, l'ordre restant un problème. La tradition de la résurrection semble comporter deux thèmes : l'un est d'éveiller la foi ; l'autre est de donner mission à des leaders pour mener à bien le projet et accepter la responsabilité de la mission de Jésus. Cet épilogue réunit les deux. La tradition du « troisième jour » comme jour de la résurrection est aussi un problème. Paul dit que la résurrection se passe « le troisième jour » (1 Cor 15,4). Chez Marc, Jésus prédit la résurrection trois fois, mais chaque prédiction dit, non pas « le troisième jour », mais « après trois jours » (Mc 8,31 ; 9,31 ; 10,34). Matthieu et Luc modifient toutes ces références de Marc et écrivent « le troisième jour ».

« Le troisième jour » et « après trois jours » ne nous donnent pas le même jour ! Pour Marc et Matthieu, l'annonce de la résurrection se produit au tombeau le jour après le sabbat, mais aucune apparition du Seigneur ressuscité aux disciples n'a lieu avant leur retour en Galilée, un voyage de sept à dix jours en partant de Jérusalem et donc en dehors du cadre temporel de trois jours. Luc dit que les apparitions du Christ ressuscité se sont produites à plusieurs reprises sur une période de quarante jours, avant qu'elles cessent et que Jésus disparaisse au-dessus des nuages (Actes 1,3). Dans l'évangile de Jean, Jésus « apparaît » trois fois : d'abord à Marie Madeleine à l'aube du jour de Pâques, ensuite aux disciples sauf Thomas le soir de ce même jour, et la troisième fois aux disciples y compris Thomas « après huit jours ». L'épilogue semble indiquer qu'une autre apparition en Galilée se produit après un temps assez long, suffisant pour permettre aux disciples d'être de retour chez eux, de surmonter leur chagrin, alors qu'ils sont prêts à reprendre leur vie normale de travail. L'épilogue cherche donc à harmoniser les divergences à plusieurs niveaux. Cet épilogue rappelle fort une histoire précédente de Galilée rapportée chez Luc, et laisse penser que ce récit était ancien et que l'auteur de l'épilogue l'a simplement transformé en une histoire de résurrection.

En dépit de tous ces problèmes d'interprétation qui vont nettement à contre-courant d'une lecture littérale de cet épilogue, je dois dire que j'apprécie profondément cet épilogue, mais pour une raison très différente. Je suis convaincu que ce chapitre, bien que partie non essentielle du quatrième évangile, s'appuie sur un récit primitif, très ancien, qui pourrait être le reflet d'une tradition encore antérieure aux histoires de résurrection dans les évangiles. Si cela s'avère exact, alors nous pourrions y découvrir un souvenir authentique de la manière dont le sens de Jésus est entré dans la conscience des disciples (ou, pour le dire avec les mots de la tradition ultérieure, comment s'est passée la résurrection).

Je ne pense pas que la résurrection soit un signe qui obligerait les gens à croire. Certes, un corps ressuscité qui se promène avec des traces de clous dans les mains et les pieds serait un signe irrésistible ! Le reproche de Jésus à Thomas n'aurait pas beaucoup de sens : « C'est parce que tu m'as vu que tu as cru ? Heureux sont ceux qui croient sans m'avoir vu » (Jn 20,29), si le signe physique d'un corps ressuscité était destiné à susciter la foi. Je vois donc ce chapitre comme une description très ancienne de la manière dont était compris un événement non physique, une description qu'un rédacteur jugeait suffisamment importante pour l'attacher au quatrième évangile. Pour Jean, la résurrection n'est pas physique, j'ai tenté de le démontrer dans cet ouvrage. Jean peint les tableaux de Marie Madeleine qui voit mais n'a rien à quoi se raccrocher ; des disciples qui ne voient pas de corps mais seulement un tombeau vide ; puis de tous les disciples remplis du Saint Esprit par le souffle de Jésus, et finalement de Thomas qui voit après avoir exigé de toucher mais qui en définitive ne touche pas. La résurrection a été l'émergence d'une conscience nouvelle, la naissance d'une nouvelle vision humaine, l'acte mystique de communion avec ce qui est éternel.

Au cours de ma vie et de mon activité d'écrivain, j'ai étudié intensément les récits de résurrection du Nouveau Testament. Je les ai comparés, j'ai pris à bras-le-corps les contradictions et cherché les indices cachés qui pourraient conduire à de nouvelles manières de comprendre. Mon objectif a toujours été de faire la distinction entre les explications liées aux époques de notre histoire chrétienne et l'expérience intemporelle et fondamentale, spécialement en regard du moment que nous appelons Pâques. Explication et expérience sont deux choses différentes. L'expérience, je le crois, a été réelle. Indubitablement. L'expérience de Pâques a été si puissante qu'elle a métamorphosé les disciples qui avaient abandonné Jésus et s'étaient enfuis lors de son arrestation, en héros prêts à mourir pour témoigner de la vérité bouleversante qu'a été pour eux cette expérience de Pâques. Elle a été si puissante qu'elle a poussé ces disciples juifs, élevés avec cette prière *Shema*[1] proclamant l'unicité de Dieu, à élargir leur compréhension de Dieu à un degré leur permettant de voir Jésus comme

1. La prière *Shema* commence ainsi : « Écoute Israël, l'Éternel est notre Dieu, l'Éternel est un ».

une part de qui est Dieu et de voir Dieu comme part de qui est Jésus. Elle a été si puissante qu'elle a donné naissance à un nouveau jour saint qui en une génération a rivalisé en importance avec le Sabbat.

Voilà ce qu'a produit l'*expérience* de Pâques ; quant à l'*explication*, elle a été prise au sens littéral et remplie de contradictions. Je rejette cette compréhension littérale. L'idée de la réanimation physique d'un homme mort depuis trois jours n'entre pas dans la tradition écrite chrétienne avant la dixième décennie. Le contraste entre une expérience qui est réelle au point de changer la vie et une explication qui est incroyable m'a amené à la conclusion suivante : la résurrection n'est pas physique, mais ce n'est *pas rien* non plus. Qu'est-ce donc alors ?

Dans ma recherche, j'ai posé quatre questions aux textes bibliques. Où étaient les disciples quand s'est produite l'expérience appelée « résurrection » ? Qui, au cœur de cette expérience, a été son interprète premier ? Quand cette réalité ou ce sens qui changent la vie se sont-ils fait jour ? Dans quel contexte sont-ils entrés dans la conscience des premiers croyants ? Mes réponses ont occupé un livre entier, que j'ai intitulé : *Resurrection : Myth or Reality*[2] *?*

Au terme de cette étude, mes réponses étaient claires, du moins pour moi. D'abord, la question « **où** » m'a conduit à voir que, quel qu'ait été Pâques, elle s'est fait jour chez des gens en Galilée. Cela a été attesté par les premiers écrivains chrétiens. La tradition de Jérusalem est clairement une version secondaire, plus merveilleuse, plus surnaturelle et plus miraculeuse. Deuxièmement, la question « **qui** » m'a conduit à voir que la personne au centre de l'expérience de la résurrection est Pierre : c'est pourquoi il a toujours été nommé en tête de la liste des disciples, et c'est pourquoi il est présenté comme le premier à déclarer que Jésus est le Christ à Césarée de Philippe (Mc 8,27-30) ; et c'est pourquoi son combat est évoqué avec une telle intensité dans le quatrième évangile. Troisièmement, la question « **quand** » m'a conduit à affirmer qu'en réalité le temps entre la crucifixion et la « résurrection » n'a pas été trois jours, ce qui a plutôt été imposé par la liturgie afin de permettre d'observer Pâques le premier jour de la semaine suivant la crucifixion le vendredi et le sabbat le samedi. J'ai dans l'idée que, contrairement au symbole des trois jours pris littéralement, un minimum de trois mois et un maximum d'une année ont séparé originellement la crucifixion de la conscience naissante que Jésus était de Dieu et que la mort ne pouvait donc le retenir. Finalement, c'est la question « comment » qui m'a forcé à m'interroger sur le cadre ou le contexte dans lequel la résurrection est entrée dans la conscience de Pierre

2. Traduit en français sous le titre *La Résurrection, Mythe ou Réalité ?* (Karthala, 2016).

et des disciples. J'en ai trouvé l'indice dans des paroles que seul Luc rapporte : « Ils reconnurent Jésus au moment où il rompait le pain » (Lc 24,35). D'autres allusions à ce contexte se trouvent dans les divers récits où la multitude est nourrie, six fois au total dans les quatre évangiles, deux fois chez Marc, deux fois chez Matthieu, une fois chez Luc et une fois chez Jean. À l'intérieur de presque chacune de ces narrations se trouvent les quatre verbes eucharistiques : Jésus « prit », il « bénit » (ou rendit grâce), il « rompit » et il « donna ». Je trouve cette idée étayée particulièrement chez Jean, qui met ces mots dans la bouche de Jésus : « Je suis le pain de vie ». J'ai alors conclu que la résurrection est une expérience intérieure de transformation qui fait tomber toutes barrières et réalise l'union avec ce que nous appelons Dieu.

Au cours des années, cette expérience intérieure a été extériorisée, avec les détails de tombeaux vides, de bandelettes funéraires abandonnées, d'apparitions et d'anges qui délivrent des messages. Y a-t-il un lieu où l'expérience originelle a été attestée sur un mode moins fantastique tout en faisant ressortir la réalité intérieure ? J'ai trouvé un tel lieu, mais seulement dans l'épilogue de Jean. Ici le cadre est la Galilée. Pierre est celui qui voit et ouvre les yeux des autres. Ce moment est bien après la crucifixion, et la prise de conscience s'éveille en eux alors qu'ils sont en train de prendre ensemble au matin et au bord du lac le repas eucharistique. C'est alors qu'ils voient Jésus brisant les barrières qui nous retiennent dans la mortalité, la finitude et le temps, et qu'ils entendent Jésus nous confiant la mission de prendre soin des brebis, des agneaux du troupeau de Dieu. On ne connaît la plénitude de la vie que si l'on est capable de donner sa vie. On ne connaît l'essence de l'amour que si l'on est capable d'aimer l'autre, non parce qu'il mérite l'amour, mais simplement parce que l'autre *est*. On ne devient tout ce que l'on peut être que si l'on rend les autres libres d'être tout ce qu'ils peuvent être. Voilà ce que signifie Jésus, ce que signifie la résurrection, ce que signifie la croix. Voilà ce qu'est la vie dans l'esprit.

C'est ainsi que pour moi, l'épilogue concentre l'histoire de la résurrection, de même que pour moi l'histoire de la croix selon Jean met en lumière la glorification de Dieu dans la vie de Jésus. Jésus est celui qui a accompli la communion mystique avec le Dieu qui est la source de la vie, la source de l'amour et le fondement de l'Être.

Je termine le livre de Jean, admiratif et émerveillé. Dans ce livre, j'ai rencontré le Dieu qui est le merveilleux « JE SUIS », et le résultat est que, moi aussi, je peux maintenant dire « Je suis ». Encore plus, j'entends les voix de chacun dire « Je suis ». Dans ce don de l'être, je vis, je me réjouis, j'expérimente l'éternité. Voilà ce que j'ai reçu du quatrième évangile, les histoires d'un mystique juif.

Cela devient aussi pour moi l'assise sur laquelle le christianisme peut être reformulé afin que l'écho de son message puisse être entendu dans le langage du XXIe siècle, et sur laquelle nous pouvons construire « Un Nouveau Christianisme pour un Monde Nouveau ». Le christianisme aujourd'hui est appelé à cette mission.

Shalom !

Bibliographie

Abbot, Ezra, Andrew Peabody et J. B. Lightfoot, *The Fourth Gospel*, Londres, Hodder and Stoughton, 1937.

Abelson, J., *Jewish Mysticism: An Introduction to the Kabbalah*, Londres, G. Bell, 1913.

Alstrup, Nils D., *The Johannine Church and History*, Oslo, University Press, 1992.

Altizer, Thomas J. J., *The Descent into Hell*, Philadelphie, Lippincott, 1970.

Anderson, Bernard W., *Understanding the Old Testament*, Englewood Cliffs, NJ, Prentice Hall, 1986.

Anderson, Paul N., *The Christology of the Fourth Gospel*, Tübingen, Allemagne, J. C. B. Mobed, 1996.

Ashton, John (ed.), *The Interpretation of John*, Edimbourg, T. & T., Clark, 1986.

——, *Understanding the Fourth Gospel*, Oxford, University Press, 1991.

Baillie, Donald M., *God Was in Christ: An Essay on Incarnation and Atonement*, New York, Scribner, 1948.

Bakken, Norm, « The Gospel of John: A Parable in the Presence », *Impact* 48 (2002).

Barrett, C. K., *The Gospel According to St. John: An Introduction and Commentary on the Greek Text*, Philadelphie, Westminster Press, 1975.

—— (ed.), *The New Testament Background: Selected Documents*, San Francisco, Harper and Row, 1956.

Barth, Karl, Dogmatique, 26 fascicules+index, Genève, Labor et Fides, 1953-1974.

Bernard, Thomas Dehaney, *The Central Teaching of Jesus Christ: A Study and Exposition of Five Chapters of the Gospel According to St. John, 13-17*, Londres, Macmillan, 1900.

Bonhoeffer, Dietrich. *Theological Education Underground, 1937-1940*, Translated by Victoria J. Burnett, Philadelphie, Fortress Press, 2012.

Borg, Marcus. *Evolution of the Word: The New Testament in the Order the Books Were Written*, San Francisco, HarperOne, 2012.

——, *The Heart of Christianity: Rediscovering a Life of Faith*, San Francisco, HarperOne, 2004.

Brown, Raymond, *The Birth of the Messiah*, Garden City, NY, Doubleday, 1977.

——, *The Community of the Beloved Disciple*, New York, Paulist Press, 1979.

——, *The Gospel According to John*, 2 vols., Garden City, NY, Doubleday, 1966-1970.

Brownlee, W. H., *The Meaning of the Qumran Scrolls for the Bible*, Oxford, University Press, 1964.

Bruckham, Richard, *Jesus and the Eyewitnesses: The Gospels as Eyewitness Testimony*, Grand Rapids, MI, Eerdmans, 2006.

Bruner, Emil, *The Mediator*, Philadelphie, Lutterworth Press, 1934.

Bultmann, Rudolf, *The Gospel of John: A Commentary*, Translated by G. R. Beasley-Murray, general editors R.W.N. Hoare and J.K. Riches, Philadelphie, Westminster Press, 1973.

Caird, G. B., *St. Luke*, Pelican Series, Baltimore, Penguin Books, 1963.

Charlesworth, James H., *The Beloved Disciple: Whose Witness Validates the Gospel of John?* Valley Forge, PA, Trinity International, 1995.

——, *John and the Dead Sea Scrolls*, New York, Crossroads Press, 1990.

Conzelman, Hans, *The Theology of St. Luke*, Londres, Faber and Faber, 1960.

Countryman, L. William, *The Mystical Way in the Fourth Gospel: Crossing Over into Cod*, Philadelphie, Fortress Press, 1987.

Crossan, John, Dominic. *Jesus: A Revolutionary Biography*, San Francisco, HarperCollins, 2001.

——, *The Power of Parable: How Fiction by Jesus Became Fiction About Jesus*, San Francisco, HarperOne, 2012.

Cullmann, Oscar, *Le culte dans l'Église primitive*, Delachaux et Niestlé, Neuchâtel-Paris, 1944.

Davies, W. D. and D. Daube, *The Background of the New Testament and Its Eschatology: Essays in Honor of C. H. Dodd*, Cambridge: University Press, 1956.

Dodd, C. *H., The Epistle of Paul to the Romans, Londres, Hodder and Stoughton, 1949.*

——, *L'interprétation du quatrième évangile,* lectio divina n° 82, Le Cerf, 1975.

------, *La tradition historique du quatrième évangile*, lectio divina n° 128, Le Cerf, 1987.

Dods, Marcus, *The Gospel of St. John*, Londres, Hodder and Stoughton, 1910.

Drummond, James, *The Character and Authorship of the Fourth Gospel*, Londres, Williams and Norgate, 1903.

Dunderberg, Ismo, *The Beloved Disciple in Conflict? Revisiting the Gospels of John and Thomas*, Oxford, University Press, 2006 .

Dunn, J. D. G., *Christianity in the Making: An Inquiry into the Origins of the Doctrine of the Incarnation*, Philadelphie, Westminster Press, 1980.

Ehrman, Bart, *Les christianismes disparus,* Bayard, 2007 (également produit dans un DVD de présentation par la Teaching Company, Chantilly, Virginie, 2001).

———, *The New Testament: A Historical Introduction to Early Christian Worship*, New York, Oxford University Press, 2012.

Enoch, *The Book of Enoch: Aramaic Fragments of Qumran Cave 4*, Edited by J. J. Malik and Matthew Black, Oxford, Clarendon Press, 1976.

Evans, Craig A., *Word and Glory: On the Exegetical and Theological Background of John's Prologue*, Sheffield, UK, Academic Press, 1993.

Filson, Floyd. *John: The Gospel of Life*, Layman's Bible Commentary, Louisville, John Knox Press, 1956.

Frete, Timothy and Peter Gandy, *The Jesus Mysteries: Was the Original Jesus a Pagan God?* New York et Londres, Random House, 2001.

Fuller, Reginald, *The Formation of the Resurrection Narratives*, New York, Macmillan, 1971.

Funk, Robert, « Study Guide and Lectures on John », Unpublished manuscript made available through the courtesy of the Drew University Library, Madison, NJ, 1972.

Funk, Robert et Roy Hoover, *The Five Gospels: What Did Jesus Really Say?* New York, Macmillan, 1993.

Goulder, Michael Donald, *Luke: A New Paradigm*, Sheffield, UK, Sheffield Academic Press, 1989.

———, « Nicodemus », *Journal of Theology* 44 (1991): 152-168.

Goulder, Michael D. et John Hick, *Why Believe in God?* Londres, SCM Press, 1983.

Grant, Robert M. (ed.), *Gnosticism: A Source Book of Heretical Writings in the Early Christian Period*, New York, Harper and Row, 1961.

Gruenwald, Ithamar, *Apocalyptic and Merkavah Mysticism*, Londres, E. J. Brill, 1980.

Guilding, Aileen, *The Fourth Gospel and Jewish Worship: A Study of the Relation of St. John's Gospel ta the Ancient Jewish Lectionary System*, Oxford, Clarendon Press, 1960.

Haenchen, Ernst, *The Acts of the Apostles: A Commentary*, Philadelphie, Westminster Press, 1971.

———, *The Gospel of John*, Philadelphie, Westminster Press, 1984.

Harnack, Adolph. *The Mission and Expansion of Christianity in the First Three Centuries.* Traduit par James Moffett. Freeport, NY, Books for Libraries Press, 1959.

Hawking, Stephen et Leonard Mlodinow, *The Grand Design.* New York: Bantam Books, 2010.

Herrstrum, David Sten, *The Book of Unknowing: A Poet's Response to the Gospel of John*, Eugene, OR, Wipf and Stock, 2012.

Hoskyns, Sir Edwyn, *The Fourth Gospel*, Londres, Faber and Faber, 1947.

Howard, William F., *The Fourth Gospel in Recent Criticism and Interpretation*, Londres, Epworth Press, 1931.

James, Fleming, *Personalities of the Old Testament*, New York, Scribner, 1955.

Josephus, *The Complete Works.* Translated by William Whiston. Grand Rapids, MI, Kregal Press, 1999.

Jung, Carl, *The Answer to Job*, Londres, Routledge & Kegan Paul, 1954.

Kanagaraj, Jey J., *Mysticism in the Gospel of John*, Sheffield, UK, Sheffield Academic Press, 1998.

Käsemann, Ernst, *The Testament of Jesus: A Study of the Gospel of John in the Light of Chapter 17*, Philadelphie, Fortress Press, 1968.

Klussen, William (ed.), *Issues in New Testament Interpretation: Essays in Honor of Otto A. Piper*, New York, Harper and Brothers, 1962.

Kysar, Robert, *The Fourth Evangelist and His Gospel: An Examination of Contemporary Scholarship*, Minneapolis, Augsburg Publishing House, 1975.

Lightfoot, R. H., *St. John's Gospel: A Commentary*, Edited by C. F. Evans, Oxford, Clarendon Press, 1956.

Lindars, Barnabas (ed.), *The Gospel of John*, New Century Bible Commentary, Edinburgh, Oliphants, 1974.

Linforth, Katherine C., *The Beloved Disciple: Jacob the Brother of the Lord*, Melbourne, Australie, UniPrint, 2011.

Loader, W. R. G., « The Central Structure of Johannine Christology », *New Testament Studies* 22 (1984): 188-214.

Lowrie, William, *The Doctrine of St. John*, New York, Longmans, Green, 1899.

Lüdemann, Gerd, *Jesus After 2000 Years*, Londres, SCM Press, 2000.

MacGregor, G. H. C., *The Gospel of John*, Moffett New Testament Commentary, New York, Harper and Row, 1978.

———, *The Structure of the Fourth Gospel*, Londres, Morton, Oliver and Boyd, 1961.

Mack, Burton, *The Christian Myth: Origin, Logic, and Legacy*, New York and San Francisco, HarperCollins, 2000.

———, *The Lost Gospel: The Book of Q and Christian Origins*, New York and San Francisco: HarperCollins, 1993.

MacKintosh, H. R., *The Doctrine of the Person of Jesus Christ*, London, T. & T. Clark, 1913.

MacRae, Georg W., *Invitation to John*, Garden City, Doubleday, 1978.

Manson, T. W., *On Paul and John*, Londres, Macmillan, 1949.

Mantyn, J. Louis, *History and Theology in the Fourth Gospel*, New York, Harper and Row, 1968.

Meeks, Wayne, « Galilee and Judea in the Fourth Gospel », *Journal of Biblical Literature* 83, no. 2 (Juin 1966): 159-169.

———, « The Man from Heaven in Johannine Sectarianism », *Journal of Biblical Literature* 91, no. 1 (1972): 44-72.

Minear, Paul, « The Original Function of John 21 », *Journal of Biblical Literature* 102 (1983): 88-98.

Moltmann, Jürgen, *Théologie de l'espérance. Études sur les fondements et les conséquences d'une eschatologie chrétienne,* Cogitatio Fidei *n°50,* Le Cerf, 1970.

Moule, Charles (ed.), *The Significance of the Resurrection: The Message of the Resurrection for Faith in Jesus Christ*, Londres, SCM Press, 1968.

Niebuhr, Richard, *Schleiermacher on Christ and Religion: New Implications*, New York, Scribner, 1964.

Nineham, D. H., *St. Mark*, Philadelphie, Westminster Press, 1977.

Nock, Arthur Darby, *St. Paul*, New York, Harper and Brothers, 1937.

Odeberg, Hugo, *The Fourth Gospel, Interpreted in Relation to Contemporaneous Religious Currents*, Uppsala, Suède, Almqvist and Wiksell, 1929.

Olsson, B., *Structure and Meaning in the Fourth Gospel: A Text-Linguistic Analysis of John 2:1-11 and 4:1-41*, Lund, Suède, Gleerup, 1974.

Pagels, Elaine, *Beyond Belief*, New York, Random House, 2005.

——, *The Gnostic Gospels*, New York, Random House, 1979.

——, *Revelations: Visions, Prophecy and Politics in the Book of Revelation*, New York, Penguin Croup, 2012.

Pannenberg, Wolfhart, *Jesus: God and Man*, Londres, SCM Press, 1968.

Pittenger, Norman, *Christ for Us Today*, Londres, SCM Press, 1968.

Ratzinger, Joseph Cardinal, *Jésus de Nazareth*, 1ère partie, Flammarion, 2007 ; 2ème partie, Éditions du Rocher-Groupe Parole et Silence, 2011 ; *L'enfance de Jésus*, Flammarion, 2012.

Ravindra, Ravi, *The Gospel of John in the Light of Indian Mysticism*, Rochester, VT, Inner Traditions, 1990.

Robinson, John A. T., *Dieu sans Dieu*, traduction de *Honest to God* par L. Salleron, éditions latines, Paris, 1964. .

——, *The Human Face of God*, Philadelphie, Westminster Press, 1973.

——, *In the End, God*, Eugene, OR, Cascade Press, 2011.

——, *The Priority of John*, Londres, SCM Press, 1986.

——, *Redating the New Testament*, Philadelphie, Westminster, John Knox Press, 1976.

——, « Resurrection in the New Testament », *Interpreter's Dictionary of the Bible*, vol. IV, pp. 43-53.

——, *Twelve New Testament Studies*, Londres, SCM Press, 1962.

Sanders, E. P., *Jesus and Judaism*, Philadelphie, Westminster Press, 1985.

Sandmel, Samuel, *The Genius of Paul*, New York, Farrar, Straus & Cudahy, 1958.

——, *Judaism and Christian Beginnings*, Oxford, University Press, 1979.

——, *Philo of Alexandria*, New York, Oxford University Press, 1979.

——, *We Jews and Jesus: Exploring Theological Differences for Mutual Understanding*, New York, Oxford University Press, 1965.

Sanford, John, *Mystical Christianity: A Psychological Commentary on the Gospel of John*, New York, Crossroads Press, 1995.

Schnackenburg, Rudolf, *The Gospel of St. John*, 3 vols., New York, Crossroads Press, 1980-1983.

Schneiders, Sandra M., *Written That You Might Believe: Encountering Jesus in the Fourth Gospel*, New York, Crossroads Press, 1999.

———, « A Case Study: A Feminist's Interpretation of John 4:1-42 », In John Ashton (ed.), *The Interpretation of Joh*n (voir ci-dessus).

Scholem, Gershom G., *Major Trends, in Jewish Mysticism*, New York, Schocken Books, 1941; Random House, 1965.

Scott, E. F., *The Fourth Gospel: Its Purpose and Theology*, Edinburgh, T. & T. Clark, 1908.

Steinbeck, John, *À l'est d'Éden*, Le livre de poche, 1974.

Stibbe, M., « The Elusive Christ: A New Reading of the Fourth Gospel », *Journal for the Study of the New Testament* 44 (1991): 19-38.

———, *John*. Sheffield, UK,, JSOT Press, 1993.

Strachen, R. H., *The Fourth Gospel: Its Significance and Environment*, Londres, SCM Press, 1941.

Strauss, David Friedrich, *Leben Jesu*, 1836. Traduit et réimprimé à Londres, SCM Press, 1973, sous le titre *The Life of Jesus Critically Examined.*

Talbert, Charles H., « The Myth of the Descending-Ascending Redeemer in Mediterranean Antiquity », *New Testament Studies* 22 (1976): 418-439.

Temple, William, *Readings in St. John's Gospel*, Londres, Macmillan, 1945.

Terrien, Samuel, *The Psalms and Their Meaning for Today*, Indianapolis and New York, Bobbs-Merrill, 1953.

Tillich, Paul, *Le courage d'être*, Casterman, 1967.

———, *L'éternel maintenant, Éditions PLANÈTE*, 1970.

———, *L'être nouveau, Éditions PLANÈTE*, 1969.

———, *On the Boundary*, New York, Scribner, 1966.

———, *Les fondations sont ébranlées,* Robert Morel Éditeur, 1967.

———, *Théologie systématique* I, II, IV, V, Le Cerf, Labor et Fides, Les Presses de l'Université Laval, 2000, 2003, 2006, 2010 ; IV, Labor et Fides, 1991.

Underhill, Evelyn, *The Mystical Way: A Psychological Study in Christian Origins*, Londres, J. M. Dent, 1913.

von Hügel, Friedrich, « John », *Encyclopedia Britannica*, 11th ed., Londres, 1911.

von Rad, Gerhard, *Genesis*, Philadelphie, Westminster Press, 1972.

———, *Old Testament Theology*, San Francisco, Harper and Row, 1965.

von Wahlde, Urban C., *The Earliest Version of John's Gospel*, Grand Rapids, MI, Eerdmans, 2008.

———, *The Gospel and Letters of John*, Vols. I, II, and III, Grand Rapids, MI, Eerdmans, 2010.

Warner, Marina, *Alone of All Her Sex: The Myth and Cult of the Virgin Mary*, New York, Macmillan, 1967.

Watkins, Henry William, *Modern Criticism and the Fourth Gospel*, Londres, John Murray Press, 1890.

Webb, Val, *Like Catching Water in a Net: Human Attempts to Describe the Divine*, Londres, Continuum, 2007.

——, *Stepping Out with the Sacred: Human Attempts to Engage the Divine*, Londres, Continuum, 2010.

Wendt, Hans Hinrich, *The Gospel According to St. John*, Traduit par Edward Lummis, Edimbourg, T. & T. Clark, 1902.

Westcott, B. F., *The Gospel According to St. John*, Londres, John Murray, 1908.

Wiesel, Elie, *Night*, New York, Bantam Books, 1982.

Les autres ressources utilisées sont :

Book of Common Prayer, According to the Use of the Episcopal Church, New York, Church Hymnal Corporation and Seabury Press, 1979.

Gospel Parallels: A Synopsis of the First Three Gospels, New York, Thomas Nelson, 1949.

The HarperCollins Study Bible (NRSV), Edited by Wayne Meeks. San Francisco, HarperCollins, 2006.

Hymnal, Protestant Episcopal Church in the United States of America, New York, Church Pension Fund, 1940 and 1982.

The Interpreter's Bible, 12 vols., Edited by Nolan B. Harmon. Nashville, Abingdon Press, 1953.

The New Oxford Annotated Bible (RSV), Edited by Herbert May and Bruce Metzger, New York, Oxford University Press, 1973.

Table des matières

PREMIÈRE PARTIE

PRÉSENTATION DU QUATRIÈME ÉVANGILE

DEUXIÈME PARTIE

LE LIVRE DES SIGNES :
DES PERSONNAGES MYTHOLOGIQUES REVÊTUS D'HISTOIRE

TROISIÈME PARTIE

LES DISCOURS D'ADIEU ET LA GRANDE PRIÈRE SACERDOTALE

QUATRIÈME PARTIE

LE RÉCIT DE LA PASSION : DES TÉNÈBRES À LA LUMIÈRE, DE LA MORT À LA VIE

CINQUIÈME PARTIE

RÉSURRECTION : L'UNITÉ MYSTIQUE RÉVÉLÉE

Collection *Sens et Conscience*
Le christianisme dans la modernité

« Sens et Conscience » est une collection créée en 2015 et dirigée par Robert Dumont, oratorien et ancien prêtre-ouvrier. Cette collection a pour objectif de faire connaître et de soutenir les recherches actuelles pour un christianisme crédible dans la modernité. La démarche éditoriale se veut responsable. Elle est menée, autant que faire se peut, dans le respect des exigences de tout travail intellectuel, sans *a priori* ni tabou. En toute liberté de conscience.

Elle accueille des textes relatifs à la transformation du christianisme. D'abord par une relecture des textes de la Bible à la lumière des acquis de l'exégèse. Ensuite par une quête des expressions de la foi qui prenne en compte les attentes de la culture moderne, celle des femmes et des hommes du XXIe siècle.

John Shelby Spong

- *Jésus au XXIe siècle*, 1re éd. 2013, 2e éd. revue 2015.
- *Né d'une femme. Conception et naissance de Jésus dans les évangiles*, 2015.
- *La Résurrection, mythe ou réalité ?*, 2016.
- *Sauver la Bible du fondamentalisme*, 2016.
- *Pour un christianisme d'avenir*, 2019.
- *Le quatrième évangile. Récits d'un mystique juif chrétien*, 2021.

Jacques Musset

- *Repenser Dieu dans un monde sécularisé*, 2015.
- *Sommes-nous sortis de la crise du modernisme ?*, 2016.

Jacques Giri

- *Les nouvelles hypothèses sur les origines du christianisme. Enquête sur les recherches récentes*, 1re éd. 2007, 5e éd. mise à jour, 2015.
- *L'homme dans l'Univers : les questions que nous posent les découvertes de l'astrophysique*, 2017.

Louis-Pierre Sardella

- *Regards sur la crise moderniste en France. Une Église intangible dans un monde en mouvement*, 2018.

Antonino Franco

- *M.-D. Chenu. Théologien, homme d'écoute, déchiffreur de l'événement*, 2019.

Jean-François Petit (dir.)

- *La crise moderniste revisitée*, 2019.

Robert Ageneau, Serge Couderc, Robert Dumont et Jacques Musset (éd.)

- *Manifeste pour un christianisme d'avenir*, 2020.

Serge Couderc (éd.)

- *Marcel Légaut, éveilleur de l'essentiel*, 2020.

Composition, mise en page :
Écriture Paco Service
27, rue des Estuaires - 35140 Saint-Hilaire-des-Landes

Achevé d'imprimer en mai 2024
par la Société TIRAGE - 91941 COURTABŒUF
www.cogetefi.com

Dépôt légal : décembre 2020
Imprimé en France